OEUVRES COMPLÈTES
DE
W. SHAKESPEARE

LES APOCRYPHES
III

SAINT-DENIS. — TYPOGRAPHIE DE A. MOULIN.

FRANÇOIS-VICTOR HUGO

TRADUCTEUR

ŒUVRES COMPLÈTES

DE

W. SHAKESPEARE

DEUXIÈME ÉDITION

LES APOCRYPHES

III

LA TRAGÉDIE DE LOCRINE, LE FILS AINÉ DU ROI BRUTUS. — LA VIE
ET LA MORT DE THOMAS LORD CROMWELL.
LE PRODIGUE DE LONDRES. — LA PURITAINE OU LA VEUVE DE WATLING STREET

PARIS

PAGNERRE, LIBRAIRE-ÉDITEUR

RUE DE SEINE, 18

1867

Reproduction et traduction réservées.

INTRODUCTION.

Les quatre ouvrages réunis dans ce volume supplémentaire ont pour l'histoire des lettres une importance considérable. Écrites vers la fin du seizième siècle, imprimées primitivement du vivant de Shakespeare, soit avec son nom, soit avec ses initiales, insérées dans l'édition in-folio que publia en 1662 le libraire Chetwinde, adoptées par Gildon en 1702, par Rowe en 1709 et en 1714, reproduites jusqu'en 1735 par des réimpressions successives, ces quatre pièces ont été, pendant près d'un siècle, admises par le consentement public dans le répertoire shakespearien. Pendant près d'un siècle, elles ont été associées aux chefs-d'œuvre incontestés du maître; *Locrine* a fait cortége au *Roi Lear*; *Lord Cromwell* a escorté *Henry VIII*; le *Prodigue de Londres* et *la Puritaine* ont marché de pair avec le *Marchand de Venise* et *la Sauvage apprivoisée*. Pendant près d'un siècle, ces quatre pièces ont fait partie d'un monde sublime. Elles ont été estimées, saluées, fêtées, choyées, comme les filles légitimes du génie. Pendant près d'un siècle, elles ont eu au front cette auréole unique, la gloire de Shakespeare. Sous George II, elles semblaient avoir définitivement triomphé du temps; rajeunies par l'incessant effort de l'imprimerie, elles avaient traversé victorieusement les règnes d'Élisabeth, de Jacques Ier et de Charles Ier; elles avaient survécu aux régimes les plus divers, à la domination de Cromwell, à la restauration des Stuarts, à l'avènement de la maison de Hanovre, et elles s'avançaient fièrement vers l'avenir, comme sûres de l'immortalité. Tout à coup un critique nouveau-venu les a regardées d'un œil sévère; il les a examinées, scrutées, fouillées, il a recherché leur acte de naissance, et, ne le trouvant pas en règle, il s'est écrié : « Chassez-moi ces misérables du théâtre de Shakespeare! »

Le cri jeté par Pope dans sa célèbre préface a retenti dans toute l'Angleterre. *Habent sua fata libelli*. Les pièces si brusquement dénoncées comme bâtardes par cette imprécation sonore ont été depuis lors impitoyablement bannies de l'œuvre du maître. Tout au plus, en 1735, un timide éditeur, J. Tonson, a-t-il osé leur accorder asile dans une édition éphémère. Proscrites par Johnson, proscrites par Malone, proscrites par Steevens, proscrites par Chalmers, proscrites par Collier, proscrites par Charles Knight, elles ont disparu du grand jour de la publicité. L'oubli, ce sépulcre des créations de l'esprit, les a lentement couvertes de son ombre. Et aujourd'hui les érudits seuls savent qu'il a existé jadis des œuvres signées de Shakespeare qui s'appelaient *Locrine*, *Lord Cromwell*, *le Prodigue de Londres*, *la Puritaine*.

Aujourd'hui donc ces œuvres sont mortes, et bien mortes. Après un ensevelissement plus que séculaire, est-il possible de les ressusciter? Je l'ignore. En tout cas, je vais tenter de les exhumer.

I

Le sujet de *Locrine* est emprunté à l'histoire fabuleuse de la Grande-Bretagne. D'après le récit breton qui fut découvert au onzième siècle dans un couvent de l'Armorique par l'archidiacre Walter Mapes, et traduit en prose latine par l'archidiacre Geoffroy de Monmouth, puis en vers français par le trouvère Robert Wace, — la première colonie qui s'établit dans l'île d'Albion était une colonie troyenne commandée par Brutus, arrière-petit-fils d'Énée.

Ce Brutus, venu au monde en Italie, après l'incendie de Troie, avait commis involontairement un double parricide. En naissant, il avait tué sa mère. A quinze ans, il avait blessé mortellement son père dans une partie de chasse. Obligé de fuir après cette maladresse fatale, il chercha un asile en Grèce et rallia autour de lui ses compatriotes asservis. Aidé du chef phrygien Assaracus, il vainquit le roi des Grecs Pandrassus sous les murs de Sparatinum, le fit prisonnier, exigea de lui pour femme sa fille Imogène, et le força à équiper une flotte sur laquelle il s'embarqua avec l'armée victorieuse. Sur la foi d'un songe qui lui promettait un trône dans une île de l'Occident, il se hasarda au delà du détroit de Gibraltar ; il longea la côte ibérique, s'arrêta aux pieds des Pyrénées pour recueillir à son bord les descendants d'Anténor, commandés par le capitaine Corinéus, « homme, dit la chronique, d'une grande modestie, d'une sagesse éprouvée, et d'une incomparable hardiesse, » et débarqua à l'embouchure de la Loire, entre l'Aquitaine et la Gaule celtique, dans les domaines du roi Gossarius, surnommé Pictus. — Maître de tout le Poitou, ayant pour sujets ces Agathyrses, si terriblement tatoués, dont parlent Hérodote et Virgile, Gossarius était fort puissant ; il voulut s'opposer à l'invasion des Troyens et leur livra bataille près de Tours. Mais, grâce à l'habile stratégie de Corinéus, les Troyens remportèrent une victoire décisive. Brutus enterra dans les murs de Tours son neveu Turinus qui venait d'être tué, ravitailla son armée, chargea ses vaisseaux des dépouilles de la Gaule, et remit à la voile.

Enfin il aperçut la terre promise d'Albion et aborda au havre de Totness. Cet événement mémorable eut lieu en l'an du monde 2850, soixante-six ans après la destruction de Troie; trois cent quatre-vingt-dix-sept ans après le passage de la mer Rouge par les Israélites, trois cent soixante-huit ans avant la fondation de Rome, sept cent quatre-vingt-trois ans avant l'avènement d'Alexandre, et onze cent seize ans avant la naissance de Jésus-Christ.

En vain les habitants primitifs de l'île, ces formidables aborigènes, qui, selon Pomponius Mela, avaient lutté contre Hercule, ces géants, qui descendaient d'Albion, essayèrent-ils d'empêcher l'établissement des Troyens. Brutus leur donna la chasse et les détruisit. Au bout de quelques semaines, un seul restait debout, c'était le terrible Gogmagog. Corinéus rencontra Gogmagog près de Douvres, le défia, le saisit à bras-le-corps, et le précipita du haut de la falaise dans la mer. Après cet exploit suprême, Brutus était maître de l'île entière. Il récompensa Corinéus en lui concédant le pays de Cornouailles, s'adjugea l'antique Albion, qui prit dès lors le nom de Bretagne, et fonda, à l'embouchure de la Tamise, à l'emplacement où est aujourd'hui Londres, une capitale qu'il appela Troynovant, ou nouvelle Troie, en mémoire de la mère-patrie. Après vingt-quatre ans de règne, sentant sa fin prochaine, il partagea ses États entre les trois fils que lui avait donnés Imogène; à l'aîné, Locrine, il assigna la Lœgrie, qui devint l'Angleterre; au puîné, Camber, il attribua la Cambrie, qui devint la principauté de Galles; au cadet, Albanact, il légua l'Albanie, qui devint l'Ecosse; puis il mourut.

A peine ce partage était-il consommé que la Bretagne fut envahie au nord par Humber, roi des Huns. Albanact tenta de repousser les barbares, et fut tué en les combattant. Les troupes d'Albanact, terrifiées, se replièrent précipitamment vers le midi et vinrent demander protection à Locrine.

Locrine et son frère Camber marchèrent à la rencontre de l'envahisseur. Humber fut mis en déroute et se noya dans une rivière qui désormais devait garder son nom.

Locrine s'empara du camp des Huns, et trouva parmi les captifs la belle Estrilde, fille d'un roi scythe, qu'Humber avait enlevée en ravageant les côtes de la Germanie. Il s'éprit de cette princesse et résolut de la prendre pour femme. Mais il y avait à cette union un obstacle grave. Locrine était déjà fiancé à lady Guendolen, fille du duc de Cornouailles, Corinéus. Intimidé par ce chef redoutable qui avait vaincu le géant Gogmagog, il se résigna à épouser publiquement Guendolen, et à dissimuler ses amours. Il cacha Estrilde dans un palais souterrain dont l'issue n'était connue que d'un page fidèle et de lui seul, et pendant sept ans il la visita à l'insu du monde entier. De son union légitime avec Guendolen, naquit un fils qui fut nommé Madan; de sa liaison clandestine avec Estrilde, naquit une fille qui fut appelée Sabren ou Severn. Cet état de choses dura jusqu'à la mort de Corinéus. Délivré de son formidable beau-père, Locrine jeta le masque. Il répudia Guendolen et tira Estrilde de sa retraite, pour la placer sur le trône de Bretagne. Guendolen, irritée, se vengea en déclarant la guerre à son mari. Elle leva une armée dans le pays de Cornouailles et livra bataille au roi Locrine sur les bords de la Sture. Les troupes du roi furent complétement battues; Locrine fut tué dans la mêlée; et Guendolen couronna sa victoire en faisant jeter Estrilde et Sabren dans la rivière voisine, qui prit dès lors le nom de Severn.

Cette légende armoricaine, qui assigne à l'Angleterre barbare une origine classique, qui présente la conquête d'Albion comme une suite de l'Iliade, et qui érige la nation britannique en peuple homérique, a longtemps passé pour digne de foi. Au seizième siècle, le grave Holinshed l'a consignée tout au long en tête de ses chroniques, et, au dix-septième siècle même, l'illustre Milton l'a développée avec une parfaite confiance dans son Histoire d'Angleterre. On eût fort étonné les contemporains de Shakespeare si l'on eût contesté l'authenticité de ce récit, officiellement enregistré dans le fameux Livre blanc du Guildhall. César, en ses Commentaires, ne parle-t-il pas de la cité des Trinobantes? Qu'était-ce que cette cité, sinon la Troynovant de Geoffroy de Montmouth? C'était donc très-sérieusement que Londres se considérait comme une seconde Ilion. La reine Élisabeth croyait superbement succéder à un descendant du héros Énée, petit-fils de Jupiter par sa mère Vénus ; et, d'après la superstition générale, le reflet des rayons de l'Olympe dorait le trône de Westminster.

Les Anglais d'alors s'imaginaient de bonne foi avoir du sang phrygien dans les veines, et cette croyance n'est peut-être pas étrangère à la singulière partialité que l'auteur de *Troylus et Cressida* montre pour Hector vaincu par Achille. La légende de Geoffroy de Montmouth était donc pour les Anglais de la Renaissance une véritable tradition nationale. Elle inspirait les ménestrels, les chansonniers et les poètes, comme les historiens. Elle dominait les imaginations comme les consciences. C'était par elle qu'était inauguré le théâtre naissant. Dès 1560, elle indiquait à lord Buckhurst le plan de la première tragédie, *Ferrex et Porrex*, en attendant qu'elle suggérât à Shakespeare l'idée de *Cymbeline* et l'idée du *Roi Lear*. A la fin du seizième siècle, c'était elle encore qui fournissait la donnée de l'ouvrage étrange publié par le libraire Thomas Creede, sous ce titre : *La lamentable tragédie de Locrine, le fils aîné du roi Brutus, racontant les guerres des Bretons et des Huns, avec la déconfiture de ceux-ci ; la victoire des Bretons avec leurs mésaventures, et la mort d'Albanact. — Non moins agréable que profitable. — Nouvellement éditée, révisée et corrigée par W. S. — Londres, — 1595.*

La lamentable tragédie de Locrine est le résumé dialogué des cinq premiers chapitres du second livre de l'Histoire d'Angleterre par Holinshed. La première scène nous montre le petit-fils d'Énée à ses derniers moments. Brutus, qu'on apporte dans une chaise sur le théâtre, est à l'agonie; d'une voix mourante, il rappelle les exploits qu'il a accomplis, la délivrance des Troyens asservis, la défaite du roi de Grèce Pandrassus, puis le débarquement victorieux sur les côtes d'Aquitaine, et enfin la conquête d'Albion et l'extermination des géants. Cela dit, il partage la Grande-Bretagne entre ses trois fils, Locrine, Albanact et Camber, marie Locrine à la fille de Corinéus, Guendolen, et expire. A peine les funérailles de Brutus ont-elles eu lieu dans Troynovant que l'Albanie est envahie par Humber, roi des Huns. Cette guerre, qui se termine par la déroute et par la mort d'Albanact, n'occupe pas moins de cinq scènes. Elle est suivie d'une seconde guerre qui remplit quatre autres scènes et dans laquelle Locrine venge son frère Albanact par la défaite d'Humber. Locrine, victorieux, enlève la belle captive Estrilde du camp des Huns, et l'épouse, après avoir répudié Guendolen. La pièce se termine par le triomphe de Guendolen qui, après une révolte heureuse, force au suicide Locrine et Estrilde.

Ce poëme tragique, écrit presque tout entier en vers blancs d'un rhythme monotone, est entrecoupé d'intermèdes bizarres dans lesquels Até, la déesse de la vengeance, apparaît pour commenter l'action. La déesse, qui semble personnifier l'idée même de l'œuvre, évoque aux yeux du spectateur des fantasmagories diverses qui symbolisent les phases successives du drame. Tout d'abord c'est un lion qui traverse la scène, blessé par un archer et qui nous représente Brutus frappé par cet autre archer, la Mort. S'agit-il de nous préparer à la fuite d'Albanact devant les hordes d'Humber? Voici Phinée qui passe, avec sa bande noire d'Éthiopiens, donnant la chasse à Persée. Voyez-vous plus loin ce crocodile d'Égypte que mord ce petit serpent? Il figure le roi des Huns victorieusement poursuivi par Locrine. Apercevez-vous là-bas Hercule déposant sa massue et filant aux pieds d'Omphale? C'est le martial Locrine qui se désarme pour faire sa cour à la captive Estrilde dont il est lui-même le captif. Enfin distinguez-vous cette Médée qui tue le perfide Jason en enveloppant de flammes la fille de Créon? C'est Guendolen furieuse qui frappe du même coup sa rivale et son infidèle époux. Autant d'intermèdes, autant de symboles. Le spectacle est curieux, convenez-en; je crois même qu'il est unique au théâtre anglais. Dans toutes les pièces du répertoire britannique que nous connaissons, la pantomime, lorsqu'elle intervient, se dégage du sujet même dont elle met en relief certaines portions. Ici, elle suscite des épisodes qui sont absolument étrangers à l'action et ne la reflètent que par une vague analogie. Ici, les jeux muets ne sont pas rattachés au drame par le fil de l'intrigue, mais par le lien subtil d'une capricieuse comparaison. L'image, rêvée arbitrairement par l'auteur, devient visible pour le spectateur. La métaphore prend forme et fait tableau.

L'intrigue tragique de *Locrine* est doublée artificiellement d'une intrigue bouffonne qui procède de la farce plus que de la comédie. Cette seconde fable, lestement jointe à la première, en est absolument distincte et par la forme et par le fond. Écrite dans le style courant de l'improvisation prosaïque, elle interrompt par des parades plus que familières le cours régulier et uniforme de la tragédie pseudo-classique; à travers les longues tirades pédantesquement débitées par les héros et les héroïnes, elle lance les lazzi de ses clowns avec un sans-gêne qui ressemble presque à une impertinence. Comme si ce n'était pas assez de couper ainsi la parole à la tragédie, elle ne cesse de la contrefaire et de la parodier. Par exemple, elle donne pour pendant aux infortunes conjugales de Locrine les mésaventures intimes du savetier Strumbo, qui perd sa première femme dans l'incendie d'une ville prise d'assaut par les Huns, et qui épouse sa seconde femme sous la menace des coups de bâton. Ailleurs, dans une scène où le même Strumbo est arraché à son échoppe par l'enrôlement forcé, elle montre malicieusement le peuple faisant tous les frais de cette gloire militaire, dont se parent si solennellement les princes et les rois de la tragédie. Cette contradiction si frappante entre la portion comique et la portion dramatique de *Locrine* atteste, selon moi, la mise en présence de deux formes et de deux pensées complétement différentes, pour ne pas dire hostiles. Voyons maintenant si les faits viennent à l'appui de la conclusion à laquelle je suis ainsi amené par l'examen même de l'œuvre.

Le titre de l'édition princeps de *Locrine*, publiée en 1595, indique nettement que cette pièce, telle que nous la connaissons aujourd'hui, est le résultat d'une collaboration. Primitivement composé par un auteur anonyme, *Locrine* fut revu et corrigé, vers 1594, par un écrivain dont le prénom et le nom commencent par les mêmes initiales que le prénom et le nom de William Shakespeare.

Quel est le créateur original de *Locrine*? Quel en est le correcteur? Tel est le problème qui a jusqu'ici défié la sagacité des experts. Selon Steevens, *Locrine* aurait été primitivement écrit par Marlowe, qui mourut en 1593, puis, le 20 juillet 1594, enregistré au *Stationers'hall*, et, après cet enregistrement, révisé pour la mise en scène par un certain William Smith. Comment est-il possible que la révision d'une œuvre de Marlowe, auteur dramatique fort célèbre et fort apprécié, ait été confiée à un écrivain obscur, inexpérimenté, n'ayant jamais travaillé pour le théâtre, à ce William Smith, dont la biographie n'existe nulle part, et qui n'est connu des érudits que pour avoir mis au jour, en 1596, un recueil de cinquante sonnets, sous ce titre peu original : *Chloris, ou la complainte du berger délaissé?* C'est ce que Steevens n'explique pas.

Tieck a sur *Locrine* une théorie tout à fait différente. Suivant le critique allemand, les initiales W. S. désigneraient, non pas ce faiseur de sonnets quelconque qu'on appelle William Smith, mais bien l'illustre auteur d'*Hamlet*, William Shakespeare en personne ; et non-seulement William Shakespeare serait le correcteur de *Locrine*, mais il en serait l'auteur original. Selon Tieck, *Locrine*, le plus ancien drame de Shakespeare, aurait été composé tout d'abord par le jeune maître peu de temps avant l'exécution de Marie-Stuart, « à une époque où l'on redoutait à la fois une conspiration au dedans du pays et une invasion du dehors, » puis repris en sous-œuvre et remanié, toujours par notre poëte, vers 1595, « alors qu'on craignait le retour d'une seconde Armada. » Cette théorie singulière est difficilement conciliable avec les documents que nous avons. Le titre de l'édition de 1595 déclare formellement que William Shakespeare, (si c'est bien William Shakespeare que désignent les majuscules W. S.), s'est borné à *réviser* et à *corriger Locrine*, et donne à entendre clairement par là que *Locrine* est la conception primitive d'un autre écrivain. D'ailleurs, ce que le titre affirme, l'examen de l'œuvre le prouve hautement.

Rien n'est plus opposé à la manière et au génie de Shakespeare que la composition de *Locrine*. Les personnages, qui figurent dans cette tragédie s'expriment tous dans cette langue outrée et pédantesque que Shakespeare a si justement raillée dans *Hamlet*, dans *Peines d'Amours perdues* et dans *Henry IV*. Ce vers blanc monotone, bourré de réminiscences mythologiques, assaisonné de citations classiques, est le même que déclament, dans leurs tirades grotesquement tragiques, les comédiens ambulants accueillis au château d'Elseneur par le prince de Danemark. Les héros de *Locrine* parlent latin comme les *Neuf Preux* mis en scène par le maître d'école Holopherne. Ils tuent et meurent avec des hexamètres à la bouche. Leurs imprécations forcenées et leurs défis hyperboliques rappellent, à s'y méprendre, les rodomontades bouffonnes du caporal Pistolet. Ces capitaines jargonnent comme des capitans. Il ne leur suffit pas de pourfendre les hommes, ils menacent d'escalader le ciel, de prendre d'assaut l'enfer et de garrotter avec des chaînes d'or la Fortune asservie. Terribles gaillards! A chaque instant ils font la grosse voix comme le croquemitaine Hérode et comme le tranche-montagne Termagant.

Devons-nous, ainsi que le voudrait Tieck, reconnaître le style du jeune Shakespeare dans ce phébus effréné, dont Shakespeare lui-même s'est tant moqué? Ce pathos outrecuidant a-t-il été le vagissement du génie? Le poëte de la nature a-t-il pu commencer par ces chants contre nature? Je ne le crois pas; et plutôt que d'adhérer à la conjecture de Tieck, je préférerais me rallier à la théorie de Steevens, qui attribue à Marlowe la paternité de *Locrine*. Cette tragédie sinistre, à laquelle préside la déesse de la vengeance, qui multiplie comme à plaisir les péripéties sanglantes, et qui a pour couronnement le triomphe de l'implacable Guendolen, me paraît inspirée par cette même pensée inexorable qui jette l'anathème au docteur Faust et damne pour l'éternité le misérable juif de Malte, Barabbas.

Si je ne puis absolument pas retrouver le génie de l'auteur d'*Hamlet* dans la partie tragique de *Locrine*, je ne suis pas éloigné, en revanche, de reconnaître, dans la partie bouffonne de l'œuvre, un écho de l'ironie shakespearienne. Selon toute apparence, *Locrine* a été composé primitivement dans l'intervalle écoulé entre deux événements notables, — le suicide du comte de Northumberland, prisonnier à la tour de Londres, et l'exécution de Marie Stuart. Les derniers vers de la pièce, — ces vers, animés d'un patriotisme farouche, par lesquels sont voués à l'exécration publique tous ceux « qui, pour leurs secrètes amours, osent troubler l'Angleterre », — me paraissent contenir une allusion terrible à la passion chevaleresque qui fit du comte de Northumberland le champion malheureux de la reine d'Écosse captive. Cette dénonciation fanatique, si peu d'accord avec la magnanimité reconnue de Shakespeare, fixe approximativement à l'année 1585 la première représentation de *Locrine*. La pièce, qui fit dès lors partie du répertoire anglais, fut reprise avec un certain éclat vers 1594, ainsi que l'indique le titre de l'édition publiée en 1595, et c'est pour cette reprise que le poëte W. S. a dû être appelé à rajeunir l'œuvre très-vraisemblablement attribuée à Marlowe. Le réviseur, selon moi, n'a pas touché au poëme tragique de *Locrine*; il s'est borné à y intercaler cet impromptu burlesque qui en est la vive parodie.

William Shakespeare n'était que trop fondé à traiter dédaigneusement une composition comme *Locrine*. Cette tragédie grandiloque et monotone, fastidieux mélange de pédanterie et de fanatisme, devait lui sembler bien chétive et par la forme et par le fond. Si jamais les circonstances l'appelaient à *corriger* un pareil opuscule, il devait être bien tenté de donner à cette *correction* la forme d'une longue épigramme[1]. Est-ce là le fin mot de la comédie un peu grosse qui contrefait si cavalièrement la tragédie de *Locrine*?

Peut-être.

---

[1] Notons en passant, comme une légère présomption en faveur de l'hypothèse qui impute à Shakespeare la révision de *Locrine*, que cet ouvrage est sorti de la fameuse presse de Thomas Creede, qui a imprimé successivement *Roméo et Juliette*, *les Joyeuses épouses de Windsor*, *Henri V* et *Richard III*.

II

L'illustration, comme la lumière, engendre l'ombre. La gloire d'Olivier Cromwell a obscurci, par son éclat même, la renommée aînée de Thomas Cromwell. L'homme du dix-septième siècle a éclipsé son homonyme, l'homme du seizième. L'histoire, si attentive aux moindres gestes du grand lord protecteur d'Angleterre, se souvient à peine du lord grand chambellan d'Angleterre.

Il y a, dans cet oubli, de l'injustice. C'est une biographie intéressante et curieuse que celle de Thomas Cromwell. Fils d'un forgeron, Thomas était du peuple, comme Olivier. Tout enfant, il avait plus d'une fois aidé à ferrer les chevaux des grands seigneurs qui s'arrêtaient devant l'échoppe de son père, à Putney. C'est de cette mince condition qu'il devait s'élever peu à peu à la plus haute situation sociale que puisse obtenir en Angleterre un sujet de roi. Cette lente ascension, favorisée par les circonstances, fut un chef-d'œuvre de patience, de discrétion et d'adresse politique. Après avoir beaucoup voyagé, après avoir visité les Pays-Bas, la France, l'Italie et l'Espagne, Thomas fut attaché, en qualité de sollicitor, à la personne du cardinal Wolsey, qui le distingua. Le fils du forgeron de Putney eut pour premier appui le fils d'un boucher, prince de l'Église. L'éminentissime parvenu tendit sa main gantée de pourpre à ce nouveau venu d'en bas, le fit monter à côté de lui, puis tomba. La chute de Wolsey pouvait être fatale à sa créature. Mais une bonne action, qu'il avait faite jadis, sauva Cromwell. En Italie, Thomas avait aidé sir John Russell, futur comte de Bedford, à s'évader de Bologne, où ce vaillant chevalier était cerné par les Français. Le moment venu, Russell, qui était fort bien en cour, se souvint du service signalé qui lui avait été rendu, et recommanda au roi l'homme à qui il devait la liberté et la vie. Henry VIII tint compte de la recommandation et nomma Cromwell conseiller privé. Admis dès lors dans la familiarité royale, Thomas devina les secrets penchants du maître, prit parti pour Anne de Boleïn contre Catherine d'Aragon, pour Cranmer contre Gardiner, et hâta, par ses habiles insinuations, la brouille de Henry VIII avec Rome. Le schisme une fois consommé, il conseilla au roi de s'approprier les biens du clergé. Le roi le remercia de cet avis en le faisant chevalier, puis gardien des joyaux de la couronne, puis chancelier de l'échiquier, puis principal secrétaire d'État (1534). Cromwell, parvenu au pouvoir, exécuta hardiment son plan de réforme. Il abolit les couvents, dépouilla les monastères, chassa les moines, expulsa les religieuses, dénuda les cathédrales et les chapelles, dont il arracha les images, les châsses et les statues, versa dans le trésor royal les immenses richesses de l'Eglise, et fit lire dans toutes les paroisses la Bible traduite en anglais. Henry VIII, dont le domaine venait d'être triplé par cette pieuse confiscation, remercia Cromwell de sa ferveur en le faisant baron, garde du sceau privé et vicaire-général de tout le royaume (1536). Sur quoi Cromwell fit prêcher par toute l'Angleterre la suprématie du roi en matière religieuse, et proclama Henry VIII souverain pontife. La papauté anglicane était fondée. Henry VIII prouva sa gratitude à Cromwell en le nommant successivement grand juge itinérant, chevalier de la Jarretière (1537), constable du château de Carisbrook (1538), et enfin comte d'Essex et lord grand chambellan (1539). Cette élévation prodigieuse, due à un caprice de tyran, n'avait pourtant pas perverti Cromwell. Puissant, il était resté bon. Loin de désavouer son passé, il le revendiquait avec une fière ostentation.

Chose rare chez les parvenus, il avait gardé, au milieu des grands, l'amour des petits. Tous les jours, il faisait nourrir deux cents pauvres devant la porte de son hôtel, dans Throgmorton-Street. La prospérité lui avait laissé la mémoire du cœur. On citait de lui des traits touchants. Il y avait à Honslowe, près de Londres, une pauvre femme qui tenait une petite auberge, et chez qui, dans les temps difficiles, il s'était endetté. Un jour il fit venir la femme, lui rendit les quarante shillings qu'il lui devait, et lui accorda, sur sa cassette, une pension annuelle de quatre livres. — Dans son voyage en Italie, un certain Frescoballi, marchand florentin, lui avait prêté seize ducats pour payer les frais de son retour en Angleterre. Il manda ce Frescoballi, qui depuis lors s'était ruiné, et lui rendit seize cents ducats. — Le lord acquittait ainsi avec usure les dettes du plébéien. Cette rare générosité, loin de désarmer ses ennemis, les exaspérait. Cromwell, favori d'un despote, ne pouvait se faire pardonner par les haines qu'il avait rendues jalouses. Roturier anobli, il était exécré par la haute aristocratie, que menaient les ducs de Norfolk et de Suffolk ; réformateur schismatique, il était maudit par le parti catholique, que dirigeait l'évêque Gardiner. Aussi Cromwell avait-il, au faîte du pouvoir, la perpétuelle inquiétude de la chute. « Dépêchez-vous de faire fortune, disait-il à ses partisans ; je suis trop grand pour durer longtemps. » Et il souriait tristement. Ses adversaires, ligués pour le renverser, guettaient depuis longtemps l'occasion ; en 1540, Cromwell lui-même la leur fournit.

Depuis deux ans, le roi était veuf de lady Seymour, morte en couches, après avoir mis au monde le prince Édouard. Il était grand temps de remarier Henry VIII, à qui pesait ce célibat de deux années. Le parti de la haute aristocratie catholique intriguait pour que Sa Majesté épousât lady Howard, nièce du duc de Norfolk. Cromwell était perdu si cette intrigue réussissait. Il crut la déjouer par un coup de maître, en offrant au roi une allemande luthé-

rienne, madame Anne, sœur du duc de Clèves. Trompé par un portrait trop flatté de cette princesse, Henry consentit à la prendre pour femme. Mais, quand il la vit à Rochester pour la première fois, il eut une rude déception. Il la croyait jolie ; elle était laide. Le roi fit devant « cette cavale allemande » une grimace dont Cromwell frissonna. N'importe, le mariage consacré devait être consommé, et Cromwell espérait encore que les surprises de la nuit de noces dissiperaient la première impression de Sa Majesté. Il n'en fut rien. Madame Anne n'avait pas même cette beauté du diable qui est le pis-aller de la séduction virginale. La nuit de noces, fixée à la veille de l'Épiphanie (janvier 1540), acheva le désenchantement de la concupiscence royale, et la nouvelle reine sortit du lit nuptial comme elle y était entrée. Le matin venu, le roi manda son grand chambellan, qui accourut pâle d'anxiété, et lui dit en propres termes : « Hier, la reine ne me plaisait guère ;
» aujourd'hui, elle me plaît moins encore, car j'ai tâté son
» ventre et sa gorge, et j'ai jugé par là qu'elle ne doit plus
» être vierge ; en les tâtant, j'ai été tellement frappé au
» cœur, que je n'ai eu ni le désir ni le courage d'aller plus
» loin. Bref, je l'ai laissée aussi parfaitement vierge que je
» l'ai trouvée [1]. » Après cette confidence cyniquement terrible, Cromwell se sentit perdu. Ses ennemis triomphaient. Le roi était décidé dès lors à répudier Anne de Clèves et

---

[1] Ces étranges paroles, scrupuleusement traduites, sont rapportées dans une lettre adressée par lord Cromwell au roi lui-même, et datée du 30 juin 1540; en voici le texte original : « I liked her before not
» well, but now I like her much worse; for I have felt her belly and
» her breasts, and thereby, as I can judge, she should be no maid;
» which struck me so to the heart when I felt them, that I had neither
» will nor courage to proceed any farther in other matters ; saying, I
» left her as good a maid as I found her. » — Burnet's collection of Records. P. i. B. III. n° 17. p. 193.

à épouser Catherine Howard. Cromwell fut disgracié et sacrifié. Le 10 juin 1540, il fut arrêté au nom du roi, dans la salle même du Conseil, par le duc de Norfolk, et transféré à la Tour. Le 15 juillet, il fut décapité.

C'est ainsi que, par une dérision amère de la destinée, cette splendide fortune, édifiée avec tant d'art et de patience, s'écroula subitement dans une aventure d'alcôve. Cromwell paya de sa tête la déconvenue d'un auguste libertinage. Ce pair du royaume, ce chevalier de la Jarretière, ce garde des sceaux, ce grand chambellan, ce président du synode des évêques, ce grand juge itinérant, cet éloquent ministre, ce réformateur profond qui avait fait de la catholique Angleterre une puissance protestante, et bouleversé ainsi l'équilibre du monde chrétien, ce novateur qui avait retiré à la papauté le gouvernement des consciences pour le livrer à la royauté, ce destructeur de superstitions qui avait donné à chaque paroisse une traduction des livres saints et qui partout avait substitué au culte des images le culte de la Bible, ce justicier, ce missionnaire, ce civilisateur, périt parce que le roi Henry VIII avait trouvé trop molle la gorge de sa femme!

La laideur d'Anne de Clèves perdit Thomas Cromwell, comme, dix ans auparavant, la beauté d'Anne de Boleyn avait perdu Thomas Wolsey. Telle était la sanglante logique du despotisme qui érigeait en idole la personne royale.

Caractère mixte, méprisable par certains côtés, admirable par d'autres, ministre généreux d'un implacable tyran, courtisan révolutionnaire capable de toutes les bassesses qu'exige la monarchie absolue et de toutes les grandeurs qu'elle tolère, Thomas Cromwell n'a pas été jusqu'ici impartialement apprécié par l'histoire. Selon les biographes catholiques, ce fut un bourreau, — *homo vafer, crudelis, ambitiosus et avarus*, dit le jésuite Saunders. Selon le biographe protestant Fox, ce fut un martyr. Les papistes n'ont vu en lui que le démolisseur des couvents. De là leurs injures. Les réformés n'ont vu en lui que le propagateur de la Bible. De là leurs louanges. La vérité est entre ces outrages et ces éloges.

Shakespeare professait pour lord Cromwell une estime sans réserve, s'il faut en juger par l'esquisse qu'il a faite de ce personnage dans *Henry VIII*. Vous vous rappelez cette attrayante et noble figure. Cromwell ne fait que traverser la scène, et il conquiert en quelques mots toutes les sympathies. Après la chute de Wolsey, quand le cardinal est abandonné de ses serviteurs et renié par ses amis, Cromwell, seul, reste auprès de son bienfaiteur, le console en pleurant avec lui, et lui témoigne, par sa douleur, l'intrépidité de sa reconnaissance. Ce dévouement obstiné à l'adversité, qui est le signe des belles natures, est le trait distinctif que Shakespeare a mis en relief dans le rôle de Cromwell. A la fin de *Henry VIII*, nous retrouvons Thomas aussi fidèle à la disgrâce de Cranmer qu'il l'a été au malheur de Wolsey. Secrétaire du conseil privé, avec quelle audace il défend le ministre apparemment déchu contre ses ennemis acharnés, Suffolk, Norfolk et Gardiner ! Et, quand le trèscatholique évêque de Winchester, outré d'une telle hardiesse, l'accuse de « favoriser la secte nouvelle » et de « n'être pas pur, » avec quelle hauteur Thomas riposte en reprochant à Gardiner « sa scandaleuse existence ! » En exaltant ainsi la grandeur d'âme de Cromwell, Shakespeare a prouvé son admiration pour ce personnage. Cet enthousiasme absolu anime d'un bout à l'autre le drame historique que publia à Londres, en 1602, le libraire William Jones, et que rééditèrent, en 1613, le libraire Thomas Snodham : *La vraie chronique historique de la vie entière et de la mort de Thomas lord Cromwell, — telle qu'elle a été plusieurs fois jouée publiquement, — écrite par W. S. Londres*

Dans ce drame signé W. S., Cromwell reparaît tel que nous l'avons vu dans l'œuvre signée de William Shakespeare, — bon, généreux, compatissant, magnanime, intrépide. W. S. est complétement d'accord avec William Shakespeare pour vanter les hautes qualités du ministre réformateur et pour flétrir ses ennemis. Comme William Shakespeare, W. S. nous montre dans Gardiner un prêtre perfide, lâche, hypocrite, cruel, odieux, un adulateur et un calomniateur, et dans les ducs de Suffolk et de Norfolk deux courtisans agenouillés devant le caprice du maître et prêts à toutes les platitudes pour conserver la faveur royale. Si j'insiste sur l'identité des jugements que l'auteur de *Henry VIII* et l'auteur de *Lord Cromwell* ont ainsi portés sur les hommes les plus marquants du règne du deuxième Tudor, c'est que cette identité, jusqu'ici inaperçue, me paraît être une forte présomption en faveur de l'hypothèse qui attribue ces deux drames historiques au même écrivain. Je n'affirme pas que je reconnais dans l'œuvre signée W. S. le style magistral de William Shakespeare, mais j'y reconnais à coup sûr ses sympathies et ses antipathies, ses prédilections et ses aversions; je n'y retrouve pas tout son génie, soit, mais j'y retrouve tout son cœur.

Il est prouvé d'autre part, par l'inscription [1] faite au registre du *Stationers' hall*, que *Lord Cromwell*, avant d'être imprimé, avait été « représenté récemment par les comédiens du lord chambellan. » Voilà donc une œuvre historique, écrite alternativement en vers et en prose, comme tous les drames historiques de Shakespeare, conçue conformément aux sentiments de Shakespeare, signée des initiales de William Shakespeare, et jouée par la troupe

---

[1] Voici cette inscription : « 1602. August 11th, a book called the life and death of the lord Cromwell, as it was lately acted by the lord Chamberleyn his servants. »

même de Shakespeare. Comment ne pas être frappé de ce remarquable concours de présomptions?

Dominée par la vraisemblance, la critique allemande n'a pas hésité à affirmer que Shakespeare est l'auteur de *Lord Cromwell*. Tieck a traduit cette pièce, comme étant l'ouvrage du maître, dans son *Vier Schauspielen Shakespeare*, et Schlegel la proclame « un modèle de drame biographique. » La critique anglaise, au contraire, en dépit de tant de probabilités et d'indices notables, a obstinément refusé, depuis plus d'un siècle, de reconnaître l'authenticité de *Lord Cromwell*. Peu lui importe la déclaration inscrite au registre du *Stationers'hall*, et reproduite en tête de l'édition de 1613. Elle attribue, non à William Shakespeare, mais à un certain Wentworth Smith, la pièce signée W. S. Or qu'est-ce que ce Wentworth Smith? C'est un dramaturge obscur qui est mentionné dans le journal de Henslowe comme ayant collaboré à quatorze ouvrages représentés, depuis le mois d'avril 1601 jusqu'au mois de mars 1603, par la troupe du lord amiral, pour laquelle ledit Smith travaillait spécialement. La conjecture des critiques anglais est, comme on le voit, assez invraisemblable. En attribuant *Lord Cromwell* à Wentworth Smith, elle est forcée d'associer à la troupe du lord chambellan un auteur qui était exclusivement attaché à une troupe rivale.

L'hypothèse de la critique britannique est donc beaucoup moins probable, beaucoup moins conforme à la logique et au rigoureux examen des faits que la supposition de la critique germanique. J'admets volontiers les objections des experts anglais contre l'opinion enthousiaste de Schlegel; j'admets, comme eux, qu'en 1602 Shakespeare, dans la plénitude de son génie, n'a pas pu écrire *Lord Cromwell*. Le poëte qui avait déjà donné au monde *Roméo et Juliette*, *Hamlet* et *Richard III*, ne pouvait sans déchéance produire une œuvre aussi imparfaite que la pièce publiée par le libraire William Jones. On ne se figure pas *Lord Cromwell* servant de trait d'union entre *le Marchand de Venise* et *Othello*. Mais toutes ces faiblesses que les experts anglais signalent si justement dans *Lord Cromwell*, ce défaut de composition, ce manque d'unité dans l'exécution, ce décousu de l'action, ces défaillances du dialogue, s'expliquent tout naturellement par l'inexpérience de l'auteur, si, suivant l'avis de Tieck, nous regardons *Lord Cromwell* comme le premier effort littéraire de Shakespeare. Le grand nombre de rimes qu'on remarque dans cette pièce tend à indiquer qu'elle a été écrite antérieurement à l'adoption du vers blanc, si heureusement introduit par Marlowe dans la poésie dramatique, c'est-à-dire avant 1585. Si l'indication est exacte, comme je le crois, *Lord Cromwell* aurait été conçu bien longtemps avant *les Deux gentilshommes de Vérone* et *la Sauvage apprivoisée*, c'est-à-dire à l'aube du génie shakespearien dont il serait la première lueur.

Et en effet considérez *Lord Cromwell* comme l'essai du tout jeune Shakespeare, et vous reconnaîtrez que cet essai n'est pas indigne de ce grand esprit adolescent. La pièce, toute défectueuse qu'elle est, a de l'intérêt, du mouvement et de la vie. La langue qu'on y parle n'est plus cette langue outrée et emphatique que nous remarquions tout à l'heure dans *Locrine* et qui caractérise presque toutes les compositions de Greene, de Peele et de Marlowe. Le dialogue, généralement simple, aisé, naturel, est çà et là soulevé par un véritable souffle lyrique. La partie tragique, modelée sur la lamentable histoire, se termine grandement par cette parole suprême qu'adresse le bourreau à Cromwell : *Milord, je suis l'homme de votre mort.* Quant à la partie comique, elle rappelle, par sa franche gaieté, les amusantes scènes de *Périclès* et de *Henry VI*. Ce n'est pas encore l'humour superbe qui doit engendrer Falstaff, mais c'est déjà la bonne humeur qui anime *la Sauvage apprivoisée* et *la Comédie des méprises*. La sympathique figure de Hodge, ce vieux serviteur obstinément dévoué à la fortune de son maître, m'apparaît comme le type primitif de ce dévouement domestique qui doit trouver son incarnation définitive dans le vieil Adam de *Comme il vous plaira*.

Mais ce qui, pour moi, décèle ici l'inspiration de Shakespeare, c'est moins l'exécution du drame que la haute pensée qui y préside. *Lord Cromvell* n'est certes pas une grande œuvre, mais c'est assurément une noble action. C'est, ne l'oublions pas, un effort généreux pour réhabiliter publiquement une des plus illustres victimes de la tyrannie des Tudors.

Ce ministre plébéien, dégradé, déshonoré, torturé, condamné sans forme de procès par une commission de la Chambre des lords, décapité secrètement par un valet de bourreau en guenilles dans l'intérieur de la tour de Londres, cet hérétique voué à l'infamie, ce traître marqué d'une éternelle flétrissure, — le poëte le juge en dernier ressort et l'absout. Le poëte nous révèle d'un bout à l'autre cette vie ignominieusement tranchée d'un coup de hache, et nous oblige à l'admirer. Dans ce grand coupable, il nous fait voir un homme plein de dignité, de vertu, de conscience, le meilleur des amis, le plus respectueux des fils, le plus affectueux des pères. Il exalte la loyauté de ce félon. Dans ce damné, il nous montre un martyr. Sur ce front stigmatisé il pose une auréole.

Et quel moment le poëte choisit-il pour relever dans la vénération publique cette victime du bon plaisir des Tudors? Le moment même où une Tudor règne toute puissante sur l'Angleterre! Oui, notez-le bien, c'est sous la domination d'Élisabeth que le poëte dénonce ainsi l'iniquité de Henry VIII. C'est sous le despotisme de la fille qu'il flétrit ainsi la tyrannie du père!

Ne pensez-vous pas comme moi que cet acte magnanime était bien digne de la jeune grandeur d'âme de William Shakespeare? Et ne trouveriez-vous pas le poëte bien hardi d'avoir osé signer de ses initiales une œuvre aussi périlleuse?

III

« Si *le Prodigue de Londres* est de Shakespeare, a dit Hazlitt, il faut le compter parmi ses péchés de jeunesse. » Ce jugement du critique anglais, tout sévère qu'il est, me paraît encore trop indulgent. *Le Prodigue de Londres* n'est pas même une peccadille de l'adolescent Shakespeare; il n'est pas même la puérile erreur d'un génie qui bégaye; il n'est que la conception infime d'un médiocre faiseur qui, en 1605, a usurpé pour quelque triste spéculation le nom de l'illustre poëte.

Comment, en effet, retrouver le créateur de tant de merveilleuses comédies dans cette composition décousue, obscure, où la pauvreté du langage n'a d'égale que la misère de la fiction? Rien ici ne nous touche, ni le style, ni l'intrigue, ni les caractères. Comment s'émouvoir de tous ces incidents confus qui se précipitent, sans rime ni raison, les uns sur les autres? Comment rire de ce dialogue qui s'efforce d'être spirituel et dont le principal effet comique consiste dans la manière niaise dont un petit provincial du Devonshire écorche la langue anglaise? Que nous veulent ces personnages qui ne représentent ni un sentiment ni une idée? Comment s'intéresser à cette Luce, à cette Elvire manquée, qui, d'abord amoureuse du galant chevalier sir Arthur, renie brusquement cette affection pour se dévouer toute au misérable à qui elle a été mariée de force? Comment estimer ce père qui, pour corriger son fils de ses erreurs, a recours lui-même aux plus effrontés mensonges, invente de fausses morts, forge de faux testaments, et, par une imposture atroce, amène la triste union par laquelle une innocente jeune fille est plongée dans une détresse peut-être mortelle? Quelle sympathie peut nous inspirer ce Don Juan de bas étage, ce Mathieu Flowerdale qui commet sans remords toutes les turpitudes, s'avilit jusqu'au vol, attente à sa belle-sœur, et dont la contrition subite n'est peut-être qu'une hypocrisie suprême à laquelle le réduit la terreur du gibet? Toute cette fiction est maladroite, improbable, immorale, brutale. Si Shakespeare, dans sa haute mansuétude, avait voulu réhabiliter l'Enfant prodigue, il ne l'aurait pas converti à la vertu par le vice, à l'honnêteté par la supercherie, à la vérité par le mensonge; il lui aurait laissé une vague notion du juste et de l'injuste; il lui aurait mis dans l'âme un ferment de générosité, un germe d'humanité; pour le ramener au foyer lumineux du bien, il aurait entre-bâillé pour lui la porte de la conscience.

Je considère donc comme apocryphe la signature *William Shakespeare* apposée en 1605 sur l'édition princeps du *Prodigue de Londres*; et ce qui me confirme dans mon opinion, c'est que le registre officiel du *Stationers' Hall* ne fait pas mention de cette publication évidemment frauduleuse.

Passons vite devant cette œuvre dont la première page, digne préface de toutes les autres, est un faux.

IV

L'Angleterre, au seizième siècle, a été le champ de bataille de deux grands mouvements d'idées. La révolution littéraire, produite par la Renaissance, a dû y lutter contre la révolution religieuse, issue de la Réforme. La poésie à peine née a eu pour adversaire implacable la foi, et dans cet antagonisme sans trêve le génie de Shakespeare a failli être étouffé au berceau par le génie de Calvin.

Cette guerre acharnée, qui devait se terminer en 1648 par la fermeture brutale du théâtre, a été presque une guerre de cent ans. Dès les commencements du règne d'Élisabeth, le puritanisme veut proscrire le théâtre, et le poursuit de ses dénonciations. Il ne se contente pas de le dénoncer, il le calomnie. Contre son adversaire il fait arme de l'imposture même. A en croire le puritanisme, le théâtre engendre tous les fléaux et toutes les calamités; il est la boîte de Pandore éternellement ouverte pour le malheur des hommes. Une peste se déclare-t-elle dans Londres? Elle a le théâtre pour foyer. En 1575, un bourgeois puritain de la Cité, le recorder Fleetwood, écrit en propres termes, dans un rapport officiel adressé au conseil privé, la sentence que voici : « Jouer en temps de peste, c'est augmenter la peste par l'infection; jouer en dehors du temps de peste, c'est attirer la peste, en offensant Dieu par la représentation de pareilles pièces. » Un arrêté de la corporation de Londres, daté du 6 décembre 1575, signé du maire James Hawes, et contresigné du susdit recorder Fleetwood, accuse le théâtre « d'être l'occasion de querelles et de rixes entre les
» jeunes gens, de fomenter l'incontinence par le rappro-
» chement des deux sexes, de favoriser la séduction des
» filles, spécialement des orphelines, et la corruption des
» mineurs, de propager des discours et des actes contraires
» à la chasteté et à la décence, de détourner les sujets de
» Sa Majesté du service divin les dimanches et fêtes, de gas-
» piller l'argent des pauvres et des niais, de protéger le vol
» en attirant les filous et les coupeurs de bourses, de traiter
» des sujets séditieux, populaires et indiscrets; » et, considérant « toutes ces énormités, » l'arrêté soumet à la censure de la cour des aldermen tous les ouvrages qui seront désormais joués dans la cité de Londres. A l'avenir quicon-

que représentera dans la cité une pièce non autorisée par le conseil municipal sera puni de l'amende et de la prison.

La corruption de la jeunesse, l'excitation à la débauche, la subornation des mineurs, la perturbation de la paix publique, l'attentat aux mœurs, l'outrage à la morale, l'encouragement permanent à la sédition, à la prostitution et au vol, — tels sont les crimes officiellement imputés par les magistrats de la cité de Londres à ce théâtre qui tout à l'heure va être le théâtre de Shakespeare.

Les puritains applaudirent hautement à cet arrêté municipal dont ils avaient, en quelque sorte, dicté les considérants, et qui plaçait sous la surveillance de la police les représentations scéniques. Outragés par ce décret qui les assimilait à des bandits, les comédiens préférèrent l'exil à une censure odieuse. Ils s'enfuirent de la cité, et s'établirent dans les faubourgs, aussi près que possible de cette immense population dont la curiosité était leur gagne-pain. Burbage installa sa troupe à l'ouest de la ville, dans les ruines du couvent de Blackfriars, dont les antiques franchises le protégeaient, en attendant qu'il construisît au sud de la Tamise la scène du *Globe;* Henslowe se transporta avec ses camarades au théâtre de la *Rose*, dans le Southwark, puis au théâtre de la *Fortune*, dans la paroisse de Saint-Gilles; John Laneham émigra avec les siens au nord-est de la cité et se logea au *Théâtre* de Shoreditch; à côté de Laneham, un autre entrepreneur de spectacles éleva une scène qui s'appela *le Rideau;* un autre entrepreneur dressa ses tréteaux à côté de *la Rose,* dans la tour polygone de *l'Espérance;* un autre ensuite érigea sa baraque à Newington-Butts, qui les jours de fête était un but de promenade pour les habitants de la ville. C'est ainsi que, peu à peu, la cité puritaine se vit investie de toutes parts, au couchant et à l'orient, au midi et au nord, par une ceinture de théâtres qui, surmontés de leurs drapeaux éclatants, se dressaient autour d'elle comme les forteresses de l'art.

Retranchés dans ces bastilles qui presque toutes avaient la forme de gros donjons, établis solidement sur la limite même où s'arrêtait l'implacable juridiction du lord-maire, les comédiens ne se crurent pas encore suffisamment protégés contre les attentats toujours possibles du parti puritain. C'est pourquoi ils sollicitèrent en masse le puissant patronage de l'aristocratie. La bourgeoisie les tracassait, les insultait, les calomniait, les traquait, les proscrivait; ils demandèrent aide et protection à la haute noblesse. Cette haute noblesse, intelligente, lettrée, amie des plaisirs, avide de fêtes, curieuse de divertissements, accorda avec bienveillance l'appui qu'on implorait d'elle. Chaque compagnie théâtrale obtint la faveur d'être attachée spécialement à la maison d'un grand seigneur. Les plus riches pairs d'Angleterre, le comte de Warwick, le comte d'Essex, le comte de Pembroke, le comte de Worcester, le comte de Sussex, le comte de Derby, lord Strange, lord Howard, le lord amiral eurent tous des troupes à leurs armes. Les comédiens dont Burbage était le chef eurent l'insigne privilège de s'appeler désormais les serviteurs du comte de Leicester. Shakespeare, nouvellement enrôlé parmi eux, endossa la livrée du favori, et, sous cette livrée, put impunément écrire *Hamlet*.

Cette domesticité, qui avilissait le théâtre, le sauva. Cuirassés d'un blason seigneurial, les comédiens furent désormais libres de jouer les chefs-d'œuvre que le génie élaborait. Les puritains virent avec colère la protection accordée au théâtre par la cour, et eurent recours aux plus lâches intrigues pour enlever aux comédiens l'altière faveur de la noblesse anglaise. Le ministre calviniste, John Field, se jeta aux pieds de lord Leicester en le conjurant de ne plus couvrir de sa bienveillance d'*infâmes histrions* : « Je supplie Votre Honneur, écrivit-il en 1581 au superbe amant de la reine, de ne plus protéger les mauvaises causes et les mauvaises gens, comme elle l'a fait dernièrement en patronnant les comédiens, à la grande douleur de toutes les personnes pieuses. Notre cité a été heureusement débarrassée de ce fléau de perversité et d'infamie qu'entretenaient naguère les représentations théâtrales. Je compte que Votre Honneur se joindra désormais à ceux qui depuis longtemps dénoncent ces représentations; et je suis bien sûr que, si Votre Honneur savait quelles sentines de péché elles sont, il ne daignerait pas les honorer de sa bienveillance. »

Heureusement cette démarche fut vaine. Leicester resta sourd aux farouches prières de John Field, et laissa aux comédiens sa livrée tutélaire. La haute prédilection qu'avait l'aristocratie pour les spectacles et pour les fêtes fit avorter cette fois le sinistre complot des puritains. Malgré cet échec, ceux-ci ne se découragèrent point : ils avaient cette indomptable énergie qu'inspire le fanatisme. Prédications en plein vent et dans les églises, mandements, brochures, factums, pamphlets, — tous les moyens de publicité leur parurent bons pour continuer contre le théâtre leur guerre de calomnie. L'un des plus bruyants de la secte, Stephen Gosson, adressa au secrétaire d'État Walsingham tout un livre destiné à lui prouver que « les pièces de théâtre ne doivent pas être tolérées dans une république chrétienne. » A force de clabauder, ils obtinrent vers 1589 un léger succès. Les enfants de chœur de la cathédrale de Saint-Paul avaient joué dans leur salle d'école une pièce où était parodié, à la grande hilarité de la foule, un prédicateur calviniste. Les puritains, exaspérés, se plaignirent de cette exhibition qui livrait l'un d'entre eux à la risée publique, et obtinrent du conseil privé un ordre qui prohibait les jeux scéniques des enfants de Saint-Paul. L'ordre fut maintenu jusqu'en 1601.

Cette satisfaction donnée aux puritains par le gouvernement de la reine Élisabeth ne fit qu'irriter leurs exigences. Que les enfants de chœur de la cathédrale fussent réduits désormais au silence, c'était bien, mais ce n'était pas assez. Ce que réclamaient par dessus tout les puritains, c'était la suppression de la première scène de la métropole, c'était la fermeture de cette salle de spectacle que Burbage avait ouverte en 1576 et qui, depuis la récente construction de la salle du *Globe*, était devenue le théâtre d'hiver des serviteurs du lord chambellan. A entendre les puritains, le théâtre de Blackfriars était le plus nuisible et le plus dangereux de tous. Situé tout à côté de la cathédrale de Saint-Paul, il troublait le service religieux par l'éclat profane de ses fifres et de ses trompettes, il distrayait de leurs dévotions les bourgeois bien pensants, il gênait la circulation par le nombre de coches, de carrosses et de véhicules de toute sorte qui stationnaient à sa porte, enfin il propageait spécialement la peste dans la cité par l'agglomération des trop nombreux spectateurs qu'il attirait. Ce théâtre était, aux yeux des puritains, l'abomination de la désolation. Il avait un vice énorme, — sa vogue. Également fréquenté par la cour et par le peuple, il corrompait en masse toutes les classes de la société. Il donnait en spectacle à la foule des ouvrages qui avaient le don de la passionner et dont la représentation faisait événement dans toute l'Angleterre. Ces ouvrages, que l'évangélique Philipp Stubbes déclarait être « pleins d'immondices, de grossièreté, d'obscénités, de corruption, d'escroquerie et de fourberie [1], » c'était *les deux Gentilshommes de Vérone*, c'était *le Songe d'une nuit d'été*, c'était *Roméo et Juliette*, c'était *Richard III*, c'était *Hamlet*. Avoir joué tous ces chefs-d'œuvre, tel était le crime du théâtre de Blackfriars. En 1596, les puritains firent un effort suprême pour faire fermer ce théâtre.

[1] Philipp Stubbes' *Motive to good Vorks* (1593).

Justement l'occasion était propice. La vieille salle, construite vingt ans auparavant dans la ruine du couvent des Frères Noirs, commençait à se lézarder. Les galeries de bois, destinées aux spectateurs, étaient visiblement fatiguées et usées ; le plancher de la scène menaçait de s'écrouler. Il était devenu urgent de restaurer complétement cet édifice où l'entassement de la foule pouvait, un jour ou l'autre, causer une catastrophe. Les puritains résolurent donc d'empêcher cette restauration ; ils colportèrent dans tout le quartier de Blackfriars, et ils firent signer par un certain nombre de notables une pétition demandant aux lords du conseil privé d'interdire formellement la reconstruction du théâtre de Blackfriars. Le théâtre, ne pouvant être rebâti, devait être fermé par raison de sûreté publique.

Cette manœuvre, comme on le voit, était ingénieuse. La clôture de la salle de Blackfriars une fois décrétée, la compagnie des serviteurs du lord chambellan n'avait plus de théâtre d'hiver ; elle ne pouvait plus exploiter que le théâtre du *Globe* qui, situé par delà la Tamise, et n'ayant pas de toiture, ne pouvait être utilisé que pendant les beaux jours de l'été. La compagnie devait donc nécessairement chômer durant la saison des pluies et des neiges, c'est-à-dire durant les deux tiers de l'année. Et ce chômage, c'était la ruine de la compagnie. Donc, si les puritains réussissaient cette fois, si la pétition inspirée par eux était agréée par le conseil privé, s'ils obtenaient un arrêt interdisant la restauration de la salle de Blackfriars, les comédiens du lord chambellan étaient tout bonnement réduits à la misère, et Shakespeare pouvait mourir de faim.

Telle était la portée de la mesure dévotement réclamée par les très-chrétiens disciples de Calvin. Heureusement la troupe du lord chambellan fut prévenue à temps de la pieuse conspiration qui s'ourdissait contre elle ; et, pour combattre la pétition signée des notables de Blackfriars, elle adressa au conseil privé la supplique suivante, conservée aux archives du *State papers office* :

« Aux très-honorables lords du très-honorable conseil privé de sa majesté la reine.

» L'humble pétition de Thomas Pope, Richard Burbage, John Héminge, Augustin Philipps, William Shakespeare, William Kempe, William Sly, Nicolas Towley et autres serviteurs du très-honorable lord chambellan,

» Remontre très-humblement que les pétitionnaires sont propriétaires et acteurs du théâtre privé, situé dans le ressort et les franchises de Blackfriars, lequel a été depuis maintes années employé et affecté à la représentation des tragédies, comédies, histoires, intermèdes et autres pièces;

» Que ce théâtre, par la raison qu'il est bâti depuis si longtemps, est tombé en grand délabrement et qu'il a été jugé nécessaire, non-seulement de le réparer, mais de le rendre plus commode pour la réception du public;

» Que, dans ce but, les pétitionnaires ont tous avancé des sommes d'argent, proportionnelles à leurs parts de propriété dans ledit théâtre, qu'ils ont justement et honnêtement gagnées dans l'exercice de leur profession de comédiens; mais que certaines personnes, dont quelques-unes sont honorables, habitant dans ledit ressort et dans lesdites franchises de Blackfriars, ont prié vos honorables seigneuries, non-seulement de ne pas permettre que le théâtre reste ouvert, mais de le fermer et de le clore désormais, au grave et manifeste préjudice des pétitionnaires qui n'ont pas d'autre moyen de faire vivre leurs femmes et leurs familles que l'exercice de leur profession;

» En outre que, dans la saison d'été, les pétitionnaires peuvent jouer dans leur théâtre du Globe, récemment construit sur le Bankside, mais qu'en hiver ils sont obligés de se transporter à Blackfriars; et que, si Vos Seigneuries consentent à la mesure que l'on réclame d'eux contre les pétitionnaires, non-seulement ceux-ci perdront, tant que dure l'hiver, les moyens de se nourrir, eux et leurs familles, mais ils seront dans l'impossibilité de monter les pièces et les intermèdes qu'ils peuvent être appelés à jouer pour la récréation et le soulas de Sa Majesté la Reine et de sa noble cour, comme ils l'ont fait jusqu'ici.

» Les pétitionnaires prient donc Vos Seigneuries de les autoriser à terminer les réparations et les changements qu'ils ont commencés; et, attendu que les pétitionnaires ont été jusqu'ici pleins d'ordre dans leurs procédés et de probité dans leurs actes, ils demandent que vos seigneuries ne leur interdisent pas de jouer au susdit théâtre privé, et en reconnaissance ils s'engagent à prier toujours pour l'élévation et la prospérité de vos honorables seigneuries.

Cette remarquable supplique, signée du nom de Shakespeare, est d'une humilité qui serre le cœur. Placé le sixième sur cette liste de comédiens obscurs, le grand homme qui hier donnait au monde *Roméo et Juliette* est réduit à implorer de la clémence du pouvoir le droit de vivre et de faire vivre ses camarades. La récompense qu'il sollicite, après tant de travaux sublimes, c'est la permission de gagner son pain! Il demande comme une grâce qu'on ne lui brise pas sa plume. Il sera trop heureux si, sur ce théâtre où il vient de faire jouer *Hamlet*, il ne lui est pas interdit de faire représenter un drame qu'il rêve déjà et qu'il appellera *Othello*. Il mendie l'autorisation de mettre en scène Falstaff et le roi Lear. Allons, soyez bons princes, milords du conseil privé, ne punissez pas cet homme de tous les chefs-d'œuvre qu'il a faits, et, pour l'amnistier, laissez-le libre d'en faire d'autres. D'ailleurs, songez-y, si vous réduisez au silence Shakespeare et sa troupe, qui se chargera d'amuser et de distraire Sa Majesté? Comment remplacerez-vous, dans les galas de la cour, ces divertissements scéniques improvisés tout exprès par ces histrions « pour la récréation et le soulas de la reine? » Que vos seigneuries y prennent garde; si elles interdisent les farces de ce drôle de Shakespeare, la reine pourrait s'ennuyer!

L'argument était trop puissant pour ne pas faire réfléchir les lords du conseil privé. Après un mûr examen, ils repoussèrent la pétition des puritains, et ils autorisèrent Burbage à reconstruire la salle de Blackfriars. Les puritains se soumirent en murmurant à cet ordre suprême qui sauvait le théâtre anglais.

Élisabeth avait toléré Shakespeare; Jacques Iᵉʳ fit plus, il le patronna. Tant qu'Élisabeth avait régné, la troupe de Shakespeare n'avait été que « la compagnie des serviteurs du lord chambellan »; après l'avènement de Jacques, elle devint « la compagnie des serviteurs du roi. » Ce titre nouveau lui fut conféré officiellement par une licence royale, datée de Greenwich le 17 mai 1603. Par cette même licence, les membres de la compagnie, à savoir Lawrence Fletcher, William Shakespeare, Richard Burbage, Augustin Phillips, John Héminge, Henry Condell, William Sly, Robert Armyn, Richard Cowley et leurs associés, étaient désormais autorisés à représenter toutes sortes d'ouvrages dramatiques, comédies, tragédies, histoires, intermèdes, moralités et pastorales, non-seulement dans la métropole, mais dans toutes les cités, dans tous les bourgs, dans toutes les universités des trois royaumes d'Angleterre, d'Irlande et d'Écosse. Ordre était donné à tous les magistrats de la Grande-Bretagne, juges de paix, maires, shériffs et constables, non-seulement de ne pas empêcher les représentations de la susdite troupe, mais de lui donner aide et protection au cas où elle serait molestée. Enfin, la susdite troupe devait être accueillie partout avec les plus grands égards, et ces égards seraient considérés comme des marques de respect envers la royauté elle-même. — En même temps que le roi Jacques adoptait ainsi publiquement l'ancienne [compagnie du lord chambellan, la reine Anne attachait officiellement à sa maison les comédiens du comte de Worcester, qui devaient désormais s'appeler les serviteurs de la reine, et l'héritier présomptif du trône se déclarait le protecteur des comédiens du comte de Nottingham, qui devaient dorénavant se nommer les serviteurs du prince Henry.

Cette adoption par la famille royale des principales troupes de comédiens de la capitale était une sorte de défi jeté par Jacques Ier au parti puritain. Tant qu'il n'avait été que roi d'Écosse, Jacques avait dû se soumettre aux exigences de ce parti qui, fort puissant dans le nord, avait fait prohiber les représentations théâtrales par le synode presbytérien réuni à Édimbourg en 1575. Devenu roi de la Grande-Bretagne, Jacques profitait de son accroissement d'autorité pour se venger de cette secte impérieuse en imposant partout les spectacles proscrits par elle.

Dès lors, par une singulière conséquence, la cause de l'art dramatique en Angleterre fut intimement unie à la cause de la royauté. Le théâtre et le trône, liés ensemble, eurent désormais les mêmes ennemis. Battus en brèche l'un et l'autre par la coalition des haines politiques et des fanatismes religieux, ils durent subir les mêmes secousses et résister aux mêmes assauts, avant d'être précipités dans la même catastrophe.

Le livre de l'avocat Prynne, le fameux *Histriomastyx*, publié en 1632, fut le premier cri de guerre de la croisade puritaine. Ce livre, que son auteur expia trop cruellement par l'exposition au pilori, par la mutilation de ses oreilles, et par un emprisonnement de plusieurs années, dénonçait à l'animosité publique la prédilection de la dynastie régnante pour les représentations théâtrales, et censurait, au nom de la morale et de la religion, l'auguste faveur accordée à de profanes exhibitions. A entendre Prynne, les salles de spectacles, ouvertes obstinément par une licence royale, n'étaient pas autre chose que les succursales des maisons de prostitution [1], et c'était la monarchie elle-même qui re-

---

[1] Ne croyez pas que j'exagère. Voici un extrait textuel de l'*Histriomastix* : « J'ai ouï dire par des personnes bien informées que nos filles publiques se prostituent souvent à la fin des représentations tout près des salles de spectacle, sinon dedans. Nos théâtres, s'ils ne sont pas des lupanars (comme ils pourraient l'être aisément, la plupart des acteurs n'étant que de vils maquereaux,) en sont les cousins-

commandait ces lupanars! L'*Histriomastyx* accusait ainsi la couronne de couvrir le théâtre. Pour détruire l'un, il fallait renverser l'autre. Telle fut la conclusion que tira du pamphlet de Prynne le radicalisme des événements.

La défaite de Charles Ier par le parlement fut un coup mortel pour le théâtre anglais. Les puritains, une fois maîtres du champ de bataille, décrétèrent avec une implacable brutalité la mesure que depuis si longtemps ils réclamaient vainement de la royauté. Par une ordonnance des lords et communes, assemblés en parlement le 9 février 1648, tous les comédiens du royaume furent déclarés des vagabons infâmes (*rogues*); les maires, les juges et les shérifs furent invités à faire abattre et démolir sans délai les galeries, siéges et loges de toutes les salles de spectacle; quiconque désormais assisterait à la représentation d'une pièce de théâtre serait passible d'une amende de cinq shillings; quant aux comédiens qui voudraient exercer leur métier, ils seraient punis, pour la première contravention, de la peine du fouet, et, pour la seconde, de la peine, beaucoup plus grave, des vagabonds incorrigibles. C'est ainsi que les puritains triomphants mirent à profit leur victoire. Ils ne se contentèrent pas de fermer le théâtre, ils le dégradèrent. Ils flétrirent comme des filous, et punirent de la flagellation, de la marque, de l'amende et de la prison, les interprètes de l'art suprême. Ils renversèrent dans la boue ce proscénium unique sur lequel une pensée sublime avait évoqué l'humanité idéale; ils jetèrent à la voirie cette plate-forme sacrée qu'avaient effleurée de leurs pas ineffables tant de radieuses apparitions, Héro, Miranda, Perdita, Imogène, Cordelia; ils précipitèrent dans

germains, ou tout au moins les proches voisins. Témoins le *Cockpit* et Drury Lane; le *Taureau Rouge* et Turnbull street; le *Globe* et les bordels du Bankside. »

le ruisseau ces tréteaux prestigieux qui avaient porté tour à tour le fauteuil de Falstaff, la table du banquet de Macbeth, le lit de camp de Brutus, la chaise curule de Coriolan, l'escabeau de Timon d'Athènes, le cercueil d'Ophélia, le lit de mort de Desdemone, le trône du roi Lear, le dais de Henry V, la galère de Cléopâtre, le berceau de Titania. Telle fut la rage aveugle des puritains. Ils mirent le génie hors la loi. Ils condamnèrent la gloire à l'infamie. Ils chassèrent la muse à coups de fouet. Songez-vous à cela? Si Cromwell vainqueur avait appréhendé Shakespeare, il l'aurait mis au pilori!

J'ai résumé à grands traits les phases diverses de la longue guerre faite au théâtre anglais par le puritanisme. Le récit d'une lutte généralement peu connue m'a paru nécessaire pour expliquer et justifier les vives attaques dont le parti puritain est souvent l'objet dans les ouvrages dramatiques représentés pendant les règnes d'Élisabeth et de Jacques Ier. Certes, Shakespeare ne pouvait pas deviner les triomphes inouïs réservés, trente ans après sa mort, à cette secte intolérante; pourtant il sentait en elle une ennemie irréconciliable, et il avait pour elle une aversion profonde que modérait sans doute la haute générosité de sa nature, mais qui transparaît néanmoins à travers ses œuvres. Ça et là, dans ses comédies, notamment dans *Tout est bien qui finit bien*, et dans *le Soir des Rois*, le poëte ne peut s'empêcher de lancer de vertes épigrammes à l'adresse de ses pieux détracteurs. A leurs huées fanatiques il riposte par de fines moqueries. « La vertu, fait-il dire à l'un de ses clowns, n'a pas besoin d'être puritaine pour ne pas faire le mal. » Ailleurs il se moque légèrement des *Brownistes*, qui ont été en Angleterre les prédécesseurs des *Indépendants*. Enfin, il personnifie la secte tout entière dans cette antipathique tête ronde, dans « ce diable de puritain » qui a nom Malvolio. Regardez bien ce cuistre qui, tout en affectant la plus rigide austérité, essaie de séduire la belle comtesse Olivia. Il est pour Shakespeare ce que l'immonde amoureux d'Elmire sera pour Molière, — l'incarnation de l'hypocrisie dévote. Malvolio ressemble à Tartuffe, comme le puritain ressemble au jésuite.

Cette fausse austérité, que Shakespeare démasque d'une façon si réjouissante dans la farce du *Soir des Rois* (Twelfth Night), est également dénoncée et dévoilée par l'amusante comédie qu'un certain G. Eld imprima à Londres, en 1607, et qui parut, pour la première fois, signée mystérieusement des initiales *W. S.*

La veuve de Watling street, qui donne son nom à cette comédie, est une opulente bourgeoise de la cité de Londres, qui a fait le vœu de ne plus se remarier et de rester à jamais fidèle à son époux défunt. Lady Plus professe un véritable culte pour le souvenir du cher homme qui, tout en remplissant avec une ferveur exemplaire ses devoirs de chrétien, s'est enrichi par l'usure. Aussi bien M. Plus était un bourgeois exemplaire. « Il dévorait jusqu'aux os les fils de » famille et les jeunes héritiers; il s'abreuvait de la sueur » du pauvre, à mesure qu'elle lui tombait du front; il » grappillait l'argent par les moyens les plus iniques; la » crasse même qu'il avait entre les ongles était mal ac- » quise; » c'est vrai, mais en revanche, comme il était assidu au prêche! Tous les jours « il se levait avant ses do- » mestiques même, et, dans sa hâte religieuse, il courait » à la prière du matin sans avoir mis ses jarretières, » sans s'être boutonné, sans même s'être culotté! » Les jours de fête, avait-il ses amis à dîner, il se levait de table au milieu du repas, « pour avoir la meilleure place au sermon d'après-midi. » Tel était l'homme respectable dont la veuve de Watling street a juré de porter à jamais le deuil. Dans la ferveur de sa douleur, elle repousse avec horreur

les propositions d'un riche chevalier, sir Olivier de la Bouse, qui la courtise pour le bon motif, et elle conseille à ses deux filles de faire comme elle et de renoncer à la vie conjugale.
— C'est dans ces dispositions qu'elle reçoit la visite d'un certain George Pyeboard qui, de l'air le plus grave, lui fait savoir que son défunt mari a été, pour ses péchés, condamné aux flammes du purgatoire, et qu'il n'en sera délivré que le jour où elle prendra un nouvel époux. A ce mot de purgatoire, la puritaine, qui ne croit qu'aux peines éternelles, se récrie vivement; elle proteste tout d'abord contre une déclaration impie qui lui paraît injurieuse pour la mémoire de feu M. Plus; mais George maintient son dire avec un sang-froid imperturbable; profondément versé dans les sciences occultes, il a des intelligences spéciales avec l'autre monde, et, si lady Plus doute encore de son savoir prophétique, il va le lui prouver par une prédiction qui s'accomplira incessamment : avant ce soir le frère de lady Plus, sir Godfrey, aura fait une perte importante ! — En effet ce qu'avait prédit George arrive ponctuellement. Le soir venu, ce bon sir Godfrey cherche vainement un magnifique collier d'or dont il a l'habitude de se parer : ce collier a disparu, et nul ne sait ce qu'il est devenu. La vérité est que George Pyeboard a fait escamoter le joyau par un de ses affidés, un valet de lady Plus, le puritain Nicolas Saint-Antlings, et qu'il a fait cacher l'objet volé dans certain bosquet de romarin. Au moment où sir Godfrey se lamente le plus fort sur la perte de son collier, paraît George Pyeboard qui s'offre pour opérer un nouveau miracle. Il s'engage à retrouver immédiatement la chaîne disparue. Aidé d'un sien compère, le capitaine Futile, un héros de grand chemin, qu'il a fait tout exprès sortir de prison, — il procède à une incantation magique et évoque sans peine un démon qui lui indique le mystérieux bosquet où est accroché le collier égaré. Après cette découverte

extraordinaire, lady Plus, éblouie, ne révoque plus en doute la science surnaturelle de George Peyboard; elle est convaincue que son feu mari brûle bel et bien dans le purgatoire, et, pour le délivrer de ce supplice, elle offre d'épouser le capitaine Futile, le jour même où sa fille aînée deviendra la femme de l'enchanteur George. La double noce va être célébrée, quand intervient une dénonciation fort opportune qui dévoile la supercherie et empêche les deux puritaines de s'unir à deux chevaliers d'industrie.

Cette comédie bouffonne, qui rappelle un peu par sa conclusion la mystification des *Précieuses ridicules*, est une réjouissante satire dirigée contre la pruderie puritaine. Ces vertus farouches, vouées par un engagement solennel à un éternel renoncement, se laissent apprivoiser et séduire par les plus grossiers appâts. Ne vous fiez plus aux protestations hypocrites de ces bigotes. Leur rigidité prétendue n'est que le masque de leur trop réelle fragilité. Elles se donnent pour des saintes, et en réalité ce ne sont que des femmes. Elles ont fait serment de ne plus aimer, mais, qu'une occasion surgisse, et elles seront trop heureuses de se parjurer, et elles trouveront dans quelque indigne prédilection le châtiment de leur fausse vertu.

La Puritaine est une fort curieuse exposition des mœurs anglaises à la fin du seizième siècle. Si incroyable qu'elle nous paraisse aujourd'hui, la farce dont est dupe la veuve de Watling street est historique. L'énorme tour joué par George Pyeboard à lady Plus n'est que la répétition d'une grosse plaisanterie faite dans une hôtellerie de village par le poëte George Peele, un des prédécesseurs de Shakespeare.
— Un jour le poëte s'arrête avec quelques amis sur la route d'Oxford, à l'auberge de Stoken, près de Wycombe. Là, la bande joyeuse fait un repas copieux. Mais un souci diminue l'allégresse de George : il n'a pas le sou pour payer son écot. Que faire? Il a l'ingénieuse idée d'escamoter la rapière

à poignée d'or d'un des convives et de la cacher sous un banc ! Quand l'heure est venue de partir, le convive dépouillé cherche en vain sa splendide épée : qu'est-elle devenue? Personne ne peut le dire. George, voyant l'anxiété générale, jure qu'il retrouvera la rapière, dût-il lui en coûter quarante shillings. Vite il sort, court au grand galop jusqu'à Oxford, et ramène un sien compère, fort habile devin, qui, après une opération magique, indique avec une facilité surprenante, le lieu où la rapière est cachée. Le convive qui avait ainsi recouvré sa bonne lame, grâce à l'intervention de George, fut trop heureux de faire les frais de ce beau miracle, et Peele, largement indemnisé, eut de quoi payer son écot.

Cette aventure plaisante, dont put être témoin le jeune Shakespeare, amusa longtemps l'Angleterre. Elle est relatée dans un curieux recueil, intitulé[1] *les Joyeux tours de George Peele*, qui fut imprimé successivement en 1607, en 1626, en 1827, en 1657 et en 1671. L'auteur de *la Puritaine* ne s'est pas contenté de transporter dans sa comédie l'anecdote dont George Peele est le héros ; il y a fait figurer le poëte lui-même sous le nom de George Pyeboard ; car le mot *Pyeboard* est en anglais le synonyme du mot *Peele*, lequel signifie une pelle à four. Cette synonymie, comprise de tous, ajoute un intérêt tout spécial à la comédie qui nous occupe. Dans ce George Pyeboard, homme de lettres famélique, qui vit d'expédients et de supercheries, qui s'introduit dans le sein des familles pour les exploiter et les mystifier, qui a pour amis et pour complices des bandits et des filous, dans ce maître ès-arts de l'Université d'Oxford qui s'ingénie sans cesse à dépister la dette criarde et à mettre la police en défaut, dans ce rimeur déguenillé qui fraternise avec tous les truands, dans ce prétendu magicien échappé

---

[1] Voir, à l'Appendice, le récit extrait de cet amusant ouvrage.

de la cour des miracles, — nous reconnaissons désormais le poëte primitif dont Greene et Marlowe furent les camarades, l'auteur de *David et Bethsabée*, le compositeur de pastorales, le régulateur de mascarades, le chantre du *Jugement de Pâris* et de *la Légende de Troie*, l'un des prédécesseurs et des ennemis de Shakespeare.

Dès que nous avons reconnu cette curieuse figure, il nous devient plus facile de conjecturer quel peut être l'auteur de *la Puritaine*. Les initiales W. S., mises en tête de cet ouvrage, désigneraient-elles, comme le prétendent les critiques anglais, un certain Wentworth Smith, qui n'est guère connu des érudits que pour avoir collaboré avec les plus obscurs dramaturges du théâtre anglais? Ou bien, comme le prétendaient en 1662 l'éditeur Chetwinde et en 1702 le commentateur Gildon, ces initiales ne seraient-elles que la signature abrégée de William Shakespeare?

Délicate question qui divisera longtemps les experts.

La Puritaine a été imprimée pour la première fois en 1607, *telle qu'elle avait été jouée par les enfants de Saint-Paul*, par l'imprimeur G. Eld, le même imprimeur qui, soit dit en passant, devait, deux ans plus tard, prêter ses presses à la publication de *Troylus et Cressida*. Si *la Puritaine* a été effectivement écrite vers l'époque à laquelle elle a été publiée, c'est-à-dire vers 1607, il est infiniment probable qu'elle n'a pu être composée par Shakespeare, qui, fructueusement associé à la troupe de Burbage, se serait sans doute bien gardé de travailler pour une compagnie rivale. Mais si, comme je le crois, la première représentation de *la Puritaine* est antérieure d'environ vingt ans à sa publication par la voie de la presse, rien n'empêche d'admettre que cette pièce ait été composée par le jeune Shakespeare, avant que celui-ci fût exclusivement attaché à la troupe de Burbage. Ce qui me fait croire que *la Puritaine* a été écrite avant 1589, — l'année où le théâtre des Enfants de Saint-Paul a été fermé pour onze ans par ordre du conseil privé, — c'est justement la satire violente qu'elle renferme à l'adresse de George Peele. Peele, qui, dès 1583, avait fait jouer devant la reine Élisabeth la pastorale du *Jugement de Pâris*, était alors en pleine possession de son éphémère renommée. Il avait été proclamé l'*Atlas de la poésie* par le publiciste Thomas Nash, dans une préface retentissante, publiée en 1587, qui dénigrait *Hamlet*. Il était l'un des fondateurs du théâtre anglais, qu'il prétendait asservir à l'imitation pédantesque des modèles classiques. Ami intime de Greene, il se croyait, comme celui-ci, personnellement lésé par la révolution littéraire qui se préparait, et il faisait partie de cette cabale qui dénonçait, comme un intrus et un plagiaire, l'immortel chantre de *Roméo et Juliette*.

Écrite et représentée avant 1589, *la Puritaine* répondait spirituellement aux détracteurs de Shakespeare. Sous un pseudonyme transparent, elle dénonçait dans ce rimeur, que l'envie proclamait l'Atlas de la poésie, un malhonnête homme qui avilissait, par l'indignité de sa vie, la dignité de l'art. Une pareille dénonciation, publiée primitivement en 1607, n'aurait plus eu de sens et n'aurait plus été comprise. Elle n'eût plus été qu'une inutile flétrissure infligée à un misérable écrivain, mort depuis dix ans, tué doublement par la débauche et par l'oubli.

Je crois donc fermement que *la Puritaine* a été écrite dans l'intervalle de 1584 à 1589, à une époque où elle était encore une réplique efficace, peut-être nécessaire, à d'odieuses attaques. A-t-elle été écrite par Shakespeare? Je ne l'affirme pas. Mais je suis convaincu que cette œuvre a été, sinon conçue, du moins inspirée par lui. Selon moi, cette comédie, si vive et si alerte, pleine de traits piquants et d'allusions mordantes, a été une sorte d'arme de guerre imaginée au début de la révolution shakespearienne, et dirigée à la fois contre deux coteries hostiles, la coterie pseudo-classique et la coterie puritaine.

Qu'est devenue la coterie pseudo-classique? Qu'est devenue cette misérable cabale qui poursuivit de ses huées les premiers chefs-d'œuvre du grand poëte? Celle-là est morte, et morte à jamais. L'oubli n'a que trop vengé Shakespeare des étranges attaques dont il fut l'objet à son aurore. Nul aujourd'hui ne se souvient de ce Greene qui appelait Shakespeare l'*histrion au cœur de tigre*; nul ne se souvient de ce Nash qui mettait *Hamlet* au-dessous des tragédies de Sénèque, et quant à ce George Peele, l'Atlas de la poésie, c'est à peine si aujourd'hui les plus érudits savent les noms de ses opuscules.

Si la conspiration littéraire ourdie jadis contre Shakespeare a avorté, en est-il de même de la conspiration religieuse?

Hélas! non.

Le vieil ennemi de Shakespeare, cet ennemi qui, au seizième siècle, le calomniait, le persécutait et tâchait de le réduire à la misère, cet ennemi qui, de 1648 à 1660, fit fermer le théâtre anglais, — le puritanisme, — est toujours debout. Sans doute cet ennemi n'a plus la toute-puissance qu'il avait au temps du Long Parlement. Il ne gouverne plus la chambre des lords et la chambre des communes. Il a perdu le pouvoir de couper une tête royale et d'élever un brasseur à la dictature. Il ne peut plus dresser un échafaud, ni briser un spectre. Il ne peut plus lever les impôts ni les milices. Il ne fait plus de lois, il n'édicte plus de statuts. Il n'a plus d'armée sous ses ordres, et il ne peut plus faire trembler le sol anglais sous la charge irrésistible de ses Côtes de fer. Il ne peut plus brandir, au-dessus des peuples prosternés, l'épée régicide de Cromwell.

Mais, ne vous y trompez pas, ce que le puritanisme a perdu en puissance politique par la restauration des Stuarts, il l'a regagné depuis en influence morale. Grâce à la liberté que lui a restituée la révolution de 1688, il a réparé sa défaite par une propagande infatigable de deux siècles. Il a multiplié à l'infini ses temples, ses chapelles, ses congrégations, ses missions, ses prédications, ses écoles. Il a relevé partout sa chaire abattue. Fractionné en une multitude de sectes,—Indépendants, Presbytériens, Wesleyens, Quakers, Frères de Plymouth, Anabaptistes, Non-Conformisses, — il a peu à peu détaché, pour se les affilier, les adeptes de la haute Église, qu'il vide ainsi, en attendant qu'il la démolisse. Aujourd'hui donc, il régit réellement une moitié des populations anglo-saxonnes, et il domine implicitement l'autre moitié. Il règne presque exclusivement dans les grandes villes, à Londres, à Liverpool, à Manchester, à Édimbourg, à Glascow, et il tient en respect les campagnes. Il asservit le peuple, il assujettit la bourgeoisie, il s'inféode la gentry, il intimide l'aristocratie. Il mène l'ouvrier, il mène l'artisan, il mène le gentleman, et tout à l'heure il va mener le lord et le paysan. Il ne fait plus les lois, il fait les mœurs. Il n'a plus le pouvoir temporel, mais il a presque l'omnipotence spirituelle. Il pénètre dans toutes les familles et il s'asseoit à tous les foyers. Il veille au berceau des nouveau-nés, au chevet des époux, au chevet des mourants. Il baptise, il marie, il ensevelit. Il a ses cimetières comme il a ses écoles. Il prend l'homme dès sa naissance et il le conduit à travers toutes les phases de la vie jusqu'au sépulcre. Il le recueille dans ce monde et il l'introduit dans l'autre.

Bref, le puritanisme s'est emparé de l'âme de l'Angleterre, et il la façonne à sa guise. L'âme de l'Angleterre, cette âme qui, par sa révolte du seizième siècle, a soustrait l'Europe à la théocratie papale,—cette âme qui la première a dégagé des chaînes du moyen âge la liberté politique, et donné aux peuples asservis le noble exemple de l'insurrection contre le despotisme, — cette âme, faite pour dompter la barbarie et apprivoiser la sauvagerie, que la Providence a prédestinée à la colonisation des contrées les plus lointaines, et à qui les événements ont livré l'Inde, le Canada, le Cap, le nord de l'Amérique, le sud de l'Afrique, le sud de l'Asie et l'Océanie entière, — cette âme à qui est échue la souveraineté des mers et qui doit combattre partout à l'avant-garde de la civilisation, — cette grande âme, le puritanisme la tient et la déforme peu à peu. Il la dessèche, en lui imposant la norme étroite de sa rigidité cagote. Il la stérilise, en lui interdisant, par une éducation strictement biblique, le noble exercice des plus hautes facultés de l'esprit, l'imagination et la raison. Il la condamne à l'idolâtrie d'un texte. Il lui communique ses préjugés, ses superstitions, ses pruderies, son intolérance. Il lui inspire ses antipathies stupides et ses haines aveugles. Il fausse en elle la logique, cette droiture de l'intelligence. Il la détourne de la pensée pure et il la rend incapable de philosophie. Il lui apprend à maudire l'art comme un mensonge, et la poésie comme une imposture. Il lui enseigne à traiter de fausseté le beau, cette splendeur du vrai.

Le puritanisme habitue l'Angleterre à dédaigner les œuvres qui furent l'orgueil d'Athènes et de Rome. Il la pousse à proscrire les plus sublimes fictions du génie. Il lui prêche le mépris du théâtre et l'horreur du roman. Il la force à oublier lord Byron et à nier Shelley, en attendant qu'il la réduise à ne plus comprendre Shakespeare.

Terribles prédications dont on entrevoit, dans un avenir prochain, les funestes conséquences! Que l'Angleterre y prenne garde! Elle est entraînée vers un abîme par cette incessante propagande qui date de trois siècles. Elle, la vieille missionnaire du progrès, elle sombre visiblement dans les ténèbres de l'obscurantisme religieux. La diminution des lumières se manifeste déjà chez elle par la décroissance des talents. La muse radieuse, qui anima tant de merveilleux esprits, se sentant dépaysée sur la terre britannique, menace de la quitter. Les inspirations s'en vont. L'art s'amoindrit et languit dans ses expressions multiples. La musique, réservant ses mélodies pour d'autres cieux, n'est plus au delà de la Manche qu'une plainte monotone. La peinture refuse obstinément des successeurs aux Lawrence et aux Gainsborough. La poésie, manquant du souffle suprême, ne trouve plus rien qui vaille une simple chanson de Burns. Le roman, privé d'idéal, s'arrête à ses études de mœurs ingénieusement superficielles. Quant au théâtre, quant à cet admirable théâtre qui jadis étonnait l'univers par tant de créations originales, il n'est plus que le travestissement chétif et la parodie navrante de notre théâtre français.

Tels sont déjà, au delà de la Manche, les alarmants effets de l'enseignement ultrà-protestant. Ah! il est temps, grand temps, que l'Angleterre avise, et qu'elle réagisse contre cette éducation délétère. La patrie de Newton et de Bacon n'a pas échappé au fanatisme catholique pour se sacrifier ainsi au fanatisme huguenot. Elle n'a pas combattu si obstinément le jésuitisme pour s'assujettir au puritanisme. Elle ne s'est pas révoltée contre Loyola pour se donner à Knox et à Cartwright. Elle n'a pas soutenu contre le vieux monde catholique une lutte héroïque de trois siècles pour se courber sous un despotisme plus sombre que le despotisme même de Rome. Elle n'a pas conquis la liberté de sa conscience pour l'aliéner ainsi, après la victoire.

Non, l'Angleterre ne voudra pas couronner son triomphe par sa chute. Sous peine de déchéance, elle doit se soustraire, par une réforme radicale, à cette autorité sinistre qui lui impose la haine des idées modernes; elle doit rompre avec cet ennemi intime que lui dénonçait jadis l'auteur d'*Hamlet*; elle doit répudier les doctrines de lèse-raison qui l'égarent, pour remettre en honneur ses nobles traditions d'indépendance intellectuelle et de libre examen ; elle doit s'arracher aux sophismes de la scolastique puritaine et se réconcilier avec la pensée pure, avec la philosophie, avec la logique, avec la poésie, avec l'art, avec le beau, avec le vrai !

Pour reprendre sa place à la tête de l'humanité, il faut que l'Angleterre cesse d'être la tribu de Wesley, et qu'elle redevienne la nation de Shakespeare.

Bruxelles, novembre 1866.

LA

LAMENTABLE TRAGÉDIE

DE

LOCRINE

LE FILS AINÉ DU ROI BRUTUS

Racontant les guerres des Bretons et des Huns, avec
la déconfiture de ceux-ci; la victoire des Bretons
avec leurs aventures et la mort d'Albanact.

Non moins agréable que profitable.

Nouvellement éditée, révisée et corrigée

PAR W. S.

LONDRES

Imprimée par Thomas Creede.

1595

PERSONNAGES :

BRUTUS, roi de Bretagne.
LOCRINE,
CAMBER,   } fils de Brutus.
ALBANACT,
MADAN, fils de Locrine et de Guendeline.
CORINÉIUS,
ASSARACHUS, } frères de Brutus.
TRASIMACHUS, fils de Corinéius.
DEBON, vieil officier breton.
HUMBER, roi des Scythes.
HUBBA, son fils.
THRASSIER, commandant scythe.
STRUMBO,
TROMPART,
OLIVIER,   } clowns.
WILLIAM,

GUENDELINE, fille de Corinéius, femme de Locrine.
ESTRILDE, femme d'Humber, puis maîtresse de Locrine.
SABREN, fille de Locrine et d'Estrilde.
DOROTHÉE, première femme de Strumbo.
MARGUERITE, sa seconde femme.

ATÉ, déesse de la vengeance.
LE SPECTRE D'HUMBER.
LE SPECTRE D'ALBANACT.
LE SPECTRE DE CORINÉIUS.

La scène se passe dans diverses parties de la Grande-Bretagne.

PANTOMIME.

Tonnerre et éclairs. Entre ATÉ toute en noir, tenant d'une main une torche allumée, et de l'autre une épée sanglante. Aussitôt apparaît un lion courant après un ours ; puis survient un archer qui tue le lion et se retire. Até resté seule.

ATÉ.

In pœnam sectatur et umbra.
Un lion formidable, souverain des forêts,
De force prodigieuse et de vastes proportions,
Effarant d'un rugissement hideux les arbres tremblants,
A traversé les bois et chassé les bêtes errantes ;
Depuis longtemps il rôdait par les halliers ombreux,
Refoulant devant sa face les animaux inoffensifs,
Quand soudain d'un buisson épineux
Un archer redoutable, déchargeant son arc,
A blessé le lion d'un trait effrayant ;
    Le coup a fait jaillir le sang
    Et mis la rage au cœur du lion.
En vain montre-t-il les dents et les griffes,
Et lance-t-il des éclairs de ses yeux enflammés,
Le trait aigu lui a fait une blessure mortelle.
Ainsi le vaillant Brutus, terreur du monde,
Dont le seul regard épouvantait ses ennemis,
A été atteint par cet archer, la mort.
Oh ! qui peut sur cette terre rester longtemps
Dans un état de prospérité et d'heureux bien-être ?
                    Elle sort.

SCÈNE I

[Une tente dans un camp.]

Entrent Brutus, porté dans une chaise, Locrine, Camber, Albanact, Corinéius, Guendeline, Assarachus, Debon, et Thrasimachus.

BRUTUS.

— Très-loyaux seigneurs, fidèles compagnons, — qui avez avec moi, votre indigne général, — traversé l'abîme dévorant de l'Océan, — laissant derrière vous les confins de la belle Italie, — voyez, la fin de votre Brutus approche. — Il faut que je vous quitte, quelque regret que j'en aie. — Mes muscles se contractent, mes sens sont paralysés, — un froid glacé m'a pénétré jusqu'aux os. — La sombre et affreuse mort, au visage pâle et blême, — se présente devant mes yeux hagards — et s'apprête à me lancer le trait fatal. — Ce bras, messeigneurs, ce bras indomptable, — qui, si souvent, a abattu le courage de mes ennemis — et dominé l'arrogance de mes voisins, — frustré de son énergie et de sa force, — accablé par la décrépitude, cède aujourd'hui à la mort. — Tel finit, usé par les années, le cèdre vigoureux — qui répandait au loin son délicat parfum — parmi les filles du fier Liban. — Ce cœur, messeigneurs, ce cœur intrépide — qui était la terreur des peuples limitrophes — et pour mes royaux voisins un fléau terrible, — est brisé et privé de la vie — par les armes de la mort impartiale! Ainsi la foudre — lancée des profondeurs brûlantes des cieux — et glissant le long de la voûte céleste, — déchire le chêne sacré et le fend jusqu'aux racines. — Vainement je me débats contre cet ennemi. — Donc, que la mort soit la bienvenue, puisque Dieu le veut ainsi.

ASSARACHUS.

— Hélas ! monseigneur, nous déplorons votre situation, — et nous souffrons de voir votre personne ainsi tourmentée. — Mais quelle que soit la décision du destin, — il ne dépend pas de nous de l'annuler ; — celui qui voudrait mettre à néant cet arrêt suprême, — en volant avec Icare trop près du soleil, — pourrait faire une chute avec le jeune Bellérophon ; — car, quand les sœurs fatales ont décidé — de nous séparer de notre forme terrestre, — aucune force mortelle ne saurait contremander leur volonté. — Ainsi, digne seigneur, puisqu'il n'y a aucun moyen de s'y soustraire, — cessez vos lamentations et laissez-là vos pénibles gémissements.

CORINÉIUS.

— Votre altesse sait que de victoires j'ai remportées, — que de trophées j'ai élevés — triomphalement partout où nous avons passé ! — Le monarque grec, le belliqueux Pandrassus, — et toute la bande des Molosses, — Gossarius au bras fort, le roi des Gaules, — ont éprouvé la force de nos armes victorieuses — et apprécié à leurs dépens notre chevalerie. — Partout où l'aurore, servante du soleil, — partout où le soleil, brillant gardien du jour, — partout où le joyeux jour à la lumière vivifiante, — partout où la lumière rayonne sur le monde, — la gloire des Troyens vole avec des ailes d'or — dont l'essor échappe aux traits de la cruelle envie. — La renommée de Brutus et de ses compagnons — pénètre jusqu'aux cieux, et à travers les cieux jusqu'au trône — du puissant Jupiter, maître du monde. — Donc, digne Brutus, laissez-là ces tristes lamentations ; — que votre haute illustration soit pour vous une consolation, — et ne redoutez pas la mort, si terrible qu'elle semble.

BRUTUS.

— Ah ! Corinéius, vous vous méprenez sur ma pensée,

— en méconnaissant la cause de ma douleur. — Je ne crains pas de me livrer à la mort fatale ; — Dieu sait que c'est là le moindre de mes soucis. — Une inquiétude plus grande me glace jusqu'aux os — et me fait frissonner. — La cause de cette inquiétude, c'est vous, mes petits seigneurs.

THRASIMACHUS.

— Très-noble prince, s'il est une chose que peuvent faire — vos pairs loyaux pour calmer vos angoisses, — je vous le déclare au nom de tous, — nous aurons le courage de l'entreprendre, — dussions-nous pénétrer dans le sombre Tartare, — où le triple Cerbère, à la gueule venimeuse, — épouvante les spectres de ses bruyants aboiements, — dussions-nous déchirer et fouiller les entrailles de la terre brute, — dussions-nous, audacieux émules des Ixions, — être chargés de chaînes d'un éternel acier.

BRUTUS.

— Écoutez donc les dernières paroles de votre souverain ; — nous allons vous révéler à tous — notre royale pensée, notre ferme détermination. — Quand la radieuse Hébé, fille du grand Jupiter, — couvrait mes joues mâles d'un juvénile duvet, — le meurtre néfaste de mon malheureux père — nous chassa d'Italie, mon frère, le vieil Assarachus, et moi. — Exilés, nous fûmes contraints de fuir — dans les États du noble Pandrassus, le monarque grec. — Là, seul, je pris en main votre cause ; — là, je restaurai votre antique indépendance. — En vain la Grèce se fâcha ; en vain toute la Molossie se souleva ; — en vain le brave Antigone, avec sa bande martiale, — me rencontra, moi et les miens, en bataille rangée ; — en vain Pandrassus, et ses tributaires, — avec toute la multitude de leurs confédérés, — essayèrent de détruire notre glorieux souvenir — et d'effacer de la terre le nom des Troyens. — De mes propres mains je fis Pandrassus prisonnier, — et de vive force je l'obligeai à ratifier — certaines conditions que nous lui proposions. — De la Grèce à travers l'orageux Hellespont, — nous arrivâmes dans les champs de Lestrigon, — où était notre frère Corinéius ; — puis nous traversâmes le golfe de Sicile, — et, franchissant la mer Illicienne, — nous atteignîmes les côtes de l'Aquitaine ; — là, avec une armée de barbares gaulois, — Gossarius et son frère Gathelus — attaquèrent notre troupe et furent mis en déroute. — C'est là que pour vous je perdis mon cher Turnus, — Turnus qui, en une heure, avec sa hache de bataille effilée, — avait tué six cents hommes d'armes. — De là nous parvînmes heureusement — sur la rive d'Albion, au havre de Corus ; — nous écrasâmes les géants, descendants de la race d'Albion, — ainsi que Gogmagog, fils de Samothée, — le capitaine maudit de ce peuple damné, — et enfin je vous établis dans cette île. — Maintenant voyons si mes laborieux efforts, — si tous mes soins, si toutes mes graves blessures, — si toutes mes peines n'ont pas été inutiles.

CORINÉIUS.

— Dès le premier jour où je t'ai suivi, toi et les tiens, brave roi, — j'ai risqué ma vie et le plus pur de mon sang — pour obtenir les faveurs de ta main princière ; — pour cela, dans de dangereuses entreprises, — dans maints conflits, dans diverses querelles, — j'ai montré le courage de mon âme virile ; — pour cela j'ai combattu Gathelus, — le frère de Gossarius de Gaule ; — pour cela, je me suis mesuré avec le furieux Gogmagog, — le sauvage capitaine d'une bande sauvage ; — et en récompense de ces actes, j'ai reçu la noble terre de Cornouailles, — don gracieux d'une gratitude royale ; — et en échange de ce don, Corinéius est prêt à sacrifier, — pour le bonheur de Brutus, sa vie et le plus pur de son sang.

DEBON.

— Brave prince, l'engagement que mon ami vient de

prendre à votre égard, — Debon est prêt à le tenir jusqu'au bout.
BRUTUS.
— Donc, loyaux seigneurs, puisque vous êtes tous unanimes — et résolus à suivre les injonctions de Brutus, — dévouez-vous à mes fils, dévouez-vous à ces orphelins, — et protégez-les contre leurs dangereux ennemis. — Locrine, colonne de ma famille, — unique pilier de ma vieillesse affaiblie, — Locrine, approche, approche de ton père, — et reçois sa bénédiction suprême, puisque tu es l'aîné de mes fils ; — sois le capitaine de tes frères, — et suis les traces de ton vieux père, — lesquelles te conduiront aux portes du véritable honneur ; — si tu te conformes à la leçon sacrée de la vertu, — tu seras couronné de laurier, — et tu porteras la guirlande d'un éternel renom, — parmi l'élite des glorieux.
LOCRINE.
— Si Locrine ne suit pas vos avis, — et ne se comporte pas en tout comme un prince — qui cherche à augmenter la grande réputation — que lui ont laissée en héritage — ceux qui furent ses ancêtres, — puissé-je être précipité dans l'Océan, — et englouti dans les entrailles de la terre, — ou puisse la foudre empourprée du grand Jupiter — tomber sur ma tête maudite !
BRUTUS, prenant Guendeline par la main.
— Puisque je vous vois tous inquiets de savoir — qui épousera notre royal fils, — Locrine, reçois de ma main ce présent, — don plus précieux que les riches mines — découvertes au cœur de l'Amérique. — Tu te marieras à la belle Guendeline ; — aime-la, et prends-la, car elle est à toi, — si son oncle et elle-même y consentent.
CORINÉIUS.
— Combien votre altesse m'honore, — mes paroles ne sauraient l'exprimer en ce moment. — Les parents vigi-

lants sont moins glorieux — de leur propre élévation — que de voir les enfants issus de leur sang — installés dans l'honneur et dans la prospérité.

GUENDELINE.

— Loin de mon âme virginale, la pensée — de contredire la volonté de mon vieux père !

A Locrine.

— Puisque celui à qui je dois obéir — vient de me donner à votre royale personne, — je ne résisterai pas à la tentation, — comme font ces dames rusées qui affectent de repousser le plus — ce qu'elles désirent le plus posséder.

Locrine s'agenouille. Brutus lui met la couronne sur la tête.

BRUTUS.

— Maintenant, mon fils, à toi de figurer sur la scène du monde ! — Tu as à jouer le rôle d'un roi. — Relève-toi, Locrine, et porte la couronne royale, — et, pour la porter avec honneur, — médite sur la nature de la majesté. — Et recueille mes dernières paroles : — si tu veux que mon âme soit en repos, — si tu as souci de ta propre sécurité, — chéris et aime celle qui vient de t'être fiancée.

LOCRINE.

— Puissé-je ne pas posséder la couronne plus longtemps — que l'incomparable Guendeline !

BRUTUS.

— Camber !

CAMBER.

Monseigneur !

BRUTUS.

— O toi, la gloire de notre âge, — le préféré de ta mère Imogène, — prends le sud pour ton domaine. — De toi naîtra une race princière — qui perpétuera l'honneur de ce pays — en portant le sceptre royal.

A Albanact.

— Et toi, Albanact, unique joie de ton père, — le plus

jeune par les années, mais non par l'esprit, — parfait modèle de toute chevalerie, — prends pour ton domaine le nord, — pays couvert de montagnes et d'âpres rochers — et plein de bêtes féroces indomptées, — qui convient à ton âme martiale. — Puissiez-vous, mes fils, vivre dans une incessante prospérité — et maintenir entre vous une ferme concorde! — Suivez les conseils de ces graves seigneurs — afin de mieux résister à la violence... — Mais soudain, à cause de la faiblesse de mon âge — et de la défaillance des forces vitales, — ma maladie s'aggrave, — et la mort cruelle hâte son pas, — pour me déposséder de ma force terrestre. — Mes yeux se troublent, envahis par les nuées de la vieillesse; — les convulsions de l'agonie saisissent mes os brisés. — Je vous lègue à tous ma bénédiction, — et avec ma bénédiction, mon âme prête à s'envoler. — Mon sablier est épuisé, et toutes mes misères — finissent avec la vie; la mort ferme mes paupières. — Mon âme s'enfuit en hâte vers les Champs-Élysées.

Il expire.

LOCRINE.

— Astres maudits! astres maudits et damnés, — qui abrégez ainsi la vie de mon noble père! — Dieux inexorables, trop envieux destins — qui tranchez ainsi le fil des jours de mon père! — Ce Brutus qui était notre gloire à tous, — ce Brutus qui était la terreur de ses ennemis, — le martial Brutus est privé de la vie, — trop tôt, hélas! par le couteau de Démogorgon. — Les plaintes les plus touchantes ne peuvent émouvoir le juste Éaque.

CORINÉIUS.

— Les plus terribles menaces ne peuvent effrayer le juge Rhadamanthe. — Quand tu serais aussi fort que le puissant Hercule — qui domptait les monstres les plus énormes du monde, — quand tu toucherais le luth harmonieux aussi harmonieusement — que l'époux de la belle Euridice

— qui enchantait les eaux par ses accords, — mettait en danse les pierres, les oiseaux, tous les animaux, — et forçait les arbres des montagnes à le suivre, — tu ne pourrais pas émouvoir le tribunal de l'Érèbe, — ni inspirer la compassion au cœur du sinistre Pluton. — Car la mort fatale attend tout le monde, — et chacun doit suivre la route du sépulcre. — Le brave Tantale, père du vaillant Pélops, — l'hôte des dieux, subit une mort prématurée ; — de même le vieux Titan, époux de l'Aurore ; — de même le sombre Minos que le juste Jupiter — daigne admettre à son sacrifice. — Les trompettes foudroyantes de Mars altéré de sang, — la rage terrible de la cruelle Tisiphone, — les vagues furieuses de l'humide océan, — sont les instruments de la mort fatale. — Donc, noble cousin, cesse de pleurer — celui dont la vieillesse annonçait la fin nécessaire. — Il ne nous reste plus qu'à enterrer les os de celui — qui fut la terreur de ses ennemis. — Princes, enlevez ce cadavre, et soutenez, mort, — celui qui, vivant, soutint l'empire troyen. — Sonnez, tambours et trompettes. Marchons sur Troynovant, — pour y célébrer les funérailles de notre capitaine.

Ils sortent.

SCÈNE II

[Cathness. Une échoppe de savetier.]

Entre STRUMBO en robe de chambre, ayant à la main un papier et un encrier.

STRUMBO.

Ou les quatre éléments, les sept planètes et toutes les étoiles du pôle antarctique sont ligués contre moi, ou j'ai été engendré et mis au monde dans le déclin de la lune, quand toute chose va de travers, comme dit Lactance dans son quatrième livre des Consultations. Oui, mes maîtres, oui, vous pouvez rire ; mais moi, il faut que je pleure. Vous pouvez vous réjouir, mais moi, il faut que je me lamente. Les larmes amères doivent couler de l'humide fontaine de mes jolis yeux, le long de mes belles et douces joues, aussi abondamment que l'eau coule des baquets à lessive ou le vin rouge des muids. Car croyez-moi, messieurs, mes bons amis, *et cætera*, le petit dieu, ce coquin de dieu Cupido, m'a frappé au talon avec une de ses perfides flèches à moineau. En sorte que non-seulement, mais encore... Oh ! la belle phrase !... je brûle, je brûle, ha ! ha ! je brûle d'amour, d'amour, ha ! d'amour ! Ah ! Strumbo, qu'as-tu vu ? Tu as vu, de tes yeux vu Dorothée ; arrache-les donc, car ils vont faire ton malheur. Ah ! Strumbo ! qu'as-tu entendu ? sa voix, sa voix plus douce que la voix du rossignol ; oui, tu l'as entendue de tes deux oreilles ; coupe-les donc, car elles ont causé ton chagrin. Va, Strumbo, tue-toi, noie-toi, pends-toi, affame-toi... Oh ! mais alors je devrai donc quitter celle que j'aime... Mon pauvre cœur !.. Maintenant, ma caboche, à l'œuvre ! Je vais lui écrire une éloquente lettre d'amour, et elle, en entendant la verbosité grande de mon écriture, elle s'éprendra immédiatement de moi.

Il écrit quelques mots, puis lit.

Ma plume est mauvaise, messieurs, prêtez-moi un canif. Je crois qu'en se hâtant trop on ne fait rien qui vaille.

Il écrit de nouveau, puis lit.

... « *Oui, mistress Dorothée, unique essence de mon âme, la petite étincelle d'amour que votre suave beauté a allumée en moi est devenue maintenant une grande flamme qui, avant peu, aura consumé mon pauvre cœur, si vous n'en éteignez la furieuse ardeur avec l'eau exquise de votre secrète fontaine. Hélas! je suis un gentleman de bonne répu-*

tation, majestueux de nom, élégant de costume, distingué d'allure. Aussi, que votre gentil cœur ne soit pas dur au point de mépriser un jeune homme de belle prestance et de bonnes mœurs, et de le tuer en le méprisant. Sur ce, attendant le moment et l'heure, je vous salue.

« Votre serviteur,

« Signor STRUMBO. »

O esprit! ô caboche! ô mémoire! ô main! ô encre! ô papier!... C'est bon, maintenant, je vais l'envoyer... Trompart! Trompart! quel coquin! allons, drôle, venez donc quand votre maître vous appelle... Trompart!

Entre TROMPART.

TROMPART.

Voilà, monsieur.

STRUMBO.

Tu sais, mon mignon, quel bon maître j'ai toujours été pour toi depuis que je t'ai pris à mon service.

TROMPART.

Oui, monsieur.

STRUMBO.

Je t'ai toujours chéri comme si tu avais été le fruit de mes entrailles, la chair de ma chair, l'os de mes os.

TROMPART.

Oui, monsieur.

STRUMBO.

Eh bien, voici l'occasion de te montrer serviteur diligent, porte cette lettre à mistress Dorothée, et dis-lui...

Il lui parle à l'oreille. Trompart sort.

Oui, mes maîtres, vous allez voir un mariage tout à l'heure... mais la voici. Il faut maintenant donner forme à ma passion amoureuse.

TROMPART rentre avec DOROTHÉE.

DOROTHÉE.

Salut, signor Strumbo. J'ai reçu votre lettre par votre homme ici présent, qui m'a fait un lamentable récit de vos angoisses; et, apprenant ainsi combien était grande votre passion, je suis venue ici bien vite.

STRUMBO.

Oh! ma chère pouponne, la fécondité de mon intellect n'est pas assez grande pour pouvoir vous dire les lamentables sanglots que j'ai poussés, les insomnies que j'ai subies pour l'amour de vous; je vous prie donc de me recevoir dans votre familiarité :

> Car votre amour est
> Aussi voisin et aussi proche
> Du fond de mon cœur
> Que mon œil l'est de mon nez,
> Ma jambe de mes chausses,
> Et ma chair de ma peau.

DOROTHÉE.

Morguienne, maître Strumbo, vous parlez trop savamment pour que je comprenne votre pensée; exprimez-vous donc en termes clairs, et laissez-là vos ténébreuses énigmes.

STRUMBO.

Hélas! mistress Dorothée, tel est mon malheur que je ne puis être compris quand je voudrais le plus l'être; en sorte que mon grand savoir est pour moi un inconvénient. Mais, pour parler en termes nets, je vous aime, mistress Dorothée; daignez seulement m'admettre dans votre familiarité.

DOROTHÉE.

Si c'est là tout, j'y consens.

STRUMBO.

Tu consens, chère fille! Laisse-moi lécher ton orteil... Au revoir, maîtresse.

<small>Se tournant vers le public.</small>

Si quelqu'un d'entre vous est amoureux, qu'il ait la tête pleine de mots nouvellement frappés, et il obtiendra bientôt le *succado de labras*, et quelque chose de plus.

<small>Ils sortent.</small>

SCÈNE III

[Trinovant.]

<small>Entrent LOCRINE, GUENDELINE, CAMBER, ALBANACT, CORINÉIUS, ASSARACHUS, DEBON et THRASIMACHUS.</small>

LOCRINE.

— Oncles, princes de la belle Bretagne, — maintenant que notre noble père est enseveli — comme devait l'être un si grand prince, — nous allons, s'il vous plaît, ma bien-aimée et moi — célébrer aujourd'hui notre royal mariage — dans le temple de la Concorde.

THRASIMACHUS.

— Très-noble seigneur, tous vos sujets — doivent se conformer aux volontés de votre altesse — surtout dans une affaire — qui intéresse autant son bonheur.

LOCRINE.

— Réjouissez-vous donc, seigneurs; allons dans le sanctuaire de la belle Concorde; — là nous consacrerons le jour aux jeux chevaleresques, — la nuit à la danse et aux ballets masqués; — et nous offrirons au dieu Risus toutes nos fêtes.

<small>Ils sortent.</small>

PANTOMIME.

Petit éclair. Coup de foudre. Entre ATÉ dans le même appareil que tout à l'heure. Puis PERSÉE et ANDROMÈDE, la main dans la main; puis CÉPHÉE, portant une épée et un bouclier. Par une autre porte arrive PHINÉE, couvert d'une armure noire et suivi par des Éthiopiens; il chasse Persée et enlève Andromède. Tous se retirent, hormis ATÉ.

ATÉ.

Regit omnia numen.
Quand Persée épousa la belle Andromède,
La fille unique du roi Céphée,
Il crut avoir consolidé sa couronne
Et assuré pour toujours la durée de son empire.
Mais, las! le superbe Phinée, avec une bande
Formée d'Éthiopiens brûlés du soleil,
A enlevé la mariée par la force des armes
Et changé la joie des époux en un déluge de larmes.
Tel est le sort du jeune Locrine et de son amante.
Il croit que son mariage fera son bonheur,
Mais ce sombre jour, ce sombre jour maudit
Est le commencement de ses misères.
Voyez venir, dans tout leur attirail guerrier,
Humber et ses Scythes.
Je n'ai rien à dire. La suite vous apprendra
Quels tragiques événements arrivèrent dans cette guerre.

SCÈNE IV

[Le camp des Scythes.]

Entrent HUMBER, HUBBA, ESTRILDE, et des soldats.

HUMBER.

— Le limaçon finit par atteindre les sommets les plus élevés — en gravissant les murailles d'un majestueux château; — l'eau, par un suintement continuel, — finit par percer le marbre le plus dur ; — nous, nous avons fini par atteindre Albion. — Ni le barbare souverain des Daces, — ni le maître de la brave Belgique — n'ont pu nous empêcher de nous frayer un passage jusqu'à cette île. — Or, j'apprends qu'une troupe de Phrygiens, — sous la conduite du fils de Posthumius, — a dressé ici ses tentes seigneuriales, — et compte prospérer dans cette île charmante. — Mais je déjouerai leurs folles espérances, — et je leur apprendrai que l'empereur Scythe — mène la Fortune liée à une chaîne d'or, — et la contraindra de céder à sa volonté — et de lui faire hommage de leur couronne royale ; — cette couronne, je l'aurai, en dépit de leur triple armée, — et de toutes les forces que peuvent m'opposer leurs petits rois.

HUBBA.

— Si celle qui domine la porte d'or de Rhamnis — nous accorde l'honneur de la victoire, — comme elle nous a favorisés jusqu'ici, — très-noble père, nous dominerons ce pays, — assis sur des trônes constellés de topazes ; — et Locrine et ses frères seront forcés de reconnaître — qu'Humber et son fils doivent seuls régner ici.

HUMBER.

— Courage, mon fils ! La fortune nous favorisera — et nous conférera la couronne de lauriers — qui ne décore que les plus nobles conquérants. — Mais que dit Estrilde de ces contrées ? Comment en trouve-t-elle le climat ? — Plaisent-elles à ses yeux gracieux ?

ESTRILDE.

— Sire, ces plaines garnies des richesses de Flore, — et jonchées de fleurs de mille couleurs, — ont un charme exquis pour ma pensée ; — ces collines aériennes, couvertes de halliers ombreux, — ces halliers pleins d'oiseaux mélodieux, — ces oiseaux qui font entendre de célestes accords, — rappellent les bois de Thessalie, — où Phébus, avec les neuf dames savantes, — fait ses délices de la plus suave musique. — Du sommet humide des montagnes, — les sources précipitent en dansant leurs eaux murmurantes — et arrosent toute la terre de leurs vagues cristallines. — Les douces brises du modeste Eurus, — agitant le feuillage sonore des forêts de Silvain, — font de ce pays l'égal du paradis de Tempé; — et tous ces agréments réunis — me font croire que ce sont les îles fortunées, — heureuses surtout si Humber peut les conquérir.

HUBBA.

— Madame, là où la résolution ouvre la marche — et où le courage la suit d'un pas hardi, — la fortune ne saurait imposer sa tyrannie; — car l'héroïsme est semblable à un roc — qui se dresse au-dessus des vagues de l'Océan. — Les vagues ont beau le battre de tout côté, — le terrible Borée a beau souffler sur lui — avec la hideuse clameur de ses ouragans, — il demeure toujours immuable.

HUMBER.

— O toi, la gloire de ton père, tu es royalement résolu.

Entre SEGAR.

— Eh bien, digne Segar, quelles nouvelles étranges — apportes-tu à notre majesté?

SEGAR.

— Monseigneur, le plus jeune des fils de Brutus, — l'intrépide Albanact, avec ses millions d'hommes, — approche et compte, avant la matinée prochaine, — faire subir à vos forces le choc de l'épée fatale.

HUMBER.

— Bah! qu'il arrive avec ses millions de soldats! — Il trouvera ici un accueil convenable, — et bien digne des gens qui sont nos ennemis; — car nous les recevrons à la pointe de nos lances, — et nous les massacrerons avec nos lames. — Oui, quand leur masse serait infinie, — quand ils seraient plus nombreux que les armées — amenées contre l'empereur des Scythes — par la puissante reine de Babylone, — par Sémiramis, la souveraine de l'Orient, — nous ne reculerions point d'un pas, — et nous leur prouverions que nous sommes invincibles.

HUBBA.

— Ah! par le grand Jupiter, roi suprême des cieux — et par les dieux immortels qui vivent là-haut, — dès que l'Aurore aura montré sa face joyeuse, — et que Lucifer, monté sur son destrier, — aura amené le chariot du soleil d'or, — je rencontrerai le jeune Albanact en rase campagne, — et je briserai ma lance sur son casque — pour éprouver sa valeur enfantine ; — alors je multiplierai de si lamentables spectacles, — je causerai une si grande effusion de sang — que tous ces marmousets seront étonnés de ma force. — Telle la belliqueuse reine des Amazones, — Penthésilée, armée de sa lance, — ceinte d'un corselet de brillant acier, — emprisonna dans leur camp les Grecs défaillants.

HUMBER.

— Vous parlez, mon noble fils, comme un vaillant chevalier, — comme un prince qui veut faire la joie de son père. — Demain donc, avant que le splendide Titan ait lui — et que la timide Eos, messagère du jour, — ait banni des yeux des hommes le sommeil humide, — tu conduiras l'aile droite de notre armée ; — l'aile gauche sera sous le commandement de Ségar, — l'arrière-garde sous mes ordres. — Toi, aimable Estrilde, si belle et si gracieuse, — pour peu que la fortune me favorise en mes entreprises, — tu seras la reine de l'aimable Albion. — Allons, rangeons nos troupes en bataille, — et équipons nos intrépides soldats, — de telle sorte qu'ils soient le boulevard de notre empire — et qu'ils accomplissent parfaitement nos vœux de bonheur.

Ils sortent.

SCÈNE V

[Cathness. Devant l'échoppe de Strumbo.]

Entrent STRUMBO, DOROTHÉE et TROMPART, ravaudant des souliers, et chantant.

TROMPART.
Nous, savetiers, nous menons vie joyeuse...

TOUS.
Dan, dan, dan, dan.

STRUMBO.
A l'abri de l'envie et de la discorde.

TOUS.
Dan diddle dan.

DOROTHÉE.
Notre joie est grande, notre labeur léger.

TOUS.
Dan, dan, dan, dan.

STRUMBO.
Et pourtant nos gains ne sont pas minces.

TOUS.
Dan diddle dan.

DOROTHÉE.
Avec cet art si fin et si beau...

TOUS.
Dan, dan, dan, dan.

TROMPART.
Nulle occupation n'est comparable...

TOUS.
Dan diddle dan.

SCÈNE V.

STRUMBO.

Pour la gaieté et l'allégresse,
Dan, dan, dan, dan.

DOROTHÉE.

Nous, savetiers, nous sommes fort heureux,
Dan diddle dan.

TROMPART.

La canette est pleine d'ale mousseuse...
Dan, dan, dan, dan.

STRUMBO.

Toujours à demeure dans notre échoppe,
Dan diddle dan.

DOROTHÉE.

Voilà notre repas, notre nourriture,
Dan, dan, dan, dan.

TROMPART.

Ça nous tient en joyeuse humeur.
Dan diddle dan.

STRUMBO.

Ça nous fait travailler de compagnie,
Dan, dan, dan, dan.

DOROTHÉE.

En buvant gaiement à la ronde,
Dan diddle dan.

TROMPART.

Bois à ton mari, Dorothée.
Dan, dan, dan, dan.

DOROTHÉE.

A toi donc, mon Strumbo !
Dan diddle dan.

STRUMBO.

Bois vite le reste, Trompart.
Dan, dan, dan, dan.

DOROTHÉE.

Quand ce sera vide, nous remplirons de nouveau,
Dan diddle dan.

Entre UN CAPITAINE.

LE CAPITAINE.

— La plus humble condition est la plus éloignée de l'ennui. — Comme cet homme est assis gaîment sur son escabeau! — Mais quand il se verra saisi par la presse, — il changera de note et chantera un autre air. — Holà! avec votre permission, maître savetier!

STRUMBO.

Vous êtes le bienvenu, mon gentleman. Vous faut-il de vieux souliers, de vieux brodequins? Voulez-vous qu'on vous raccommode vos souliers? Je le ferai aussi bien que le meilleur savetier de Cathness.

LE CAPITAINE, lui montrant de l'argent.

Oh! maître savetier, vous vous trompez sur mon compte. Voyez-vous ceci? Je viens, non pas pour acheter des souliers, mais pour vous acheter vous-même. Allons! il faut que vous deveniez soldat dans le parti du roi.

STRUMBO.

Oui, mais écoutez, monsieur, le roi vous a-t-il donné commission de prendre un homme malgré lui? J'ai peine à le croire, je vous promets. Vous a-t-il donné commission?

LE CAPITAINE.

Oh! ne vous préoccupez pas de ça, mon cher; je n'ai pas besoin de commission. Tenez, je vous somme, au nom de notre roi Albanact, de comparaître demain à l'hôtel de ville de Cathness.

STRUMBO.

Le roi Nactaball! miséricorde! Qu'avons-nous à faire

avec lui, ou lui avec nous? Quant à vous, maître Queue de chapon, dégaînez votre batte, ou je vous administre la bastonnade sur les épaules pour vous apprendre à venir ici avec vos attributs.

LE CAPITAINE.

Je t'en prie, l'ami, du calme! J'exécute l'ordre du roi.

STRUMBO.

Eh bien, rayez-moi de vos rôles.

LE CAPITAINE.

Je ne le puis.

STRUMBO, saisissant un bâton.

Vous ne voulez pas. Eh bien, monsieur, nous allons voir si vous avez de l'estomac. Par le chaperon bleu et la sainteté de Dieu! nous allons en découdre.

Ils se battent.

Entre THRASIMACHUS.

THRASIMACHUS.

Eh bien! quel est ce bruit? Quelle est cette clameur soudaine? Eh quoi! mon capitaine aux prises avec ce savetier! Quelle est la raison de cette querelle, mes maîtres?

LE CAPITAINE.

L'unique raison, seigneur, c'est qu'il ne veut pas prendre l'argent de son enrôlement.

THRASIMACHUS.

Allons, mon brave, prends cet argent, je te l'ordonne, si tu ne veux pas être roué vif.

STRUMBO.

En vérité, maître gentleman, je n'ai pas besoin d'argent! Si vous voulez, je vais repasser ça à quelqu'un de ces pauvres diables.

THRASIMACHUS.

Nullement. Aie soin de te trouver demain à l'hôtel de ville.

Thrasimachus et le capitaine sortent.

STRUMBO, à Dorothée.

O femme, j'ai fait là de la belle besogne. Si je m'étais tenu coi, je n'aurais pas été enrôlé; je puis bien pleurer à présent...

A Trompart.

Allons, maraud, fermons boutique; car il nous faut partir pour la guerre.

Ils sortent.

SCÈNE VI

[Cathness. — Le palais d'ALBANACT.]

Entrent ALBANACT, DEBON, THRASIMACHUS, et des seigneurs.

ALBANACT.

— Braves cavaliers, princes d'Albany, — qui avec notre père défunt — avez franchi les frontières de la brave Grèce, — en trempant vos épées affilées dans le sang tiède de nos ennemis, — voici le moment de manifester votre énergie, — votre grandeur d'âme, votre résolution; — maintenant s'offre l'occasion — de prouver le courage et le zèle — que vous avez toujours fait vœu de montrer pour la cause d'Albanact. — Car dans ce moment, oui, dans ce moment même, — d'insolents fugitifs, venus des confins de la Scythie, — désolent le pays tout entier par leurs incursions; — mais, croyez-moi, seigneurs, je ne cesserai pas — de poursuivre ces misérables vagabonds, — que toutes les rivières, rougies de leur sang, — n'attestent leur ruine fatale.

DEBON.

— Ainsi votre altesse méritera une grande renommée, — en suivant les traces de votre vieux père.

ALBANACT, à Thrasimachus.

— Mais, dis-moi, cousin, as-tu traversé la plaine? — As-tu vu là ces fugitifs pusillanimes — reformant leurs bandes harassées? — Quel était leur ordre de bataille?

THRASIMACHUS.

— Après avoir traversé les bois de Calédonie, — nous avons aperçu le camp de ces Scythes vagabonds; — il était rempli d'hommes et regorgeait de munitions. — Nous pouvions voir de là leurs vaillants chevaliers — chevaucher à travers la vaste plaine : — Humber et Hubba, couverts d'une armure azurée, — montés sur des coursiers blancs comme la neige, — allaient contempler les riantes prairies en fleurs. — Hector et Troylus, les aimables fils de Priam, — chassant les Grecs au delà du Simoïs, — n'étaient pas à comparer à ces deux chevaliers.

ALBANACT.

— Tu as fait avec éloquence le portrait d'Humber et de son fils; — ils seront aussi fortunés que Polycrate, — s'ils échappent à nos épées victorieuses, — ou s'ils peuvent se vanter de ne pas devoir la vie à notre clémence.

Entrent STRUMBO et TROMPART.

STRUMBO ET TROMPART, criant.

Au feu! au feu!

THRASIMACHUS.

— Eh bien, mes maîtres, que signifient ces clameurs, — ces cris jetés au milieu de notre auguste cour?

STRUMBO.

Au feu! au feu!

THRASIMACHUS.

Ah çà! drôles, direz-vous pourquoi vous criez ainsi?

STRUMBO.

Au feu! au feu!

THRASIMACHUS.

Misérables, dites-moi pourquoi vous faites ce bruit, — ou avec ma lance, je vous fais jaillir les boyaux!

ALBANACT, à Strumbo.

Où sont vos maisons? Où sont vos résidences?

STRUMBO.

Nos résidences! ah! ah! j'en rirai un mois et un jour! Dieu me pardonne! Croyez-vous donc que de pauvres et honnêtes gens comme nous ont des résidences comme les princes?... Ah! ah! ah! Comme vous m'avez tout l'air d'un abominable capitaine, je vais vous dire notre situation :

>   Du sommet à la base,
>   De la tête au pied,
>   Du commencement à la fin,
>   Notre masure est brûlée.

Montrant Trompart.

Cet honnête garçon et moi, nous avions notre cabane dans les faubourgs de la cité, près du temple de Mercure. Elle a été incendiée par les soldats scythes, avec tous les faubourgs, et il n'en reste plus que les cendres pour la lessive des campagnardes. Et, ce qui me fait le plus de peine, ma femme bien aimée, ô cruelle fatalité, a été rôtie par ces maudites flammes.

>   Et voilà pourquoi, capitaine,
>   Nous ne cesserons de crier
>   Jusqu'à ce que vous répariez tout,
>   En réédifiant nos maisons
>   Qui sont maintenant réduites en cendres.

STRUMBO ET TROMPART.

Au feu! au feu!

ALBANACT.

C'est bien; nous remédierons à ces outrages, — et nous ferons tomber la vengeance sur la tête de ces barbares. — Quant à vous, mes braves gens, — nous vous indemniserons avec usure, — en reconstruisant vos maisons près de notre palais!

STRUMBO.

Près de votre palais! Par grâce, monsieur le roi, si vous voulez faire plaisir à de pauvres gens comme nous, vous les reconstruirez près de la taverne.

ALBANACT.

Ce sera fait.

STRUMBO.

Près de la taverne! ah! par Notre Dame, monsieur, c'est parler en bon garçon. Entendez-vous, monsieur? Quand notre maison sera reconstruite, si par hasard vous passez ou repassez de ce côté-là, nous vous régalerons d'une pinte du meilleur vin.

Sortent Strumbo et Trompart.

ALBANACT.

— Je suis désolé, seigneur, que les biens de mes sujets — soient ainsi pillés par les Scythes, — qui comme vous voyez, avec leurs agiles fourrageurs, — dévastent tous les lieux où ils passent. — Mais, maudit Humber, tu déploreras le jour — où tu as envahi Cathness.

Ils sortent.

SCÈNE VII

[Les abords du champ de bataille.]

Entrent HUMBER, HUBBA, SEGAR, THRASSIER et les autres Scythes.

HUMBER.

— Hubba, prends un escadron de cavalerie, — une troupe de lanciers et de chevaliers armés à la légère, — suffisante pour une telle entreprise, — et porte-les dans les bois de Calédonie; — puis, quand l'escarmouche augmentera, — élance-toi de ta retraite — et tombe sur les Troyens affaiblis. — La ruse, aidée de la chevalerie, — ne peut jamais être frustrée de la victoire.

Entrent ALBANACT, et ses soldats, parmi lesquels se trouvent
STRUMBO et TROMPART.

ALBANACT, à Humber.

— Infâme Hun, comment as-tu l'insolente audace — de braver le belliqueux Albanact, — le puissant maître de ces contrées? — Tu paieras de ta vie ta témérité, — et tu déploreras trop tard ton outrecuidante entreprise; — car avec cette épée, trempée dans le sang de mes ennemis, — je séparerai ta tête de ton corps, — et je ferai couler à flots ton sang lâche.

STRUMBO.

— Et moi, avec ce bâton, arme puissante de Strumbo, — je te rabattrai le caquet, misérable Scythe.

HUMBER.

— Je ne m'effraie pas de tes menaces, petit faquin, — et je ne crains pas ta folle insolence; — si tu ne sais pas mieux brandir ta lame fanfaronne — que gouverner ta langue intempérante, — superbe Breton, tu connaîtras trop tôt — la force d'Humber et de ses Scythes.

Ils se battent, Humber et ses soldats se retirent.

STRUMBO.

O horrible! terrible!

Tous sortent.

SCÈNE VIII

[Le champ de bataille].

Fanfare d'alarme. Entrent HUMBER et ses soldats.

HUMBER.

— Comme ce jeune Breton, Albanact, — lance bravement les foudres de la guerre, — écrasant des milliers d'hommes dans sa rage furieuse! — Avec quel éclat il triomphe de tous, — en faisant mouvoir dans la plaine les massifs escadrons! — On dirait qu'entassant les cadavres, il veut escalader le ciel étoilé. — Tel Briarée, armé de ses cent bras, — lança ses cent montagnes contre le grand Jupiter. — Tel le monstrueux géant Monychus — jeta le mont Olympe sur le bouclier du grand Mars — et fit voler d'énormes cèdres sur l'écu de Minerve! — De quel front hautain il regarde — mon armée en déroute! Comme il tourne sa face altière — contre nous, en nous épouvantant de sa force! — De même nous voyons de loin la mer courroucée — s'amonceler en une énorme montagne avec un grondement affreux — et se briser en mille flocons d'écume sur les navires — qu'elle fait rouler sur les vagues comme des balles de paume.

Fanfare d'alarme.

— Hélas! je crains que mon Hubba ne soit surpris.

Nouvelle alarme. Entre ALBANACT.

ALBANACT.

— Suivez-moi, soldats; suivez Albanact; — donnez la chasse aux Scythes qui fuient à travers la plaine! — Qu'aucun d'eux n'échappe à notre victoire! — Qu'ils sachent bien que la puissance des Bretons est supérieure — à toutes les forces des Huns tremblants.

THRASIMACHUS.

— En avant, braves soldats, en avant, sus à l'ennemi! — Celui qui fera prisonnier Humber ou son fils — recevra en récompense une couronne d'or.

Fanfare d'alarme. Nouveau combat. HUMBER *lâche pied.* HUBBA *s'élance sur les derrières des Bretons, et tue Debon.* STRUMBO *est renversé.* ALBANACT *s'enfuit, puis revient blessé.*

ALBANACT.

— Injurieuse Fortune, c'est donc ainsi que tu m'accables ! — C'est au matin de mon triomphe, — à l'aube de ma prospérité, — que tu me brises par ce coup fatal ! — Ne pouvais-tu donc manifester ta rancune — qu'au printemps de ma dignité ? — Ne pouvais-tu donc cracher ton venin — que sur la personne du jeune Albanact ? — Moi, qui ai toujours épouvanté mes ennemis — et les ai réduits à une honteuse déroute, — moi qui toujours me suis conduit comme un lion — au milieu de la mêlée terrible des piques, — il faut maintenant que je succombe, lamentablement frappé — par la traîtrise d'Humber et l'acharnement du sort. — Maudits soient, maudits soient les charmes damnés de la Fortune — qui trompe les cœurs fantasques des hommes, — des hommes assez crédules pour se fier à sa roue capricieuse — qui ne cesse de tourner follement. — O dieux ! ô cieux ! désignez-moi seulement le lieu — où je pourrai trouver son odieuse résidence ; — et, s'il le faut, je franchirai les Alpes pour gagner les déserts du Maroc, — où Phébus en flamme, assis sur son char — dont les roues sont garnies d'émeraudes, — darde de si brûlants rayons, — et dépouille Flore de son gazon émaillé ; — j'escaladerai le mont Caucase, — où la terrible Chimère, sous sa triple forme, — aspire de sa panse monstrueuse des flammes — qu'elle vomit sur les animaux épouvantés ; je traverserai la froide zone où les glaçons — arrêtent au passage les navires flottants — en se dressant comme des montagnes sur la mer congelée ; — et si là je trouve enfin l'odieuse retraite de la Fortune, — je lui arracherai des mains sa roue versatile, — et je la garrotterai elle-même dans d'éternels liens... — Mais c'est en vain que je murmure ces menaces. — La journée est perdue, les Huns sont vainqueurs, — Debon est tué, mes hommes sont exterminés ; — les rapides torrents roulent violemment leurs flots ensanglantés ; — et enfin (oh ! pourquoi faut-il que cette nuit finale soit si longue !)

— moi-même, couvert de blessures incurables, — je dois laisser ma couronne au pouvoir d'Humber.

STRUMBO.

Que le Seigneur ait pitié de nous!... On dirait, messieurs, que c'est un jour férié; car voilà bien des hommes qui font la sieste dans les champs; mais Dieu sait que c'est tout à fait contre leur gré.

THRASIMACHUS.

— Fuis, noble Albanact, sauve-toi; — les Scythes nous poursuivent en toute hâte, — et il ne reste plus qu'à fuir ou à mourir. — Fuis, noble Albanact, sauve-toi.

Il s'enfuit, alarmé.

ALBANACT.

— Non! que ceux-là fuient qui craignent de périr, — et qui tremblent au seul nom de la mort fatale. — Jamais le superbe Humber ne se vantera, ne se targuera — d'avoir mis en fuite le jeune Albanact; — mais, de peur qu'il ne triomphe de ma défaillance, — cette épée va enlever la vie à son maître — dont elle a si souvent sauvé la vie menacée. — Mais, ô mes frères, si vous avez souci de moi, — vengez ma mort sur la tête de ce traître.

> Et vos queis domus est nigrantis regia Ditis,
> Qui regitis rigido stygios moderamine lucos,
> Rex cæci regina poli, furialis Erinnys,
> Dique deæque omnes, Albanum tollite regem,
> Tollite flumineis undis rigidaque palude;
> Nunc me fata vocant, hoc condam pectore ferrum.

Il se poignarde.

Entre TROMPART.

TROMPART, *regardant Albanact.*

Oh! qu'a-t-il fait? Son nez saigne; mais ça sent le renard par ici!... Voyez donc où mon maître est couché... Maître! maître!

STRUMBO.

Laisse-moi tranquille, te dis-je! je suis mort!

TROMPART.

Rien qu'un mot, mon bon maître.

STRUMBO.

Je ne parlerai pas. Je te dis que je suis mort.

TROMPART, chantant.

Eh quoi! mon maître est mort!
O bâtons et pierres!
Os et briquetons!
Eh quoi! mon maître est mort!
O vous, basilics
Qui vivez dans les bois,
Vous, épines et broussailles,
Vous, rôtisseries et boucheries,
Hurlez et gémissez.
Avec des hurlements et des cris,
Avec des plaintes et des pleurs,
Lamentez-vous aussi,
O charbonniers de Croydon,
O paysans de Roydon,
Et vous, pêcheurs de Kent.
Car Strumbo le savetier,
Le joyeux savetier
Est étendu mort sur le terrain.

Mon maître! au voleur! au voleur! au voleur!

Il sort.

STRUMBO.

Où sont-ils, les voleurs? corbacque! relevons-nous et sauvons-nous! Nous allons être dévalisés tout à l'heure.

Il sort.

SCÈNE IX

[Le camp des Scythes.]

Entrent HUMBER, HUBBA, SEGAR, THRASSIER, ESTRILDE, et des soldats.

HUMBER.

— Ainsi nous avons échappé par une heureuse victoire — aux coups terribles de Mars furieux, — aux foudroyantes alarmes et au tambour de Rhamnusia. — Les Troyens égorgés, noyés dans leur sang, — infectent l'air de leurs cadavres — et sont devenus la proie de tous les oiseaux voraces.

ESTRILDE.

— Qu'ainsi périssent tous nos ennemis! — Qu'ainsi périssent tous ceux qui sont hostiles au bonheur d'Humber! — Et puisse le grand Jupiter, souverain du monde, — protéger mon bien-aimé contre toutes les trahisons perfides!

HUMBER.

— Merci, aimable Estrilde, consolation de mon âme ! — Maintenant, vaillant Hubba, pour la prouesse chevaleresque — que tu as montrée contre les hommes d'Albany, — accepte cette couronne de laurier en fleur, — digne récompense de ton héroïsme.

Il met une couronne sur la tête d'Hubba.

HUBBA.

— Cet honneur inattendu, noble sire, — va exciter mon courage à de plus grands exploits — et me faire tenter des entreprises si difficiles — que tout l'univers retentira du nom d'Hubba.

HUMBER.

— Et maintenant, braves soldats, pour célébrer ce beau succès, — vidons des coupes entières de ce vin des Amazones, — plus délicieux que le nectar ou que l'ambroisie, — et noyons la lie du souci maudit — dans des gobelets couronnés des dons de Bacchus. — Maintenant marchons vers les flots argentés de l'Abie — qui serpentent brillamment à travers les plaines — et mouillent les gras pâturages. — Sonnez, trompettes et tambours, sonnez gaiement, — puisque nous nous en retournons avec la joie et la victoire.

Ils sortent.

PANTOMIME.

Entre ATÉ, toujours dans le même appareil. Un crocodile apparaît au bord d'une rivière, et un petit serpent vient le piquer. Alors tous deux se précipitent dans l'eau.

ATÉ.

Scelera in autorem cadunt.
Au haut d'une rive, près des eaux orageuses du Nil,
S'était arrêté, terrible, le crocodile égyptien,
Broyant affreusement de ses longues dents aiguës
Les entrailles déchirées d'un chétif poisson.
Son dos était armé contre les coups de lance
D'une cuirasse de bronze brillant comme de l'or bruni ;
Et, comme il allongeait ses pattes cruelles,
Une vipère subtile, rampant secrètement près de lui,
A dardé son aiguillon fourchu sous les griffes du monstre
Et lui a infiltré son poison jusqu'aux os ;
Ce qui a fait enfler et crever le crocodile
Qui avait tant de confiance en sa force.
De même Humber, ayant vaincu Albanact,
Voit sa gloire humiliée par l'épée de Locrine.
Remarquez ce qui va suivre, et vous verrez facilement
Que toute notre vie n'est qu'une tragédie.

Até sort.

SCÈNE X

Entrent Locrine, Guendeline, Corinéius, Assaracus, Thrasimachus et Camber.

LOCRINE.

— Est-ce bien vrai? Albanact est-il tué? — Le maudit Humber, avec son armée de vagabonds, — avec sa meute de chiens métis, — a-t-il causé la chute de notre frère redouté? — Oh! que n'ai-je la harpe du Thrace Orphée, — et que ne puis-je évoquer des ombres de l'enfer — les plus affreux démons du noir Érèbe, — pour en faire les tourmenteurs de ce traître maudit! — Que n'ai-je la lyre d'Amphion — pour animer par des accords vivifiants — les pieds de pierre de tous les rochers — et les précipiter sur les Scythes! — Par la foudre du tout-puissant Jupiter, — le Hun mourra, eût-il dix mille vies; — et ces dix mille vies, je voudrais qu'il les eût, — pour que je pusse, avec le bras fort d'un Hercule, — faire sauter les têtes sifflantes de cette hydre infâme. — Mais parle, cousin, il me tarde de savoir — comment Albanact a eu une mort si prématurée.

THRASIMACHUS.

— Après que l'armée traîtresse des Scythes — eut envahi la campagne en martial équipage, — le jeune Albanact, impatient de tout délai, — conduisit ses troupes contre ces maraudeurs, — dont la multitude alarmait nos soldats dans l'âme, — mais ne pouvait effrayer le vaillant prince. — Plein d'un courage héroïque, — pareil à un lion au milieu de troupeaux de brebis, — il moissonnait les fugitifs défaillants, — en se frayant un passage à la pointe de l'épée; — déjà, nous avions presque repoussé l'ennemi, — quand soudain, d'un bois silencieux, — Hubba, avec vingt mille soldats, — est lâchement tombé sur nos derrières affaiblis,

— exterminant tout dans un fatal massacre; — c'est alors que le vieux Debon, ce chevalier martial, — succomba à ses nombreuses blessures, — et qu'Albanact, accablé par la multitude, — tout en frappant vaillamment ses ennemis, — exhala sa vie et sa gloire dans la poussière. — Lui mort, nos soldats furent mis en déroute, — et seul j'ai pu échapper — pour vous apporter la nouvelle de ces événements.

LOCRINE.

— Le vieux Priam, roi de la majestueuse Troie, — grand empereur de l'Asie barbare, — quand il vit son noble fils — tué traîtreusement par tous les Mirmidons, — ne fut pas plus affligé que je ne le suis de la mort d'Albanact.

GUENDELINE.

— Hécube, la reine d'Ilion, — quand elle vit la ville de Pergame — et son palais brûlés par les flammes dévorantes, — et ses cinquante fils et filles, dans l'éclat de la jeunesse, — égorgés par l'épée sanglante du perfide Pyrrhus, — ne versa pas autant de larmes amères que j'en verse sur le sort d'Albanact.

CAMBER.

— La douleur de Niobé, la belle reine d'Athènes, — pleurant ses sept fils magnanimes à la guerre, — et ses sept filles plus belles que les plus belles, — n'est pas comparable à ma désolation.

CORINÉIUS.

— En vain vous vous lamentez sur la mort du prince, — en vain vous vous lamentez sur sa chute. — Celui qui aime le plus n'est pas celui qui pleure le plus, — mais celui qui cherche à venger l'injure faite. — Croyez-vous donc avoir raison d'un ennemi belliqueux — avec des gémissements puérils et des lamentations efféminées? — Dégaînez vos épées, dégaînez vos épées victorieuses, — et cherchez dans la vengeance la consolation d'une telle douleur. — Dans le Cornouailles, où j'exerce mon autorité, —

Corinéius a sous son commandement — dix mille vaillants hommes d'armes prêts à marcher, — et, si les circonstances l'exigent, — Corinéius en aura davantage.

CAMBER.

— Et dans les plaines de la martiale Cambrie, — près des flots argentés de l'orageux Ithan, — là où les fées au pied léger bondissent de rivage en rivage, — le jeune Camber a une armée regorgeant d'or et de vivres, — vingt mille braves cavaliers, — parfaitement exercés aux luttes de la chevalerie, — que leur courage rend tout à fait invincibles. — Tous ces hommes, et d'autres encore, si les circonstances l'exigent, — je les offre pour venger la mort de mon père.

LOCRINE.

— Merci, aimable oncle! mon bon frère, merci! — Car c'est la vengeance, la douce vengeance — qui peut seule soulager et terminer mes maux. — J'en jure par l'épée du sanglant Mars, — jamais le doux repos ne pénétrera sous mon front, — que je ne sois vengé du traître — qui a tué mon noble frère Albanact. — Sonnez, trompettes et tambours, rassemblons nos troupes, — car nous allons marcher tout droit sur l'Albanie.

Ils sortent.

SCÈNE XI

[Les bords de l'Abie.]

Entrent HUMBER, ESTRILDE, HUBBA, THRASSIER et les soldats scythes.

HUMBER.

— Nous voilà parvenu, victorieux conquérant, — près des flots argentés du fleuve qui, en mémoire de notre victoire, — sera appelé de notre nom, — et deviendra célèbre dans la postérité; — car j'espère fermement, avant que le soleil d'or — lance ses chevaux dans les plaines de la belle Thétis, — voir les cours d'eau, transformés en torrents de sang, — échanger leur azur pour une pourpre sinistre, — à la suite du fatal massacre — qui va être consommé sur les plaines verdoyantes.

Entre LE SPECTRE d'Albanact.

LE SPECTRE.

— Voyez comme le traître présage son malheur; — voyez comme il se glorifie de sa propre chute; — voyez comme il triomphe de sa propre perte! — O fortune vile, inconstante, capricieuse, fragile!

HUMBER.

— Il me semble voir les deux armées sur le champ de bataille. — Les lances brisées percent le cristal des cieux; — les uns gisent sans tête sur le sol, les autres sans souffle; — et la terre est partout jonchée de cadavres. — Voyez! le gazon a perdu ce vert charmant — dont la vue était le plus doux spectacle.

LE SPECTRE.

— Oui, traître Humber, tu en feras l'expérience à tes dépens, — au milieu des angoisses, des douleurs et des lamentations; — les prairies qui maintenant charment les regards — seront, avant la nuit, rouges de sang; — les forêts ombreuses qui maintenant entourent ton camp — seront, avant la nuit, tout imprégnées de sang; — le fleuve profond qui passe près de tes tentes — et abreuve tout ton camp de ses eaux — avant la nuit deviendra un torrent de sang, — et ce sang sera celui de tes recrues en déroute. — Car maintenant la vengeance va soulager ma trop longue douleur, — et maintenant la vengeance va rassasier mon âme avide.

Le spectre sort.

HUBBA.

— Advienne que pourra! je prétends soutenir l'épreuve, — et vivre avec la gloire du triomphe — ou mourir avec le renom de la chevalerie; — il n'est pas digne du rayon de miel, — celui qui évite la ruche parce que les abeilles ont un aiguillon; — la victoire que je préfère n'est pas la victoire facile, — mais celle que mille dangers accompagnent. — Car rien ne peut effrayer notre âme royale, — qui n'aspire qu'à la couronne d'or, — unique but de mes entreprises. — Quand elle serait fixée par un enchantement dans le sombre royaume de Pluton, — et gardée comme un trésor par la bande infernale, — pour la conquérir, j'exterminerais le triple Cerbère — et tout son hideux cortége de stryges, — ou je roulerais la pierre du misérable Sysiphe.

HUMBER.

— Tes pensées sont toutes martiales, mon noble fils; — et toutes tes paroles sentent la chevalerie.

Entre SÉGAR.

— Belliqueux Ségar, quels étranges accidents — vous ont fait abandonner la garde du camp?

SÉGAR.

— Au combat, monseigneur! au noble combat! — Saisissez votre casque et votre bouclier. Les Bretons arrivent — plus nombreux qu'autrefois les Grecs, — amenés au port de la phrygienne Ténédos.

HUMBER.

— Mais que dit Ségar de ces événements? — Quel conseil donne-t-il en ces extrémités?

SÉGAR.

— Eh bien, monseigneur, l'expérience nous enseigne ceci, — que la résolution est dans le besoin un unique appui. — Et notre honneur, monseigneur, nous enseigne

ceci, — que nous devons être hardis en toute entreprise.
— Donc, puisqu'il nous faut ou combattre ou mourir, — soyons résolus, monseigneur, à la victoire.

HUMBER.

— Résolu! je prétends l'être, Ségar. — Peut-être quelque heureuse étoile nous favorisera-t-elle — et apportera-t-elle un soulagement à notre état critique. — Allons, fortifions notre camp, — afin de repousser leur redoutable invasion.

Ils sortent.

SCÈNE XII

<small>Entrent STRUMBO, TROMPART et OLIVIER suivi de son fils WILLIAM.</small>

STRUMBO.

Oui, voisin Olivier, si vous êtes à ce point violent, tenez-vous bien, car vous trouverez en nous deux gaillards aussi solides que qui que ce soit dans tout le nord.

Il montre Trompart.

OLIVIER.

Ma foi, non, foisin Strumbo. Che fois que fous êtes un homme peu sensé et que fous cherchez à faire tort à fotre fieil ami, à un de vos confifes familiers. Foyant donc que fotre opinion est d'achir sans raison, moi et mon fils William, nous aurons recours au moyen qui est le plus éloigné de la raison...

Il brandit un gourdin.

Oui ou non, foulez-fous épouser ma fille?

STRUMBO.

Voilà une question très-délicate, voisin, je vais la résoudre de mon mieux : quelle raison avez-vous de me demander d'épouser votre fille?

SCÈNE XII.

WILLIAM.

Morbleu, monsieur, quelle raison aviez-vous vous-même, quand ma sœur était dans le grenier, de la jeter sur le foin et de lui labourer le ventre?

STRUMBO.

Par la messe! tu dis vrai! D'accord! mais vous voulez que je l'épouse pour ça? Non! je la méprise, — et vous aussi, — et vous aussi! je vous méprise tous.

OLIVIER.

Alors, fous ne foulez pas l'épouser?

STRUMBO.

Non, foi de vrai gentilhomme.

WILLIAM.

Eh bien, nous vous donnerons une leçon, avant de nous séparer.

Il lève le bâton sur Strumbo.

MARGUERITE *entre et enlève le bâton des mains de son frère.*

STRUMBO, à Marguerite.

Oui-dà, vous venez à propos, car autrement je les aurais arrangés!

MARGUERITE.

Ah! maître impertinent! rustre! godelureau! gâte-sauce! lèche-plat! vous ne voulez rien entendre?

STRUMBO.

Comment! est-ce à moi que vous parlez ainsi?

MARGUERITE.

Oui, monsieur sans honneur, monsieur le petit esprit, à vous-même! Ah! vous ne voulez pas de moi!

STRUMBO.

Non, en vérité, ma petite dame. Quel talent vous avez pour me donner des sobriquets! Je croirais, en vérité, que vous avez été élevée à l'université de Bridewell. Vous avez votre rhétorique au bout de la langue, tout comme si vous n'aviez jamais reçu de leçon dans votre jeune temps.

MARGUERITE.

Eh! monsieur le libertin, si vous ne voulez pas de moi, bien le bonsoir!

STRUMBO.

Eh! madame l'effrontée, si vous avez le ton si bref, bien le bonsoir!

MARGUERITE.

Seulement, maître, avant que vous partiez, un dernier mot.

Elle le bâtonne.

Vous ne voulez pas de moi!

STRUMBO.

Oh! ma tête! ma tête! grâce! grâce! grâce! je consens, je consens, je consens.

MARGUERITE.

A cette condition, je te laisse tranquille.

OLIVIER.

Eh pien, maître Strumbo, ma sœur fous a-t-elle donné une ponne leçon?

STRUMBO.

Oui, mais écoutez, voisin Olivier. Ça ne me ferait pas de bien d'avoir la tête rompue tous les jours. Empêchez cela, et nous nous entendrons.

OLIVIER.

Eh pien, mon fils, car fous êtes mon fils à présent, tout fa s'arrancher. Ma fille, faites la paix avec lui.

Strumbo et Marguerite se serrent la main.

STRUMBO, à part.

Tu es une agréable noisette : que le diable te croque!... Messieurs, voilà ma chance. Ma première femme était une aimable et paisible créature, mais je crois que celle-ci lasserait un diable. Je souhaite qu'elle soit grillée comme mon autre femme; autrement, je n'aurai plus qu'à m'aller pendre pour être débarrassé d'elle. O braguette! tu m'as perdu! Voilà ce que c'est que de se frotter à de chauds cotillons.

Ils sortent.

SCÈNE XIII

[Le camp des Bretons.]

Entrent LOCRINE, CAMBER, CORINÉIUS, THRASIMACHUS et ASSARACHUS.

LOCRINE.

— Maintenant je suis gardé par une armée d'hommes — dont le hautain courage est invincible; — maintenant je suis escorté par des soldats — capables de forcer Bellone à la retraite — et de la faire trembler devant leur puissance. — Maintenant je trône comme le dieu formidable de la guerre, — alors que, revêtu d'une armure de diamant — et monté sur un char que traînaient de puissants taureaux, — il chassa les Argiens par de là les eaux du Xanthe. — Maintenant, maudit Humber, ta fin approche; — la gloire de tes victoires s'écroule; — et toute ta renommée et toute ta haute illustration — vont sur l'heure être moissonnées par Locrine; — tes fanfaronnes bannières lamées d'argent, — les insignes de tes tentes, — vont être captivées par ma main; — et toi-même, tu seras immolé — sur la tombe d'Albanact, en réparation de tous les outrages — que tu lui as faits de son vivant. — Mais peux-tu me dire, brave Thrasimachus, — à quelle distance nous sommes du camp d'Humber?

THRASIMACHUS.

— Monseigneur, c'est dans ce sombre bois maudit — qui porte les traces de notre ruine, — qu'Humber a retranché son camp damné. — Marchons, monseigneur, il me tarde de voir — ces Scythes perfides noyés dans leur sang.

LOCRINE.

— Douce fortune, favorise Locrine d'un sourire, — permets-moi de venger la mort de mon noble frère, — et, au milieu de la majestueuse Troynovant, — j'érigerai à ta déité un temple — de marbre massif incrusté d'hyacinthes, qui dépassera la plus haute pyramide — dont le sommet domine le firmament.

CAMBER.

— Le robuste rejeton du plus redoutable chevalier, — l'énergique Hercule, ce fils puissant d'Alcmène, — qui dompta les monstres des trois mondes — et délivra les opprimés du joug des tyrans, — ne montra jamais dans les combats autant de vaillance — que je prétends en montrer pour venger le noble Albanact.

CORINÉIUS.

— Corinéius a vécu plus de quatre-vingts ans, — soit en guerre, soit dans les douceurs de la paix, — et pourtant je me sens aujourd'hui aussi vigoureux — que je l'ai jamais été au printemps de mon âge; — je me sens capable de brandir cette énorme massue, — qui a été maculée des cervelles de mes ennemis; — et avec cette massue je briserai le front de bataille — d'Humber et de ses maraudeurs, — ou je perdrai la vie au plus épais de la mêlée, — et je finirai mes vieux jours avec honneur; — mais, avant que je meure, ils apprendront tous — quelle vigueur anime le bras fort de Corinéius.

THRASIMACHUS.

— Et si Thrasimachus se soustrait au combat — soit par faiblesse, soit par couardise, — qu'il ne se vante plus d'avoir eu pour oncle Brutus — et d'avoir pour père le brave Corinéius.

LOCRINE.

— Courage donc, soldats! combattez d'abord pour votre salut, — puis pour votre repos, enfin pour la victoire.

Ils sortent.

SCÈNE XIV

[Le champ de bataille.]

Alarme. Entrent d'un côté Hubba et Ségar, de l'autre Corinéius.

CORINÉIUS.

— Es-tu cet Humber, prince des fugitifs, — qui par trahison tua le jeune Albanact?

HUBBA.

— Je suis le fils de celui qui tua le jeune Albanact, — et, si tu n'y prends garde, superbe Phrygien, — j'enverrai ton âme se plaindre, — au bord du Styx, des injures d'Humber.

CORINÉIUS.

— Vous triomphez avant la victoire, messire; — car Corinéius n'est pas si facile à tuer! — Maudits Scythes, vous déplorerez le jour où vous avez mis le pied en Albanie. — Qu'ainsi périssent tous ceux qui sont hostiles au bonheur de la Bretagne! — Qu'ils meurent tous dans une éternelle infamie! — Et pour celui qui veut renverser notre souverain, — qu'il succombe sous les coups de cette massue.

Combat. Corinéius assomme Hubba et Ségar d'un coup de massue et se retire.

SCÈNE XV

[Les abords du champ de bataille.]

Entre HUMBER.

HUMBER.

— Que ne suis-je en quelque désert solitaire, — où je puisse exhaler à mon gré mes imprécations — et effrayer la terre de mes cris réprobateurs, — où tous les échos en chœur — m'aident à pleurer mes malheurs — en répétant mes douloureuses lamentations? — Que ne suis-je en quelque affreuse caverne, — où je puisse à ma guise honnir, conspuer et maudire — les cieux, l'enfer, la terre, l'air, le feu, — et lancer à la voûte étoilée des malédictions — qui infectent les régions aériennes — et retombent sur la tête du breton Locrine? — Vous, hideux esprits qui pleurez dans le Cocyte — et qui grincez des dents avec d'atroces lamentations, — vous, molosses effroyables qui hurlez dans le noir Léthé — et qui effrayez les spectres avec vos gueules béantes, — vous, sinistres spectres qui, en fuyant ces molosses, — vous plongez dans le Puryphlégéthon, — venez tous, et de vos notes criardes — poursuivez l'armée triomphante des Bretons. — Viens, féroce Érynnis, avec ton horrible chevelure de serpents, — venez, affreuses furies, armées de vos fouets, — et vous, les trois juges du noir Tartare, — suivis de toute l'armée des démons de l'enfer, — et broyez dans de nouveaux supplices les os du fier Locrine! — O dieux! ô étoiles! maudits soient les dieux et les étoiles, — qui ne m'ont pas noyé dans les plaines de la belle Thétis! — Maudite soit la mer qui, avec ses flots furieux, — avec ses lames écumantes, n'a pas brisé mes vaisseaux — contre les rochers de la haute Cérannie — et ne m'a pas englouti dans son humide abîme! — Plût aux dieux

SCÈNE XV.

que j'eusse abordé sur la côte — où résident Polyphème et les Cyclopes, — sur celle où les sanglants anthropophages — dévorent avidement les créatures égarées!

Entre le SPECTRE D'ALBANACT.

— Mais pourquoi le spectre sanglant d'Albanact vient-il — mettre un corrosif sur mes misères? — N'est-ce pas assez de subir une si humiliante défaite? — et faut-il encore que nous soyons tourmentés par des spectres, — par des apparitions horribles à contempler?

LE SPECTRE.

Vengeance! vengeance!

HUMBER.

— Ainsi votre ombre errante ne peut être satisfaite — que par une terrible vengeance, par la chute d'Humber, — parce qu'il vous a vaincu en Albanie. — Ah! sur mon âme, Humber se laisserait condamner — à la faim de Tantale, à la roue d'Ixion, — au vautour de Prométhée, — plutôt que de regretter votre ruine! — Quand je serai mort, je veux traîner ton spectre maudit — à travers tous les flots du sombre Érèbe, — à travers le soufre bouillant du lac infernal, — pour calmer l'ardente furie — qui fait rage dans mon âme immortelle.

LE SPECTRE.

Vindicta! vindicta!

Ils sortent.

PANTOMIME.

Entre ATÉ, toujours dans le même appareil. Puis apparaît Omphale, ayant une massue à la main, et une peau de lion sur les épaules. Hercule la suit, tenant une quenouille. Alors Omphale se retourne, et, enlevant sa pantoufle, en frappe Hercule à la tête. Puis tous deux se retirent. Até reste seule.

ATÉ.

Quem non Argolici mandata severa tyranni,
　Non potuit Juno vincere, vicit amor.

L'intrépide Hercule, ce miroir du monde,
Fils d'Alcmène et du grand Jupiter,
Après avoir remporté tant de victoires,
Après avoir exterminé tant de monstres,
Livra son cœur vaillant à Omphale,
Une femme craintive, dénuée de force virile.
Elle prit la massue, et porta la peau du lion.
Lui prit le rouet et fila comme une fillette.
Ainsi, le martial Locrine, exalté par la victoire,
Devient amoureux de la concubine d'Humber,
Et oublie ainsi l'incomparable Guendeline.
Son oncle Corinéius est furieux de ceci,
Et force Locrine à implorer sa grâce.
Voilà le résumé ; les développements suivent.

Elle sort.

SCÈNE XVI

[La tente de Locrine.]

Entrent LOCRINE, CAMBER, CORINÉIUS, ASSARACHUS, THRASIMACHUS, et des soldats.

LOCRINE.

— Ainsi, de la furie des mêlées de Bellone, — au bruit du tambour, aux accents de la trompette, — le roi breton revient triomphalement. — Les Scythes, tués dans ce grand carnage, — sont aussi nombreux que les brins d'herbe ; — ils ont rougi de leur sang les eaux des ruisseaux, — offrant leurs personnes — en sacrifice à l'âme d'Albanact. — Maintenant, maudit Humber, tu as payé ta dette : — tes perfidies, tes ruses, tes trahisons, — tous tes artifices, tous tes stratagèmes damnés, — sont expiés par la perte de ta vie et par une éternelle honte. — Où sont tes chevaux caparaçonnés d'or, — tes ardents coursiers retenus par le mors écumant ? — Où sont tes soldats forts et innombrables, — tes vaillants capitaines et tes nobles pairs? — De même que les paysans avec leurs faux tranchantes — moissonnent le foin jauni, — de même que le laboureur avec le soc affilé — déchire les entrailles des champs fertiles, — et extirpe les racines avec des lames aiguës, — de même Locrine, avec sa puissante hachette, — a fait sauter les têtes de tous tes Huns; — de même les pairs de Locrine, épouvantant tous tes pairs, — ont causé la ruine de ton armée, — afin que tu fusses puni de ta faute — et que tu périsses pour avoir égorgé le vaillant Albanact.

CORINÉIUS.

— Et c'est ainsi, oui, c'est ainsi que seront traités tous ceux — qui chercheront à envahir Albion malgré notre volonté. — Si la brave nation des Troglodytes, — si les Éthiopiens noirs comme le charbon, — si toutes les forces des Amazones, — si toutes les armées des pays barbares — osaient pénétrer dans notre petit univers, — nous les ferions vite repentir de leur téméraire entreprise, — de telle sorte que nos enfants pourraient dire après nous : — Ci-gît le monstre qui a tenté d'envahir notre pays.

LOCRINE.

— Oui, ce sont des monstres, ceux qui veulent envahir notre pays, — et ils doivent être traités comme des monstres, — car le puissant Jupiter, le roi souverain des cieux, — qui guide le concours des météores — et gouverne les mouvements du firmament azuré, — ne cessera pas de combattre pour le salut des Bretons... — Mais, arrêtez! je crois entendre une rumeur tumultueuse — aux abords de notre tente.

Entrent des soldats amenant ESTRILDE.

ESTRILDE.

— Que le prince, ceint de la couronne d'or, — qui tient dans sa main le sceptre royal, — et qui s'imagine qu'aucun accident ne peut le renverser — ou que son empire durera éternellement, — regarde la pauvre Estrilde, ce parfait modèle d'infortune. — Naguère j'étais gardée par une escorte martiale, — composée de princes du plus noble sang; — maintenant je suis tombée au pouvoir de mes ennemis, — et il faut que par ma mort j'apaise leur ressentiment. — O vie, hâvre des calamités! — O mort, refuge de toutes les misères! — Je pourrais comparer mon affliction à ta souffrance, — ô malheureuse reine de la malheureuse Pergame! — Mais toi, du moins, tu as assisté à la ruine de tes ennemis; — du haut du rocher de Cépharée, — tu as vu leur mort, et alors tu as quitté ce monde! — Moi, il faut que je subisse l'insolence du vainqueur. — Les dieux, prenant en pitié ta continuelle douleur, — ont transfiguré ton corps, et, avec ton corps, ta détresse. — La pauvre Estrilde survit sans espoir de secours, — car, dans l'adversité, les amis sont rares et peu nombreux. — Peu nombreux, ai-je dit? Il n'en reste plus un seul, — car la cruelle mort les a tous exterminés. — Trois fois heureux ceux qui ont eu la bonne fortune — d'en finir à la fois avec l'existence et avec la souffrance! — Trois fois malheureuse suis-je, moi que la fortune contraire — a cruellement livrée à mes ennemis! — O soldats! y a-t-il une misère — comparable à cette perfidie de la fortune?

LOCRINE.

— Camber, ce doit être la reine des Scythes.

CAMBER.

— Oui, si nous en jugeons par ses lamentables accents.

LOCRINE, à part.

— Si elle a raison de pleurer la mort d'Humber, — et de verser des larmes amères sur sa chute, — Locrine n'est que trop fondé à déplorer son propre malheur — et à s'affliger de sa douleur intime. — Humber, vaincu, mourut d'une mort prompte, — et ne souffrit pas longtemps de sa lamentable blessure. — Moi, vainqueur, je dois vivre d'une vie languissante, — et sentir incessamment la force du coup soudain de Cupidon. — J'ai réduit Humber à mourir d'une mort prompte; — lui me réduit à souhaiter une prompte mort... — Oh! ce doux visage peint avec les couleurs même de la nature, — ces joues où le rose se mêle à la blancheur de la neige, — ce cou décent qui surpasse l'ivoire, — ces seins charmants à rendre Vénus jalouse, — sont comme autant de piéges, tendus par un oiseleur rusé, — auxquels mon cœur défaillant s'est laissé prendre. — Les tresses d'or de sa chevelure exquise, — qui resplendissent comme des rubis au soleil, — ont tellement enlacé le cœur languissant du pauvre Locrine, — qu'il lui est impossible de s'en dégager. — Combien est vrai ce que j'ai si souvent ouï dire : — pour un atôme de joie, un monde de soucis!

ESTRILDE.

— Dure est la chute de ceux qui d'un trône d'or — sont précipités dans un océan de détresse.

LOCRINE.

— Dure est la servitude de ceux qui, par une boutade de Cupidon, — sont roulés dans les vagues d'une anxiété sans fin.

ESTRILDE.

— O royauté, vouée à toutes les misères!

LOCRINE.

— O amour, la plus calamiteuse des calamités!

Il s'assied sur son trône.

PREMIER SOLDAT.

— Monseigneur, en pillant les tentes des Scythes, — j'ai trouvé cette dame, et pour manifester — le profond dévouement que je porte à votre grâce, — je présente ma prisonnière à votre majesté.

DEUXIÈME SOLDAT.

— Il ment, monseigneur! C'est moi qui le premier ai trouvé cette dame, — et je la présente ici à votre majesté!

PREMIER SOLDAT.

— Présomptueux coquin, veux-tu donc m'enlever ma prise?

DEUXIÈME SOLDAT.

— Non! c'est toi plutôt qui me ravis mon bien.

TROISIÈME SOLDAT, au deuxième.

— Misérable! fais céder tes titres aux miens, — ou avec mon épée je perce tes lâches entrailles.

DEUXIÈME SOLDAT.

— Tout beau, mon bon monsieur! il ne suffit pas de parler. — Chien qui aboie mord rarement les étrangers.

LOCRINE.

— Irrespectueux manants, vous vous disputez sous nos yeux! — Geôlier, emmenez-les d'ici au donjon; — et qu'ils y restent pour y vider leur querelle! — Mais toi, belle princesse, ne sois nullement effrayée; — réjouis-toi au contraire de la faveur qu'a pour toi Locrine.

ESTRILDE.

— Quelle faveur peut avoir pour moi celui qui a tué mon époux?

LOCRINE.

— C'est la fortune de la guerre qui te l'a enlevé, mon amour.

ESTRILDE.

— Mais c'est Locrine qui a causé sa mort.

LOCRINE.

— Il était l'ennemi de l'empire de Locrine, — et il avait tué mon noble frère Albanact.

ESTRILDE.

— Mais il m'était uni par les liens du mariage, — et vous voudriez que j'aimasse son meurtrier!

LOCRINE.

— Mieux vaut vivre que ne plus vivre.

ESTRILDE.

— Mieux vaut mourir avec un renom de chasteté — que vivre dans la honte et dans une immense infamie. — Que dira de moi le genre humain — si j'oublie mon amour pour m'attacher à toi?

LOCRINE.

— Les rois n'ont point à craindre les sentences du vulgaire.

ESTRILDE.

— Mais les dames doivent sauvegarder leur honneur.

LOCRINE.

— Y a-t-il donc de la honte à vivre dans les liens du mariage?

ESTRILDE.

— Non, mais il y en a à être la maîtresse d'un roi.

LOCRINE.

— Si tu veux céder à l'amour brûlant de Locrine, — tu seras la reine de la belle Albanie.

ESTRILDE.

— Mais Guendeline minerait mon pouvoir.

LOCRINE.

— Sur mon honneur, tu n'auras rien à craindre.

ESTRILDE.

— Eh bien, brave Locrine, Estrilde se livre à toi. — Par les dieux que tu invoques, — par l'ombre redoutée de ton père défunt, — par ta main droite, par ton ardent amour, — aie pitié de la pauvre Estrilde, ta misérable captive!

CORINÉIUS.

— Locrine a-t-il donc oublié sa Guendeline, — qu'il fait ainsi sa cour à l'amante du Scythe? — Eh quoi! les paroles de Brutus sont-elles si tôt oubliées? — Mes services sont-ils si vite méconnus? — Ai-je été si dévoué à ton père aujourd'hui mort, — t'ai-je protégé contre le bras d'Humber, — pour que tu t'acquittes envers moi par une telle ingratitude? — Est-ce là la récompense de mes cruelles bles-

sures? — Est-ce là l'honneur réservé à mes labeurs passés?
— Ah! par mon épée, Locrine, je te le jure, — tu me paieras cet outrage.

LOCRINE.

— Mon oncle, faites-vous à votre royal souverain l'injure — de croire que nous ne sommes qu'un zéro à cette cour? — Vous me reprochez vos services! — Eh! mais vous n'avez fait que le devoir d'un sujet. — Nous savons, nous savons tous, que vous avez été suffisamment récompensé — de ce que vous avez fait pour notre feu père.

CORINÉIUS.

— Arrière, superbe petit maître! tu me braves! — Eh bien, tout empereur que tu es, sois sûr — que ton audace ne sera pas impunie.

ASSARACHUS.

— Pardonnez, mon frère! Noble Corinéius, — pardonnez pour cette fois. Réparation vous sera faite.

THRASIMACHUS, à Corinéius.

— Mon oncle, rappelez-vous les dernières paroles de Brutus, — et avec quelle insistance il vous pria d'aimer son fils. — Que votre âme ne se courrouce point ainsi d'un tort — qui n'est pas encore irrémédiable.

CORINÉIUS.

— Eh bien, Locrine, tiens! je me réconcilie avec toi. — Mais, si tu aimes ta vie, aime ta femme. — Si tu violes tes engagements, — une sanglante vengeance tombera sur ta tête. — Allons, retournons à la majestueuse Troynovant, — où tous ces différends vont être aplanis.

LOCRINE, à part.

— Que des millions de démons poursuivent ton âme! — Que des légions d'esprits tourmentent ton fantôme impie! — Que dix mille supplices broient tes ossements maudits! — Que tout ce qui respire — devienne l'instrument et l'agent de ta mort!

Ils sortent.

SCÈNE XVII

[Une forêt.]

Entre HUMBER seul, ses cheveux retombant sur les épaules, son armure ensanglantée, un javelot à la main.

HUMBER.

— Quel basilic a couvé dans ce lieu, — où tout est dévasté? — Quelle atroce furie hante ces halliers maudits, — où il ne reste pas même une racine pour servir d'aliment à Humber? — La terrible Alecto a-t-elle, de son souffle venimeux, — exhalé le poison dans ces tendres plaines? — Le triple Cerbère a-t-il, avec son écume délétère, — semé l'aconit sur ce gazon flétri? — L'effroyable Disette a-t-elle, avec sa verge magique, — frappé de stérilité tous les arbres fruitiers? — Quoi! pas une racine, pas un fruit, pas un animal, pas un oiseau, — pour nourrir Humber dans cette solitude? — Que feriez-vous de plus, vous, démons de l'Érèbe? — Mon estomac est brûlé par la soif, — mes entrailles crient : Humber, donne-nous des aliments! — Mais le misérable Humber ne peut pas vous donner d'aliment; — ces bois maudits n'offrent pas d'aliment; — ce sol stérile ne produit pas d'aliment; — les dieux, les dieux inexorables ne m'accordent pas d'aliment : — comment donc puis-je vous donner des aliments?

Entre STRUMBO, coiffé d'un bonnet écossais, une fourche à la main.

STRUMBO.

Comment vous portez-vous, mes maîtres, comment vous portez-vous? Comment avez-vous esquivé la potence tout ce temps-ci? Pour ma part, je l'ai souvent échappé belle cette année; mais, Dieu soit loué! j'ai tout surmonté à force de courage... Ma femme et moi, nous sommes au mieux pour le moment, grâce à ma virile énergie; car je vais vous dire, mes maîtres, un certain jour, je suis rentré le soir, ma foi, complétement pris de vin; je suis monté quatre à quatre dans la chambre, où ma femme, tranquillement assise, le dos contre le lit, était en train de bercer mon petit bébé, en chantant *lullaby*. Dès qu'elle m'a vu venir le nez au vent, croyant que j'étais ivre, comme je l'étais en effet, elle a empoigné un bâton, elle est venue furieusement à moi, avec un air atroce, comme si elle allait me dévorer d'une bouchée, et elle m'a foudroyé de ces paroles: *Misérable ivrogne! où as-tu été si longtemps? Je t'apprendrai à me faire passer des nuits pareilles!* Et sur ce, elle a fait mine de m'appliquer un atout. Moi, tout en tremblant qu'elle ne me mît ses dix commandements sur la figure, j'ai couru sur elle, et, la saisissant solidement par la ceinture, je l'ai jetée vaillamment sur le lit, puis je me suis jeté sur elle, et alors je l'ai tellement charmée par mes ébats que depuis elle m'a toujours appelé *son petit mari*, et a complétement cessé de maugréer. Et voyez les bonnes dispositions de la créature! Elle m'a acheté avec sa dot un coin de terre, et c'est ainsi que je suis devenu l'un des hommes les plus cossus de notre paroisse... Ah çà, mes maîtres, quelle heure est-il? Il est l'heure du déjeuner... Vous allez voir ce que j'ai pour mon déjeuner.

Il s'assied et étale ses provisions.

HUMBER.

— Y eut-il jamais une terre aussi inféconde que cette terre? — Y eut-il jamais un bois aussi désolé que ce bois? — Y eut-il jamais un sol aussi stérile que ce sol? — Oh! non. La terre où demeurait la Famine squalide — ne saurait se comparer à cette terre maudite. — Non! le climat même de la zone torride — est plus fertile que ce bois maudit. — Jamais la douce Cérès, jamais Vénus n'apparut ici. — Triptolème, le dieu des laboureurs, — n'a jamais semé sa graine dans cet affreux désert. — Les chiens de l'Achéron, mordus par la faim, — chassés des neuf cercles du Puryphlégéton, — ont laissé les traces de leurs pas sur ce terrain damné. — Les Furies au cœur de fer, hérissées de serpents, — ont déchaîné sur toutes ces plaines d'énormes hydres, — qui ont dévoré l'herbe, les plantes, les arbres, — et épuisé toutes les sources.

En entendant la voix d'Humber, Strumbo tressaille, remet ses provisions dans sa poche et essaie de se cacher.

HUMBER, continuant.

— O toi, le maître suprême du ciel étoilé, — qui gouvernes l'existence de toutes les créatures mortelles, — des profondeurs de la nue fugitive — fais pleuvoir des aliments, ou je vais m'évanouir et mourir; — verse-moi à boire, ou je vais m'évanouir et mourir.

Apercevant Strumbo.

— O Jupiter, as-tu envoyé Mercure — sous cette forme paysannesque, pour m'apporter de la nourriture? — A manger! à manger! à manger!

STRUMBO.

Hélas! monsieur, vous vous méprenez; je ne suis pas Mercure, je suis Strumbo.

HUMBER.

— Donne-moi à manger, misérable, donne-moi à manger, — ou je vais broyer contre ce roc ta cervelle maudite, — et t'arracher les entrailles de mes mains sanglantes. — Donne-moi à manger, misérable, donne-moi à manger.

STRUMBO.

Par le salut de mon corps! camarade, je te donnerais un bœuf entier plutôt que de me laisser traiter par toi de la sorte. Broyer ma cervelle! oh! horrible! terrible!... Je crois que j'ai un sac de pruneaux dans ma poche.

Il met la main dans sa poche. Au moment où il va l'en tirer, entre le SPECTRE D'ALBANACT qui le frappe sur le bras. Strumbo se sauve. Humber se met à sa poursuite. Tous deux disparaissent.

LE SPECTRE.

— Voilà la récompense de l'ambition coupable, — de l'usurpation et de la trahison. — Voilà les maux réservés à ceux — qui envahissent des terres — indépendantes de leur domination.

Il sort.

SCÈNE XVIII

[Un palais.]

Entre LOCRINE, seul.

LOCRINE.

— Le vieux Corinéius a vécu sept ans — pour le malheur de Locrine et la désolation de la belle Estrilde, — et il espère vivre sept ans encore. — Oh! suprême Jupiter, annihile cet espoir. — Devrait-il respirer l'air du ciel, — devrait-il jouir des bienfaits de la vie, — devrait-il contempler le radieux soleil, — celui qui rend ma vie comparable à une mort affreuse? — Vénus, fais disparaître de la terre ce monstre, — qui désobéit ainsi à tes commandements sacrés. — Cupidon, précipite dans le ténébreux enfer ce monstre — qui viole les lois délicieuses de ta mère. — Mars, armé de ton bouclier flamboyant — et de ton glaive meurtrier, fais périr — celui qui gêne Locrine dans ses plus douces joies. — Et pourtant malgré sa vigoureuse vigilance, — en dépit de ses yeux hostiles perçants comme les yeux du lynx, — j'ai pu tromper sa surveillance. — Non loin de Deucolitum, près de la plaisante Lee, — là où la Tamise saumâtre épanche ses flots d'argent, — en faisant une brèche à travers les dunes gazonnées, — Locrine a creusé sous la terre — un curieux caveau de marbre somptueux — dont les murailles sont garnies de diamants, — de saphirs, de rubis, d'émeraudes étincelantes, — alternés d'escarboucles brillantes comme des soleils — qui éclairent la salle d'un jour artificiel. — Les eaux de la Lee, détournées au moyen de tuyaux, — traversent le caveau, — où j'ai secrètement logé la belle Estrilde. — Là souvent, accompagné de mon page, — je fais mystérieusement visite à ma bien-aimée, — sans que le moindre regard me soupçonne; — car l'amour est toujours fécond en ruses. — Et Locrine compte se rendre là toujours, — jusqu'à ce qu'Atropos ait coupé court à l'existence de mon oncle.

Il sort.

SCÈNE XIX

[Les bords d'une rivière.]

Entre HUMBER, seul.

HUMBER.

O vita misero longa, felici brevis !
Eheu ! malorum fames extremum malum !

— J'ai longtemps vécu dans cette caverne solitaire, — mangeant des fruits sauvages et de misérables racines, — dévorant les feuilles et les excréments des animaux. — J'ai eu les cavernes pour lits, et les pierres pour oreillers; — j'ai eu l'inquiétude pour sommeil, et l'horreur pour rêve; — car, à la moindre rafale, je me figure toujours — que

Locrine arrive et que l'heure de ma mort est venue. —
Ainsi, tourmenté par la frayeur et par la faim, Humber —
n'a jamais l'esprit en repos, et ne cesse de trembler. — Oh!
quel Danube pourrait maintenant étancher ma soif? — Quel
Euphrate, quel rapide Euripe — pourrait maintenant apaiser la furie de ce feu — qui me dévore avec rage les entrailles? — Vous, sinistres démons du Styx aux neuf replis,
— vous, spectres damnés de l'Achéron sans joie, — vous,
âmes en deuil tourmentées dans les profondeurs de l'abîme,
— vous, diables noirs des marais de l'Averne, — accourez
avec vos crocs, et déchirez mes bras exténués, — ces
bras qui ont si longtemps soutenu mon existence. — Accourez, et avec vos rasoirs déchirez mes entrailles, — et broyez
avec vos fourches aiguës mes os affamés. — Traitez-moi
comme vous voudrez, pourvu qu'Humber cesse de vivre!
— Dieux maudits qui gouvernez les pôles étoilés, — maudit Jupiter, roi des dieux maudits, — lancez vos foudres
sur la tête du pauvre Humber, — que je sois délivré d'une
existence pareille à la mort! — Eh quoi! n'entendez-vous
pas? Humber ne mourra donc pas? — Si fait, je veux mourir, quand tous les dieux diraient : non! — Aby (1), douce
rivière, recueille mon corps endolori, — recueille-le et
cache-le à tous les regards mortels, — que nul ne puisse
dire, quand j'aurai rendu le dernier soupir, — que les flots
même s'étaient conjurés contre la mort d'Humber!

Il se précipite dans la rivière.

Entre LE SPECTRE D'ALBANACT.

LE SPECTRE.

En cœdem sequitur cœdes, in cœde quiesco.

— Humber est mort! Réjouissez-vous, cieux; bondis,
terre; dansez, arbres! — Maintenant, Tantale, tu peux atteindre la pomme, — et en nourrir ton corps affamé! —

Maintenant, Sisyphe, cesse de rouler ton rocher, — et repose sur lui tes os exténués. — Délie Ixion, cruel Rhadamanthe, — et attache le superbe Humber à la roue vertigineuse. — Je vais retourner à la bouche de l'enfer, au Ténare, — franchir le Cocyte, et m'élancer aux Champs-Élysées — pour apprendre cette nouvelle à mon père Brutus.

Il sort.

PANTOMIME.

Entre ATÉ dans le même appareil que tout à l'heure. Jason paraît accompagné de la fille de Créon. Médée les suit; elle tient une guirlande à la main et la pose sur la tête de la fille de Créon, en y mettant le feu; puis elle tue Jason et la fille de Créon, et se retire.

ATÉ.

Non tam Trinacriis excestuat OEtna cavernis
Læsæ furtivo quam cor mulieris amore.

Médée, voyant que Jason avait cessé de l'aimer
Et avait choisi la fille du roi de Thèbes,
Eut recours à des sortiléges diaboliques pour se venger;
Ayant évoqué la triple Hécate
Et toute la légion des démons maudits,
Elle fit par son art magique une couronne
Avec laquelle elle causa la perte de Jason et de Créon.
Ainsi Guendeline, voyant qu'elle est délaissée
Et remplacée par l'amante d'Humber,
S'enfuit au duché de Cornubia,
Puis, aidée de son frère le hardi Thrasimachus,
Lève une armée de soldats bretons
Et livre bataille à son époux,
Près du grand fleuve de Mercia.
Ce qui suit va vite développer
Les incidents de ce terrible massacre.

Elle sort.

SCÈNE XX

[Un palais.]

Entrent LOCRINE, CAMBER, ASSARACHUS, THRASIMACHUS, et un page.

ASSARACHUS.

— Mais dites-moi, neveu, mon frère est-il mort ainsi? — Qui reste désormais à la malheureuse Albion, — pour soutenir, comme un pilier, notre société — et pour frapper de terreur nos audacieux ennemis? — Qui reste désormais à la malheureuse Bretagne, — pour la défendre contre les attentats barbares — de ceux qui désirent sa chute irréparable, — et tâchent de provoquer sa ruine?

CAMBER.

— Oui, mon oncle, la mort est notre ennemi commun. — La mort seule peut rivaliser avec notre puissance sans rivale : — témoin la chute de la race d'Albionéus, — témoin la chute d'Humber et de ses Huns! — Cette affreuse mort a consommé notre infortune en enlevant Corinéius de cette terre — et en laissant à sa place un monde de soucis.

THRASIMACHUS.

— Personne ne peut mieux déplorer son lamentable trépas — que moi qui suis né de ses flancs! — Que le malheur saisisse à la gorge ce maudit Humber — qui lui a fait cette blessure délétère!

LOCRINE.

— Les larmes ne sauraient le ressusciter d'entre les morts. — Mais où est mon épouse Guendeline?

THRASIMACHUS.

— C'est dans le Cornouailles, Locrine, qu'est ma sœur; — elle y fait à mon père de pieuses funérailles.

SCÈNE XX.

LOCRINE.

— Qu'elle s'y fasse aussi des vêtements de deuil, — et qu'elle y pleure toujours sur son propre veuvage. — Jamais elle ne franchira le seuil de notre palais, — pour contrarier le brave Locrine en ses amours... — Va à Deucolitum, page, descends le cours de la Lee, — jusqu'au caveau où demeure l'aimable Estrilde; — et amène-la vite à la cour, ainsi que Sabren; — elle sera reine à la place de Guendeline. — Que d'autres déplorent la mort de Corinéius. — Je n'entends pas macérer mon cœur — pour celui qui s'est opposé à mon amour.

THRASIMACHUS.

— Locrine a-t-il abandonné sa Guendeline? — La mort de Corinéius est-elle si tôt oubliée? — S'il y a des dieux au ciel, comme assurément il y en a, — s'il y a des démons dans l'enfer, comme il y en a nécessairement, — ils châtiront cet outrage notoire, — et répandront leurs fléaux sur ta tête maudite.

LOCRINE.

— Eh quoi! manant, tu pérores devant ton souverain! — Es-tu frappé de démence? — Ne trembles-tu pas sous notre royal regard? — Ne frémis-tu pas au moindre sourcillement du puissant Locrine? — Imberbe jouvenceau, si Locrine ne dédaignait pas — de se troubler l'esprit pour un pauvre enfant comme toi, — avec la pointe aiguë de ma hache d'armes — j'enverrais ton âme au Puryphlégéton!

THRASIMACHUS.

— Quelque tendre que soit ma jeunesse, — je saurai tenir tête à Locrine quand il osera s'en prendre à moi. — Mon noble père, de son épée victorieuse, — tua les deux rois géants d'Aquitaine. — Thrasimachus n'est pas dégénéré — au point de trembler et de frémir sous le regard, — sous la parole impertinente d'un écuyer de Vénus.

LOCRINE.

— Tu menaces ton royal souverain! — Voilà une insolence qui ne te sied guères! — Injurieux traître (car tel est — celui qui jette un défi à son roi), — renonce à ces impertinences, renonce à ce langage outrecuidant, — si tu ne veux pas renoncer à ta misérable vie.

THRASIMACHUS.

— Quand les princes entachent leur glorieuse majesté — d'une monstrueuse infamie, — ils perdent leur considération première, — et se précipitent dans un enfer d'exécration.

LOCRINE.

— Veux-tu donc abuser de notre douce patience, — comme si tu te moquais de notre haut déplaisir? — Insolent enfant, pour que tu saches bien que ton prince est offensé, — oui, grandement offensé de ton orgueilleuse arrogance, — nous te bannissons à jamais de notre cour.

THRASIMACHUS.

— Eh bien! Locrine, roi fainéant, prends garde à toi. — Thrasimachus se vengera de cet outrage.

LOCRINE.

— Adieu, insolent enfant! apprends à peser tes paroles!

Thrasimachus sort.

ASSARACHUS.

— Hélas! monseigneur, vous auriez dû vous rappeler — les dernières paroles que vous adressa Brutus, — quand il vous pria, au nom de l'obéissance — que les enfants doivent à leur père, — d'aimer et de protéger madame Guendeline. — Songez que, si elle s'offense — de cet outrage, comme certainement elle s'en offensera, — la guerre et la discorde seront bientôt déchaînées. — Qu'importe que ses forces soient moindres que les vôtres! — N'avez-vous pas vu un énorme éléphant — mourir de la morsure d'une chétive souris? — Tels sont les capricieux hasards de la guerre.

SCÈNE XX.

LOCRINE.

—Silence, mon oncle, silence! Cessez de parler de cela. — Que celui qui tâchera par des murmures — de troubler la félicité de Locrine, — soit bien persuadé qu'il mourra.

Rentre LE PAGE, *conduisant* ESTRILDE *et* SABREN.

ESTRILDE.

— O dis-moi, page, dis-moi, où est le roi? — Pourquoi me mande-t-il à la cour? — Est-ce pour me faire mourir? Est-ce pour mettre fin à mes jours? — Parle, doux enfant, dis-moi franchement la vérité. —

LE PAGE.

Non, madame, croyez-moi, pour peu que vous ayez foi dans le peu d'honnêteté qui me reste, le danger que vous redoutez n'est pas. Préparez-vous; voici le roi.

ESTRILDE, s'agenouillant.

— Maintenant, Estrilde, élève tes esprits éblouis, — et bénis l'heureux moment, le jour, l'heure, — où le belliqueux Locrine t'a accordé sa faveur. — Paix au roi de Bretagne, mon bien-aimé! — Paix à tous ceux qui l'aiment et le soutiennent!

LOCRINE, la relevant.

— Eh quoi! Estrilde se prosterne avec une telle soumission — devant son serviteur le roi d'Albion! — Relevez-vous, belle dame, laissez là cette humble attitude; — redressez ces regards qui raniment le cœur de Locrine; — que je contemple à loisir ce visage rose — qui séduit tant mon âme languissante! — Rendons-nous à la cour, pour y faire notre cour, — et passons dans les fêtes de Vénus la nuit et le jour. — En liesse, braves pairs! Réjouissez-vous avec votre roi.

Ils sortent.

SCÈNE XXI

[Un camp.]

Entrent GUENDELINE, THRASIMACHUS, MADAN et ses soldats.

GUENDELINE.

— O vous, doux zéphirs qui, avec votre modeste souffle, — traversez les profondeurs de la voûte céleste, — percez la nue jusqu'au trône de Jupiter, — et portez mes prières à son oreille qui entend tout. — Car Locrine a délaissé Guendeline — et appris à aimer la concubine du superbe Humber. — Vous, esprits bienheureux qui, au haut de l'empyrée, — jouissez de vos amours dans d'ineffables délices, — versez sur moi ces larmes que vous versiez — alors que pour la première fois vous sollicitiez vos amantes ! — Ces larmes conviennent à ma détresse, — puisque Locrine évite mon visage dédaigné. — Rougissez, cieux ! Rougis, soleil, et cache tes splendides rayons ; — enfouis dans de sombres nuages tes tresses radieuses, — refuse ta vivifiante lumière à ce monde — où la trahison et le mensonge règnent souverainement. — Que dis-je ? la trahison !... Oui, c'est bien ce crime infâme ; — car Locrine a délaissé Guendeline. — Voyez, les cieux pleurent sur Guendeline ; — le brillant soleil rougit pour Guendeline ; — l'air liquide verse des larmes sur Guendeline ; — la terre même gémit pour Guendeline. — Ils sont plus sensibles que le roi de Bretagne, — car lui, il rejette l'infortunée Guendeline.

THRASIMACHUS.

— Sœur, les plaintes sont superflues dans cette cause. — Cet outrage éclatant doit avoir un châtiment éclatant. — Ce châtiment doit être une guerre à outrance. — Cette guerre doit se terminer par la mort de Locrine ; — et sa mort éteindra vite nos griefs.

GUENDELINE.

— Oh! non, sa mort ne fera qu'augmenter mes douleurs; — il est mon époux, brave Thrasimachus, — et il m'est plus cher que la prunelle de mes yeux; — je ne saurais me résoudre à lui faire du mal.

THRASIMACHUS.

— Madame, si votre propre injure, — si mon exil ne peut vous décider à la vengeance, — songez aux paroles de notre père Corinéius. — Ces paroles font toujours loi pour nous. — Locrine doit-il vivre, lui qui causa la mort de mon père? — Locrine doit-il vivre, lui qui maintenant vous répudie? — Le ciel, la terre, l'air, le feu réclament un châtiment; — et pourquoi donc le refuserions-nous?

GUENDELINE.

— Adieu donc désormais les plaintes efféminées! — Adieu désormais toute enfantine pitié! — Maudit Locrine, gare à toi! — Car Némésis, la souveraine de la vengeance, — plane, armée de toutes pièces, sur nos lames terribles, — et la maudite Estrilde, qui a enflammé le cœur du traître, — si je vis, mourra d'une mort ignominieuse.

MADAN.

— Mère, la nature me force à déplorer — l'impudique luxure de mon malheureux père; — mais, puisqu'il outrage ainsi madame ma mère, — je voudrais moi-même, si je le pouvais, hâter sa mort.

THRASIMACHUS.

— Voyez, madame, le désir de la vengeance — existe chez les enfants d'un âge tendre. — En avant, braves soldats! Allons en Mercie, — où nous braverons le lâche en face.

Ils sortent.

SCÈNE XXII

[Un palais.]

Entrent LOCRINE, ESTRILDE, SABREN, ASSARACHUS et des soldats.

LOCRINE.

— Dis-moi, Assarachus, les rustres de Cornouailles — ont-ils envahi la Mercie en si grand nombre, — et y ont-ils planté leurs tentes — si près de notre royale résidence?

ASSARACHUS.

— Il est vrai, monseigneur; et ils prétendent incontinent — jeter un défi à votre majesté.

LOCRINE.

— Je ris, quand je pense que Guendeline — a eu le courage de prendre les armes contre moi.

ESTRILDE.

— Hélas! monseigneur, le cheval s'emporte, — quand l'éperon l'écorche jusqu'aux os; — la jalousie, Locrine, a un terrible aiguillon.

LOCRINE.

— Est-ce ton avis, Estrilde, modèle de beauté? — Eh bien, nous allons mettre sa colère à l'épreuve, — et lui faire savoir que Locrine ne saurait endurer ses bravades. — En avant, Assarachus! ouvre la marche, — et conduis-nous vers son fier pavillon.

Ils sortent.

SCÈNE XXIII

[Les bords de la Severn.]

Tonnerre et éclairs. Entre LE SPECTRE de Corinéius.

LE SPECTRE.

— Voyez, la voûte du ciel azuré — exhale de tristes sanglots, de douloureux soupirs, — annonçant la chute de

Locrine ; — le feu darde des jets de flammes aigus ; — les vastes fondements du triple monde — tremblent et s'agitent avec un énorme fracas, — présageant des massacres imminents. — Les oiseaux errants qui ont coutume de voltiger dans les ténèbres, — alors que la nuit infernale, assise dans son char nébuleux, — répand ses brumes sur la face assombrie de Tellus, — et couvre toute la terre d'un manteau de deuil, — prennent maintenant leur volée au milieu du jour éclatant, — prédisant quelque catastrophe inouïe. — Les molosses hargneux du ténébreux Tartare, — envoyés des marais de l'Averne par Rhadamanthe, — infestent toutes les forêts de leurs hurlements ; — les déesses des eaux, les faunes au pied léger, — et toute la bande des nymphes des bois — se cachent en tremblant dans des halliers ombreux — et se blottissent dans d'affreuses cavernes. — L'orageux Borée fulmine la vengeance ; — les rocs de pierre crient vengeance ; — les buissons épineux réclament une terrible vengeance.

Fanfare d'alarme.

— Maintenant, Corinéius, arrête, et regarde la vengeance, — et rassasie ton âme de la chute de Locrine... — Les voici qui arrivent, les trompettes les appellent ; — les tambours rugissants convoquent les soldats. — Partout où leur armée brille dans la plaine, — darde ta foudre, puissant Jupiter, — et déverse tes fléaux sur la tête maudite de Locrine.

Entrent d'un côté LOCRINE, ESTRILDE, ASSARACHUS, SABREN et leurs soldats ; de l'autre THRASIMACHUS, GUENDELINE, MADAN et leurs partisans.

LOCRINE.

— Eh quoi ! la tigresse est-elle sortie de sa caverne ? — Guendeline est-elle venue de Cornubia, — pour jeter ainsi un défi à la gorge de Locrine ? — As-tu donc trouvé une armure à ta taille, enfant mignon, — qu'escortent dignement tous ces traînards? — Crois-moi, cette entreprise est hardie, — et mérite bien des éloges!

GUENDELINE.

— Oui, Locrine, traître Locrine, nous sommes venus — avec la prétention de consommer ta ruine. — Qu'ai-je fait, pour que tu me dédaignes ainsi? — Qu'ai-je dit, pour que tu me repousses ainsi? — Ai-je désobéi à tes ordres? — Ai-je trahi tes secrets intimes? — Ai-je déshonoré ta couche nuptiale — par des crimes immenses, par de lascives impuretés? — Non! c'est toi qui l'as déshonorée. — Ton âme impure, dominée par une impure luxure, — cède aux traits impurs de la passion. — Ingrat, tu outrages ta première et ta plus fidèle compagne! — Ingrat, tu outrages ta meilleure et ta plus chère amie! — Ingrat, tu violes toutes les lois émanées du génie de Brutus, — au mépris de ton père, de ton oncle et de toi-même.

ESTRILDE.

— Crois-moi, Locrine, cette fille est fort sage, — et ferait une excellente vestale. — Comme son sermon est bien tourné!

THRASIMACHUS.

— Locrine, nous ne sommes pas venus ici pour nous escrimer avec des mots, — des mots qui ne sauraient décider la victoire. — Puisque vous êtes de si querelleuse humeur, — tirez vos épées, et ayons recours à la force, — pour voir qui a la supériorité.

LOCRINE.

— Crois-tu m'intimider, insolent Thrasimachus? — Crois-tu m'effrayer par tes bravades outrecuidantes? — Semblons-nous trop faibles pour nous mesurer avec toi? — Je vais sur le champ te montrer ma fine lame, — et avec mon glaive, ce messager de mort, — mettre le sceau à ton châtiment.

Tous sortent.

SCÈNE XXIII.

Fanfare d'alarme. Entrent d'un côté LOCRINE, ASSARACHUS et un soldat; de l'autre, GUENDELINE et THRASIMACHUS; LOCRINE et ses partisans sont repoussés. Puis LOCRINE et ESTRILDE reviennent effarés.

LOCRINE.

— O belle Estrilde, nous avons perdu la bataille. — Thrasimachus a remporté la victoire, — et nous survivons pour être — la risée de nos ennemis. — Dix mille soldats, armés d'épées et de boucliers, — ont prévalu contre cent mille hommes. — Thrasimachus, écumant de fureur, fait rage parmi mes soldats défaillants, — pareil au farouche Mars alors que, couvert de son bouclier, — il combattit Diomède dans la plaine, — près des bords du Simoïs argenté.

Fanfare d'alarme.

— O aimable Estrilde, maintenant la chasse commence. — Jamais nous ne reverrons la majestueuse Troynovant; — montés sur des coursiers tout chamarrés de perles; — jamais nous ne reverrons la belle Concordia, — à moins que nous n'y soyons amenés captifs. — Locrine sera-t-il donc fait prisonnier — par un jouvenceau tel que Thrasimachus? — Guendeline s'emparera-t-elle donc de ma bien-aimée? — Non, jamais mes yeux ne verront cette heure affreuse, — jamais je n'assisterai à ce lamentable spectacle. — Je percerai d'abord mon cœur maudit — avec mon épée ou avec le tranchant de cette hache d'armes. — O vous, juges du Styx aux neuf replis, — qui par des tourments incessants suppliciez les âmes — dans l'insondable Abyssus, — vous, dieux qui commandez aux célestes sphères, — et dont les volontés et les lois sont irrévocables, — pardonnez, pardonnez à ce forfait maudit; — oubliez, ô dieux, ce crime condamnable.

Baisant la lame de son épée.

— Et maintenant, ô mon épée, toi qui dans tant de batailles — as sauvé la vie de Brutus et celle de son fils, — termine l'existence d'un homme qui aspire à la mort, — donne la mort à un homme qui aspire à la mort, — donne la mort à un homme qui hait l'existence… — Adieu, belle Estrilde, modèle de beauté, — élevée au faîte du suprême malheur! — Jamais mes yeux ne contempleront plus tes yeux à la lumière du soleil ; — mais nous nous retrouverons dans les Champs-Élysées, — où je me hâte de te précéder. — Adieu, monde futile aux piéges séducteurs! — Adieu, vice affreux aux plaisirs tentateurs! — Et toi, mort, fin des terrestres souffrances, sois la bienvenue, — sois la bienvenue au cœur accablé de Locrine.

Il se perce de son épée.

ESTRILDE.

— Brise-toi, mon cœur, à force de sanglots et de soupirs! — Larmes, coulez à flots de mes yeux humides! — Aidez-moi à pleurer la mort du belliqueux Locrine! — Vous toutes, régions humides, laissez tomber vos larmes ; — car le puissant Locrine est privé de la vie… — O capricieuse fortune! O monde inconstant! — Que renferme ce globe, — sinon un chaos confus de misère? — Comme en un miroir, nous y voyons clairement — que toute notre vie n'est qu'une tragédie, — puisque les rois les plus puissants sont sujets au malheur. — Oui, les rois les plus puissants sont sujets au malheur, — puisque le martial Locrine est privé de la vie. — Estrilde peut-elle vivre quand Locrine n'est plus? — L'amour de la vie doit-il la soustraire à l'épée de Locrine? — Oh! non! cette épée qui lui a ôté la vie — va faire envoler mon âme. — Fortifie ces mains, ô puissant Jupiter, — que je puisse mettre un terme à ma lamentable misère. — Je viens, Locrine! Locrine, je te suis.

Elle se tue.

Fanfare d'alarme. Entre SABREN.

SABREN.

— Quelle sinistre vue, quel douloureux spectacle — la Fortune a-t-elle offert à mon cœur désolé? — Mon père tué par une épée fatale, — ma mère frappée d'une blessure mortelle! — Quel molosse de Thrace, quel barbare Myrmidon — ne s'apitoierait sur un si douloureux événement? — Quel inflexible Achille, quel cœur de pierre — ne serait attendri par cette déplorable tragédie? — Locrine, cette mappemonde de la magnanimité, — Estrilde, ce parfait modèle de la renommée, — cette merveille unique de la nature, dont le sein charmant — était la châsse de la grâce et de la vertu céleste, — sont tous deux étendus sans vie dans cette sombre caverne! — Et avec eux expirent la noble Pallas et le doux Amour! — Voilà une épée, et Sabren a un cœur. — Cette épée bénie va percer mon cœur maudit — et envoyer mon âme vers les ombres de mes parents, — en sorte que ceux qui survivront et assisteront à notre tragédie — sympathisent avec nos malheurs par de sympathiques applaudissements.

Elle essaie de se frapper avec l'épée.

— Hélas! mes mains virginales sont trop faibles — pour percer le rempart de mon sein; — mes doigts, habitués à faire vibrer le luth amoureux, — n'ont pas la force de brandir ce glaive d'acier. — Ainsi, je demeure pour pleurer la mort de mes parents, — incapable que je suis de me donner la mort. — Ah! Locrine, honoré pour ta noblesse! — Ah! Estrilde, fameuse pour ta constance! — Malheur à ceux qui ont hâté votre fin!

Entrent GUENDELINE, THRASIMACHUS, MADAN et des soldats.

GUENDELINE.

— Cherchez, soldats, cherchez. Retrouvez Locrine et son amante; — retrouvez cette fière prostituée, la concubine d'Humber, — que je fasse de ce charmant visage — une livide et ignominieuse figure! — Retrouvez-moi le fruit de leurs maudites amours; — retrouvez-moi la jeune Sabren, la joie unique de Locrine, — que je rassasie mon ressentiment avec le sang tiède — jaillissant à flots du cœur de cette bâtarde. — L'ombre de mon père ne cesse de me hanter — en criant : Venge ma mort prématurée ! — La proscription de mon frère et mon propre divorce — ont banni tout remords de mon cœur de bronze, — toute merci de mes seins durs comme le diamant.

THRASIMACHUS.

— Aimable Guendeline, ton époux, — qui guidait nos pas sous un ciel sans étoiles, — ne jouit plus de la lumière du jour ; le voici frappé à mort — par l'arrêt néfaste de la destinée courroucée ; — près de lui est couchée son aimable maîtresse, — la belle Estrilde percée par une épée fatale ; — il semble que tous deux, en se suicidant, — se sont enlacés de leurs bras affaiblis — dans un élan de tendresse, comme si les malheureux — se faisaient un bonheur — de traverser ensemble le sombre Styx dans la barque de Caron.

GUENDELINE.

— L'altière Estrilde m'a-t-elle donc prévenue, — a-t-elle donc échappé à la fureur de Guendeline, — en tranchant violemment le fil de ses jours ? — Plût à Dieu qu'elle eût toutes les existences de l'Hydre monstrueuse, — en sorte qu'à chaque heure elle pût mourir d'une mort — plus cruelle que le supplice du vieil Ixion, — et qu'à chaque heure elle pût revivre pour expirer de nouveau ; — pareille à Prométhée qui, attaché à l'inhospitalier Caucase, — alimente sa propre misère, — en mourant chaque jour faute d'aliments, — et en ressuscitant chaque nuit pour mourir ! — Mais arrêtez. Je crois entendre une voix défaillante — qui déplore douloureusement leur fatal trépas.

SABREN.

— O vous, nymphes des montagnes qui régnez dans ces déserts, — suspendez la chasse hâtive que vous donnez aux bêtes sauvages, — pour considérer un cœur accablé de soucis — et prêter l'oreille à mes douloureux accents. — Nulle force humaine ne saurait désormais faire mon bonheur, — tant le chagrin a d'empire sur mon cœur! — Vous, Dryades, Satyres au pied léger, — vous, gracieuses fées qui au crépuscule — quittez vos retraites pleines de célestes merveilles — et répandez vos tresses d'or sur vos épaules, — vous, ours sauvages qui vivez dans les antres et les cavernes sombres, — venez pleurer avec moi la mort du martial Locrine, — venez vous lamenter avec moi sur la mort de la belle Estrilde. — Ah! chers parents, vous ne savez pas — combien Sabren souffre de votre perte.

GUENDELINE.

— Est-il possible! Se peut-il — que Sabren vive encore pour assouvir mon courroux? — Fortune, je te remercie de tant de courtoisie. — Que je ne voie jamais une heure de prospérité, — si Sabren ne meurt pas d'une mort ignominieuse!

SABREN.

— Mort implacable qui, quand les malheureux t'appellent, — t'éloignes et fais la sourde oreille, — mais qui, au milieu des faveurs de la Fortune, — viens nous surprendre pour faucher notre existence! — Quand donc arrivera cette heure, cette heure bénie — où la pauvre Sabren en détresse pourra s'en aller de ce monde? — Dame Atropos, tranche le fil de ma destinée. — Mort, que fais-tu donc? La pauvre Sabren ne mourra donc pas?

GUENDELINE, lui prenant le menton.

— Oui, mademoiselle, oui, Sabren mourra sûrement, — quand tout l'univers tenterait de lui sauver la vie. — Et Sabren mourra, non d'une mort vulgaire, — mais d'un étrange et douloureux supplice — qui va être infligé à sa bâtardise. — Tu vas être précipitée dans les flots maudits — pour repaître les poissons de ta tendre chair.

SABREN.

— Et crois-tu donc, cruelle homicide, — que tes forfaits resteront impunis? — Non, traîtresse, les dieux vengeront ces injures; — les démons de l'enfer châtieront ces outrages. — Et ce ne sont point les vampires de ton escorte — qui traîneront la malheureuse Sabren à sa dernière demeure. — Car, en dépit de toi et des tiens, je prétends moi-même — abréger ma destinée. — Et ce que l'épée de Locrine n'a pu faire, — cette rivière va immédiatement l'accomplir.

Elle se noie dans la rivière.

GUENDELINE.

— Un malheur se traîne au cou d'un autre. — Qui eût cru qu'une si jeune fille — eût cherché la mort avec tant de courage? — Eh bien, puisque cette rivière est le lieu — où la petite Sabren est morte si résolument, — elle portera à jamais le nom de Sabren. — Quant à Locrine, notre défunt époux, — puisqu'il était fils de l'héroïque Brutus — à qui nous devons notre patrie, nos existences, nos biens, — il sera enseveli dans une tombe majestueuse, — près des ossements de son vieux père, en grande pompe et en grande solennité, — comme il sied à un si brave prince. — Qu'Estrilde soit privée de sépulture — et des honneurs dus aux morts, — puisqu'elle a été la cause de cette guerre! — Braves compagnons, rendons-nous à Troynovant, — pour y célébrer les funérailles du jeune Locrine, — et le placer dans le tombeau de son père!

Ils sortent.

Entre ATÉ.

ATÉ.

Telle est la fin de l'inique trahison,
De l'usurpation et de l'ambitieux orgueil.
Que ceux qui, pour leurs égoïstes amours, osent

Troubler notre pays et y déchaîner les dissensions,
Soient avertis par cet exemple!
Puisqu'une femme fut l'unique cause
Qui alors provoqua la discorde civile,
Prions pour cette illustre vierge
Qui, depuis trente-huit ans, porte le sceptre,
Dans une paix sereine et dans une douce félicité,
Et puisse cette épée percer le cœur
De tous ceux qui attenteraient à Sa Majesté!

Elle sort.

FIN DE LOCRINE.

LA

VRAIE CHRONIQUE HISTORIQUE

DE

LA VIE ENTIÈRE ET DE LA MORT

DE

THOMAS LORD CROMWELL

Telle qu'elle a été plusieurs fois jouée publiquement
par les seruiteurs de Sa Maiesté.

ÉCRITE PAR W. S.

LONDRES

Imprimée pour William Jones.

1602

PERSONNAGES :

LE DUC DE NORFOLK.
LE DUC DE SUFFOLK.
LE COMTE DE BEDFORD.
LE CARDINAL WOLSEY.
GARDINER, évêque de Winchester.
SIR THOMAS MORUS.
SIR CHRISTOPHER HALES.
SIR RALPH SADLER.
Le vieux CROMWELL, forgeron à Putney.
THOMAS CROMWELL, son fils.
MAITRE BANISTER, marchand ruiné, et sa femme.
BAGOT, agent d'affaires rapace.
FRISKIBAL, marchand florentin.
LE GOUVERNEUR DU COMPTOIR ANGLAIS A ANVERS.
GOUVERNEUR ET OFFICIERS DE BOLOGNE.
LE BOURGEOIS SEELY ET SA FEMME JEANNE.
LE LIEUTENANT DE LA TOUR DE LONDRES.
MAITRE BOWSER, marchand.
HODGE,
WILL,   } ouvriers au service du vieux Cromwell.
TOM,
DEUX CITOYENS.
DEUX MARCHANDS.
UN COURRIER. — UN AUBERGISTE.
DES MESSAGERS. — HUISSIERS. — SERVITEURS.
LE BOURREAU.

La scène est alternativement en Angleterre, dans les Pays-Bas et en Italie.

SCÈNE I

[Putney. Devant une forge.]

Entrent HODGE et deux OUVRIERS au service du vieux Cromwell.

HODGE.

Venez donc, mes maîtres, je pense qu'il est plus de cinq heures. Ne devrions-nous pas être déjà à l'ouvrage? Notre vieux patron va être debout dans un instant.

PREMIER OUVRIER.

Je ne sais pas si notre vieux patron va se lever, ou non; mais ce dont je suis sûr, c'est que je ne peux plus faire mon somme d'après-midi. Car notre jeune maître Thomas fait un tel remue-ménage dans son cabinet avec le soleil, la lune et les sept planètes, que je crois vraiment qu'il perdra l'esprit à lire.

HODGE.

Un grand astrologue, ma foi! Tenez, il y a le brave voiturier de Fulham, celui qui nous a conduits à l'auberge de l'*Ale forte*, vous savez, l'auberge de la mère Trundel, dont la servante a fait un enfant. Oh! en voilà un qui connaît les étoiles! Il vous fera manœuvrer le Chariot dans les neuf sphères! Cet homme-là peut dire à la mère Trundel quand sa bière va s'aigrir, rien que d'après les astres.

DEUXIÈME OUVRIER.

Oui, c'est là un grand savoir vraiment, et je pense que Thomas n'est rien en comparaison de lui.

PREMIER OUVRIER.

Tout ça est bien, mes maîtres. Mais, voyons, allons-nous à nos marteaux?

HODGE.

Oui, soit! prenons d'abord la goutte du matin, et puis, rondement à l'ouvrage!

DEUXIÈME OUVRIER.

Accepté. Sortons, Hodge..

Ils sortent.

SCÈNE II

[Un cabinet.]

Entre LE JEUNE CROMWELL.

CROMWELL.

— Bonjour, aurore! je salue ta splendeur. — La nuit semble bien lente à mon âme troublée. — Sa noire obscurité entasse dans mon imagination — mille pensées disparates; — et maintenant l'aube avec ses vives couleurs — met à l'aise mon esprit qui s'envole bien haut; — trop haut, en vérité, puisque ma condition est si basse. — L'étude est la mine d'or — qui rend mon cœur fier: en elle est enfouie mon espérance. — Mes livres sont toute ma richesse, — et je leur ai engagé mon âme. — O science! que tu me sembles divine, — toi, dans les bras de qui tout est félicité!

On entend le bruit des marteaux.

— Paix avec vos marteaux! Finissez donc votre tapage, là-bas! — Vous troublez mon étude et mon repos. — Finissez, vous dis-je, vous me rendez fou avec votre bruit.

SCÈNE II.

Entrent HODGE *et les deux ouvriers.*

HODGE.

Qu'y a-t-il donc, maître Thomas? qu'y a-t-il? Est-ce que vous ne voulez pas nous laisser travailler pour vous?

CROMWELL.

Vous m'écorchez les oreilles avec le bruit que vous faites.

HODGE.

Ah bien! vous écorcher les oreilles! Mais, maître Thomas, vous écorcherez la bourse de votre père, si vous nous empêchez de travailler.

DEUXIÈME OUVRIER.

Oui, c'est pour se donner des airs de gentleman! Croyez-vous que nous quitterons l'ouvrage pour vos rêvasseries? Ce serait beau, ma foi! Mais voici notre vieux patron à présent!

Entre LE VIEUX CROMWELL.

LE VIEUX CROMWELL.

Eh bien! fainéants, est-ce l'heure de flâner? Pas un marteau qui marche! et mon ouvrage à faire! Vous n'avez donc pas d'ardeur au travail aujourd'hui?

HODGE.

Pardon, monsieur, c'est votre fils Thomas qui ne veut pas du tout nous laisser travailler.

LE VIEUX CROMWELL, *se tournant vers son fils.*

Qu'est-ce à dire, drôle? me suis-je donné tant de peine, tant de tracas afin de faire de toi un gentleman, pour que tu empêches mes ouvriers de se mettre à la besogne, eux qui suent pour toi, drôle, qui travaillent pour toi!

CROMWELL.

Père, leurs marteaux gênent mes études.

LE VIEUX CROMWELL.

— Va-t-en de chez moi, vaurien, si ça ne te plaît pas. —

Miséricorde! avez-vous les oreilles si délicates? — Sache-le, drôle, ceux-là sont levés quand je dors, — et je ne ferai pas chômer mon enclume pour toi!

CROMWELL.

— Voici de l'argent, mon père. Je vais payer vos hommes.

Il jette de l'argent aux ouvriers.

LE VIEUX CROMWELL.

— T'ai-je donc élevé à mes frais — dans l'espoir qu'un jour tu soutiendrais ma vieillesse, — pour que tu gaspilles ton argent — en le jetant à ces fainéants-là!

CROMWELL.

— Patience, mon père! calmez-vous. — Un temps viendra où je remuerai l'or comme la poussière, — (je parle ici avec une âme prophétique,) — et où je bâtirai, à la place où est cette chaumière, — un palais aussi beau que le château du roi Henry à Sheen.

LE VIEUX CROMWELL.

— Vous, bâtir un château! Vous, drôle! vous serez un mendiant. — Maintenant, j'en jure devant Dieu, tout ce qui a été consacré — à ce mauvais sujet-là, est bien perdu. — Ah! si je lui avais fait apprendre quelque honnête métier, — cela n'aurait pas été. Mais, ç'a été l'idée de sa mère — de l'envoyer à l'université. — Comment! bâtir un château à la place où est ma chaumière! — aussi beau que celui de Sheen! — C'est fini. Il ne m'entendra plus dire : — Ce bon petit Tom! Je te rends grâces, Tom! — Bien dit, Tom! Grand merci, Tom!... — A votre ouvrage, marauds! Et toi, hors d'ici, petit insolent!

Tous sortent excepté le jeune Cromwell.

CROMWELL.

— Pourquoi ma naissance retiendrait-elle mon esprit dans son essor? — Est-ce que toutes les créatures ne sont pas soumises à la nature, — à la nature qui trompe le monde

— et qui le remplit du pêle-mêle de la bâtardise? — Il y a maintenant sur terre des légions de mendiants — qui tirent leur origine des rois, — et il est plus d'un monarque aujourd'hui dont les pères ont été — la canaille de leur âge. Car le temps et la fortune — épuisent une noble race jusqu'à la misère — et élèvent leurs favoris du fumier — au pouvoir. Et voyez, aux yeux du monde étonné, — c'est toujours le même courant — qui, sous le nom de destinée, — apparaît de nouveau à chacun de ses détours. — La Tamise qui passe à notre porte — est étroite et basse à son commencement, — mais, en suivant son cours, elle devient une mer. — Et de même Wolsey, le prodige de notre siècle, — est d'aussi humble naissance que moi, lui, le fils d'un boucher, — et maintenant qui est plus grand que lui dans ce pays? — Courage donc, Cromwell, et dis à ton âme — que tu peux vivre pour fleurir et commander.

Entre LE VIEUX CROMWELL.

LE VIEUX CROMWELL.

Tom Cromwell! eh bien! Tom, entendez-vous?

CROMWELL.

Vous m'appelez, monsieur?

LE VIEUX CROMWELL.

Voici maître Bowser qui est venu pour savoir si vous avez terminé, ou non, sa pétition aux lords du conseil?

CROMWELL.

Oui, père. Ayez la bonté de le faire entrer.

LE VIEUX CROMWELL.

Voilà qui est bien dit, Tom. Vous êtes un bon garçon, Tom!

Entre MAITRE BOWSER.

BOWSER.

— Eh bien, maître Cromwell, avez-vous terminé ma pétition?

CROMWELL.

— Oui, monsieur, veuillez la lire.

BOWSER.

— Ce n'est pas nécessaire. Nous la lirons quand nous serons sur l'eau. — Maître Cromwell, j'ai eu une idée — qui peut vous être profitable, si elle vous agrée. — Notre secrétaire à Anvers est mort, — et les marchands de là-bas m'ont invité par message — à leur trouver un homme capable de remplir l'emploi. — Je n'en connais pas un plus capable que vous : — si la chose vous plaît, maître Cromwell...

CROMWELL.

— J'accepte de tout mon cœur, monsieur, et je vous dois — pour ce service une affectueuse reconnaissance...

LE VIEUX CROMWELL.

Morbleu, Tom, dépêche-toi de peur que quelqu'un ne se mette entre toi et cette place, Tom! Je vous remercie, mon bon monsieur Bowser. Merci pour mon garçon! merci pour toujours, merci du fond du cœur, monsieur... Holà! un verre de bière pour maître Bowser.

BOWSER.

Ce n'est pas la peine. Maître Cromwell, venez-vous?

CROMWELL.

Je vous accompagne, monsieur.

LE VIEUX CROMWELL.

Adieu, Tom. Dieu te bénisse, Tom! Dieu te protége, mon bon Tom!

Ils sortent.

SCÈNE III

[Londres. Une place.]

Entre BAGOT, seul.

BAGOT.

— J'espère que cette journée sera fatale à quelques personnes; — et il faut que Bagot tâche de gagner à leur ruine. — Voici le logis de maître Friskibal, — un généreux marchand, un Florentin, — auquel Banister, marchand en faillite, — doit mille livres. Le père de ce Banister était mon maître. — Mais à quoi bon les scrupules de la pitié ou de la reconnaissance? — Il était riche autrefois; aujourd'hui c'est un homme tombé. — Aussi l'ai-je fait arrêter ce matin, — à la requête de maître Friskibal. — Et je suis sûr de cette façon d'être payé par celui-ci — du service que je lui ai rendu à son insu. — J'arrive à propos. Justement le voici qui vient.

Entre FRISKIBAL.

BAGOT.
— Bonjour à l'aimable monsieur Friskibal.

FRISKIBAL.
— Bonjour à vous même, mon bon monsieur Bagot. — Et qu'y a-t-il de nouveau, pour que vous soyez si tôt levé? — C'est pour l'amour du gain, à coup sûr.

BAGOT.
— Monsieur, c'est pour l'amour de vous. — Dites-moi, quand avez-vous vu votre débiteur Banister?

FRISKIBAL.
— Je vous jure que je n'ai pas vu cet homme-là — depuis deux mois. Sa pauvreté est telle — qu'il a honte, je crois, de se montrer à ses amis.

BAGOT.

— Eh bien, attendez-vous à le voir incontinent ; — car je l'ai fait arrêter à votre requête, — et on va l'amener ici tout à l'heure.

FRISKIBAL.

— Arrêter à ma requête? Vous avez eu tort. — Je sais que ses embarras sont tels — qu'il ne peut pas payer ce qu'il me doit. — Si cette arrestation était connue, ce serait un homme perdu.

BAGOT.

— C'est votre bon cœur qui vous fait penser ainsi. — Mais vous êtes dans une grande erreur sur le compte de Banister. — Il est capable, voyez-vous, de se mettre en faillite pour la forme, — et alors, à ceux auxquels il doit mille livres — il en paiera cent à peine. Oh! monsieur! défiez-vous de lui! — C'est un débauché, un homme adonné au jeu et aux filles ; — il dépense tout ce qu'il a avec des gourgandines. — Il n'y a pas de miséricorde à avoir pitié de lui. — Je vous dis sur lui la vérité, en raison uniquement — de l'affection que je vous porte.

FRISKIBAL.

— S'il en est ainsi, il m'a bien trompé ; — et, pour traiter un pareil homme comme il le mérite, — la sévérité vaut mieux que l'excès de douceur. — Mais voici maître Banister en personne, — et avec lui, ce me semble, deux exempts.

Entrent BANISTER, MISTRESS BANISTER, *et deux exempts.*

BANISTER.

— Ah! monsieur Friskibal, vous m'avez perdu. — Ma fortune était déjà presque à bas, — mais vous venez de lui porter le dernier coup.

MISTRESS BANISTER.

— Oh! monsieur, prenez en pitié la situation de mon

mari. — Songez qu'il a eu une existence aussi aisée que les plus riches — jusqu'au jour où la destinée envieuse et la mer dévorante — nous ont volés, détroussés, dépouillés de tout notre avoir.

FRISKIBAL.

— Je n'en veux pas à votre mari, madame; — et jamais je ne l'aurais traité ainsi de mon plein gré, — si l'on ne m'avait dit que c'est un débauché — adonné à la mauvaise compagnie, qui a de quoi — payer ses dettes, mais qui ne veut pas qu'on le sache.

BANISTER.

— C'est ce courtier damné, ce Bagot, — que j'ai si souvent nourri de ma table! — Misérable ingrat qui me traite de cette façon!

BAGOT.

— Ce que j'ai dit n'est que la vérité.

MISTRESS BANISTER.

— Ce que tu as dit émanait d'un cœur envieux. — C'est un cannibale, celui qui mange les hommes vivants! — Mais, monsieur, vous voyez, je suis à vos genoux. Croyez-moi, — ce que je vous dis là, que Dieu m'assiste! est vrai. — Nous avons à peine de quoi nourrir nos petits enfants. — La plus grande partie de notre vaisselle est entre les mains de cet usurier. — Oh! si nous avions de l'argent pour payer nos dettes, — réfléchissez-y, nous n'endurerions pas une telle détresse. — Ayez pitié, mon bon monsieur Friskibal. — Mon mari, mes enfants et moi, nous ne mangerons — qu'un repas par jour; l'autre, nous l'économiserons pour payer nos dettes.

FRISKIBAL, à Bagot.

— Allons, je vois que tu es un méchant. — Bonne mistress Banister, ne vous agenouillez pas devant moi. — De grâce, relevez-vous. Votre demande sera exaucée.

<small>Aux deux exempts.</small>

— Arrêtez, officiers : voilà pour votre peine. Partez.

<small>A Banister.</small>

— Quant à vous, vous savez que vous me devez deux mille livres. — Tenez, voici ma main. Si jamais Dieu vous en donne les moyens — et vous replace dans votre situation première, — payez-moi, mais si votre fortune reste sombre, — je jure de ne jamais vous demander un écu. — Je n'ai jamais fait de mal à un homme accablé; — car Dieu sait ce qui peut m'arriver à moi-même.

BANISTER.

— Cette faveur inattendue, imméritée, — fait intérieurement saigner mon cœur de joie. — Que jamais rien ne me réussisse, — si j'oublie le service que vous venez de me rendre!

MISTRESS BANISTER.

— Mes enfants, dans leurs prières de nuit et de jour, — prieront pour votre succès et votre bonheur.

FRISKIBAL.

— Je vous remercie tous deux. De grâce, venez dîner avec moi. — Dans trois jours, si Dieu me prête vie, — je repars pour Florence, ma patrie! — Tenez, Bagot, voici votre pourboire, — quoique vous l'ayez bien mal gagné. — A l'avenir, n'ouvrez pas votre cœur à des desseins si cruels; — soyez sûr que le mal que vous faites sera puni. — Souvenez-vous de ce que je vous dis, Bagot, et adieu! — Allons, maître Banister, venez avec moi; — vous aurez un menu bien ordinaire, mais une cordiale bienvenue.

<small>Tous sortent excepté Bagot.</small>

BAGOT.

— Peste soit de vous! que ce soit votre dernier repas! — Est-ce là la récompense de toutes mes peines? — Que la ruine vous accable tous! — Lui qui avait l'habitude de me donner une vingtaine d'écus au moins, — le voilà qui m'insinue un méchant pourboire! — Soit, je me vengerai sur ce Banister. — Je vais trouver ses créanciers et leur racheter toutes ses dettes. — Comme on croira que je fais la chose par compassion, — je suis sûr de les avoir à bon compte. — Une fois l'affaire faite, il ne pourra rester nulle part dans la chrétienté, — sans que je lui torture le cœur à force de chagrins. — Oui, si ce Banister devient mon débiteur, — par le ciel et par la terre, je m'acharnerai contre lui.

Il sort.

Entre LE CHOEUR.

LE CHOEUR.

Maintenant, messieurs, figurez-vous
Que le jeune Cromwell est à Anvers,
Caissier des marchands anglais,
Et que Banister, pour échapper à la haine de Bagot,
Apprenant que celui-ci a racheté quelques-unes de ses dettes,
S'est sauvé à Anvers avec sa femme et ses enfants.
A cette nouvelle, Bagot s'est mis à leur poursuite.
Et il a envoyé en avant les billets dus par Banister,
Pour se venger sur ce malheureux.
Que va-t-il arriver? Asseyez-vous patiemment, et voyez.
La fourberie aura sa juste récompense.

Sort le chœur.

SCÈNE IV

[Anvers. Un cabinet.]

CROMWELL entre, portant des sacs d'argent. Il vide ces sacs et compte les pièces de monnaie qu'ils contiennent.

CROMWELL.

— Jusqu'ici mon compte est parfaitement exact. — Mais, Cromwell, cette besogne ne te convient pas. — Tes goûts te poussent aux voyages, — et nullement à vivre ainsi cloîtré comme une nonne. — Ce ne sont pas non plus ces espèces-là qui m'éblouissent. — L'expérience est le joyau de mon cœur.

Entre UN COURRIER.

LE COURRIER.

— De grâce, monsieur, êtes-vous prêt à m'expédier?

CROMWELL.

— Oui, voici les sommes qu'il faut que vous portiez. — Vous allez jusqu'à Francfort, n'est-ce pas?

LE COURRIER.

Oui, monsieur.

CROMWELL.

— Eh bien, mettez-y toute la promptitude possible, je vous en prie; — car il y a là plusieurs gentlemen anglais — qui doivent se rendre à Venise et qui pourraient se trouver à court, — si vous tardiez en route. — Mais dans l'espoir que vous ferez diligence, — voici deux angelots pour vous acheter des éperons et une badine.

LE COURRIER.

—Merci, monsieur. Voilà qui va m'ajouter des ailes certainement.

Il sort.

CROMWELL.

— L'or a le pouvoir de donner à l'homme la rapidité de l'aigle.

Entre MISTRESS BANISTER.

CROMWELL.

— Quelle est cette dame qui a l'air si désolé? — On dirait qu'elle a à me parler. —

MISTRESS BANISTER.

Dieu vous garde, monsieur! Ne vous appelez-vous pas maître Cromwell?

CROMWELL.

Mon nom est Thomas Cromwell, madame.

MISTRESS BANISTER.

Ne connaissez-vous pas, monsieur, un certain Bagot qui est arrivé à Anvers?

CROMWELL.

— Non, je vous jure, je n'ai jamais connu cet homme-là, — mais voici des billets, que j'ai reçus de lui, à recouvrer — d'un certain Banister, un marchand tombé dans la gêne.

MISTRESS BANISTER.

— Oui, dans la gêne, à la profondeur de ma misère. — Je suis la femme de cet infortuné, — et nous sommes poursuivis par cet insatiable scélérat — de Londres jusqu'ici, à Anvers. — Mon mari est dans les prisons du gouverneur, — et le Dieu du ciel sait comment il va être traité. — Mais vous, monsieur, votre cœur est d'une trempe plus douce; — soyez clément pour une âme en détresse, — et Dieu, soyez-en sûr, triplera votre fortune sous sa bénédiction.

CROMWELL.

— Bonne mistress Banister! je ferai tout ce que je pourrai — en ce qui dépendra de moi.

MISTRESS BANISTER.

Oh! parlez à Bagot, ce méchant endurci. — La voix d'un ange peut toucher le plus damné démon.

CROMWELL.

— Comment! on vous a dit qu'il était à Anvers?

MISTRESS BANISTER.

— J'ai appris qu'il était débarqué depuis deux heures.

CROMWELL.

— C'est bien. Soyez sûre, mistress Banister, — que je parlerai à Bagot en votre faveur. — Je l'apitoierai de mon mieux. — En attendant, pour vous soutenir dans votre détresse, — acceptez ces anges d'argent qui soulageront votre misère. — Soyez persuadée que je ne négligerai rien — pour vous être utile.

MISTRESS BANISTER.

— Que le Dieu puissant, qui connaît le cœur de tout mortel, — vous préserve du trouble, du chagrin, de la douleur, de la souffrance !

Sort mistress Banister.

CROMWELL.

— Merci, femme courtoise, de ta cordiale prière. — Cela me navre le cœur de voir sa misère. — Nous tous qui vivons sous l'empire du sort, — nous pouvons espérer le meilleur avenir, — mais nous ne savons pas quelle condition — nos étoiles et nos destinées nous ont assignée. — La fortune est capricieuse, et sa face est aveugle.

Sort Cromwell.

Entre BAGOT.

BAGOT, seul.

— Ainsi, tout va bien : ça marche au gré de mes désirs. — Banister est au pouvoir du gouverneur — et aura bientôt les fers sur les talons. — Cela me réjouit le cœur de penser à ce gueux : — j'espère faire pourrir son corps en prison, — et qu'ensuite sa femme se pendra, — et que tous ses enfants mourront de faim. — Les joyaux que j'ai apportés à Anvers, — et qui m'ont coûté trois cents livres à peine, sont évalués à cinq mille. — Je les ai achetés bien bon marché. — Bah ! peu m'importe comment les ont acquis — ceux qui me les ont vendus. Ce scrupule ne m'approche pas ; — mais, dans la crainte qu'ils n'aient été volés, — comme sans doute ils l'ont été, — j'ai jugé convenable de les vendre ici, à Anvers. — Je les ai laissés entre les mains du gouverneur — qui m'en offre un prix à deux cents livres — au-dessous du mien. Mais ne nous occupons pas de cela. — Il faut que j'aille voir si mes billets sont arrivés

SCÈNE IV.

à bon port; — je les ai envoyés de Londres à maître Cromwell — afin que, si le vent me retenait en mer, — il pût arrêter l'autre avant que je fusse arrivé. — Et justement, voici celui que je cherche. Dieu vous garde, monsieur!

Entre CROMWELL.

CROMWELL.

— Et vous aussi. Mais pardon... je ne vous connais pas.

BAGOT.

— C'est possible, monsieur, mais mon nom est Bagot. — Je suis l'homme qui vous a envoyé les billets en souffrance.

CROMWELL.

— Oh! l'homme qui poursuit Banister! — Voici les billets que vous m'avez envoyés. — Quant à lui, vous savez très-bien où il est. — On rapporte que vous avez un cœur de pierre, — une âme qui ne se laisse pas fléchir par la pitié, — des yeux qui ne savent pas verser une larme, — une main toujours ouverte pour le lucre. — Mais, maître Bagot, si vous m'en croyiez, — vous modifieriez tout cela en sens inverse; — votre cœur éprouverait toujours un sentiment de compassion; — votre âme, d'accord avec votre fortune, serait généreuse — pour ceux qui sont dans le besoin et dans la détresse; — votre main assisterait toujours ceux qui n'ont rien, — au lieu de les accabler sous vos coups; — enfin vous rendriez toujours le bien pour le mal. — C'est ce que je ferais, moi. Pardon si je vous dis ce que je pense.

BAGOT.

— Vous parlez, monsieur, pour savoir ce que je répondrai; — mais il faut, je le sais, que vous viviez aussi bien que moi. — Je sais que l'exaction est votre métier, — et qu'un homme n'est pas en sûreté ici, — s'il ne s'astreint à mentir et à jouer au fin avec son meilleur ami. — Fi de la pitié! Prescrivez toute conscience! — Pourtant je recommanderai à votre sagacité ceci, — de faire semblant d'être ce que j'espère bien que vous n'êtes pas... — Mais à quoi bon la recommandation? Vous faites la chose à merveille ; — c'est le seul moyen de gagner une fortune.

CROMWELL.

— Une fortune! J'aimerais mieux m'enchaîner à une rame — et, comme un galérien, épuiser là toute ma vie — que de vivre ainsi qu'un infâme comme toi. — Moi! hypocrite! affecter — une apparente vertu et n'être au dedans qu'un démon! — Non, Bagot. Si ta conscience était aussi pure que la mienne, — le pauvre Banister n'aurait jamais eu tant de tourments.

BAGOT.

— Voyons, mon bon monsieur Cromwell, ne vous fâchez pas. — Je reconnais parfaitement que vous n'êtes pas un homme à agir ainsi. — Mais ici, votre conscience fût-elle blanche comme la neige, — on pensera toujours que vous êtes autrement.

CROMWELL.

— Comment! on pensera que je suis autrement! — Que ceux qui pensent ainsi sachent qu'ils se trompent! — Cromwell vivra-t-il pour voir sa probité calomniée? — Anvers! pour toutes les richesses qui sont dans tes murs, — je ne resterais pas ici deux heures de plus. — Dieu merci! mes comptes sont en règle ; — aussi vais-je de ce pas trouver le trésorier. — Bagot, je sais que vous allez chez le gouverneur; — excusez-moi près de lui; dites-lui que je suis décidé à voyager — pour voir les fertiles campagnes de l'Italie. — Et, si vous avez jamais eu une âme chrétienne, — puisse Banister trouver en vous quelque indulgence !

BAGOT.

— Je vais faire tout ce que je pourrai pour lui, monsieur, à votre considération.

A part.

— Je le ferai mourir de faim avant de lui laisser un denier.

Haut.

— Sur ce, maître Cromwell, je prends congé de vous; — car il faut que j'aille de ce pas chez le gouverneur.

CROMWELL.

— Adieu, monsieur. Par grâce, souvenez-vous de ce que je vous ai dit.

Sort Bagot.

CROMWELL, seul.

— Non, Cromwell, non, tu n'as jamais eu l'âme assez vile — pour vivre de mensonge et d'exploitation. — A l'avenir, mon temps sera employé à voyager.

Il sort.

Entre HODGE.

HODGE.

Ah! patron! vous appelez ça m'envoyer à votre petit Thomas! C'est au mât que vous voulez dire, et au grand mât encore! Je n'aurais jamais cru qu'une traversée par eau fût une pareille affaire. A Putney vous pouvez aller au *Jardin de Paris* (2) pour deux pences, assis aussi tranquillement que possible, sans cahot ni secousse dans les entrailles, et dans un petit bateau. Mais cette fois-ci nous avions à peine fait quatre milles sur la grande eau verte qu'au moment où j'allais prendre mon goûter d'après-midi, ainsi que c'est l'habitude chez nous, j'ai senti comme si mes boyaux se soulevaient. Alors un des matelots m'a vu et m'a dit : *courage! laisse là tes provisions et va te débarrasser, ce n'est qu'une anguille que tu as dans le ventre.* C'est bien, pendant que j'allais là, les matelots sont allés à mes provisions. Puis, pensant que j'étais mieux informé là-dessus qu'aucun passager, ils m'ont demandé de quel bois le navire était fait, et ils ont tous juré que je leur avais répondu aussi juste que si je m'étais renseigné près du charpentier qui avait construit le bâtiment. A la fin, comme nous approchions de terre, je me suis senti une faim horrible; je suis allé à mon sac, le diable y avait mis la patte, les matelots m'avaient dévalisé! Pourtant je ne puis pas les blâmer. Ç'a été un échange de bons procédés. Je leur avais dit de quel bois était fait leur navire, et eux, ils m'ont dévoré mes provisions. Service pour service... Bah! si je pouvais seulement trouver mon maître Thomas dans cette ville flamande, il me mettrait de la bière anglaise dans le ventre.

Cromwell rentre.

CROMWELL,

Eh quoi! Hodge, l'ouvrier de mon père! Par cette main tendue, tu es le bienvenu. Comment va mon père? Quoi de nouveau chez nous?

HODGE.

Maître Thomas! ô mon Dieu! maître Thomas! votre main! et gantée encore!... Tout ceci est pour vous faire savoir que votre père se porte bien, et qu'Alice Downing m'a remis pour vous cette noix muscade, et Bess Faiteau, cette racine de gingembre. Mes camarades Will et Tom vous envoient à eux deux cette douzaine d'aiguillettes, et le bonhomme Toll, de la *Chèvre*, cette paire de mitaines. Moi, je suis venu en personne, et voilà toutes les nouvelles.

CROMWELL.

Grand merci, Hodge, tu es le bienvenu. Mais tu arrives aussi mal à propos que possible; car je pars pour l'Italie. Qu'en dis-tu, Hodge? veux-tu m'accompagner?

HODGE.

T'accompagner, Tom! que me parles-tu d'Italie? Quand ce serait au fin fond des Flandres, j'irais avec toi, Tom! Je suis à toi, pour l'heur et le malheur, ta créature pour t'obéir. Entends-tu, Tom? J'ai traversé les vagues rigoureuses sous les rafales de Neptune... Je vous dirai, maître Thomas, que j'ai été en danger de naufrage, et, quand j'ai vu que Borée commençait à faire le brutal avec nous, alors je me suis mis à genoux et j'ai invoqué Vulcain.

CROMWELL.

Et pourquoi as-tu invoqué Vulcain?

HODGE.

Parce que, de même que le compère Neptune est le dieu des mers, Vulcain est le seigneur des forgerons. Or, comme je suis forgeron, j'ai pensé que sa divinité aurait quelque souci de moi.

CROMWELL.

Bonne idée; mais, dis-moi, as-tu dîné?

HODGE.

Non, à vous dire vrai, maître Thomas; pas même un morceau!

CROMWELL.

Allons, viens avec moi, tu vas te régaler à ton aise. Et toi, Anvers, adieu, sans doute pour toujours!

Cromwell et Hodge sortent.

SCÈNE V

[Anvers. Le comptoir anglais.]

Entrent LE GOUVERNEUR du comptoir anglais, BAGOT, BANISTER, SA FEMME et deux exempts.

LE GOUVERNEUR.

— Vous dites que Cromwell est parti, maître Bagot. — Quel déplaisir, je vous prie, quel motif a pu causer ce départ?

BAGOT.

— A vous dire vrai, c'est un coup de tête. — Il est de ces jeunes gens qui ne savent pas voir leur bonheur où il est. — La passion du voyage, voilà sa raison. —

C'est un homme qui n'aime pas manger son pain chez lui.

LE GOUVERNEUR.

— C'est bien. Que la fortune soit avec lui, s'il est parti.
— Nous aurons de la peine à retrouver son pareil — pour faire des affaires ; sa conduite était si honnête ! — Maintenant, monsieur, quant aux bijoux que vous m'avez confiés, — quel est votre dernier mot? Voyons, voulez-vous accepter mon prix?

BAGOT.

— Oh! monsieur, vous offrez trop au-dessous de la valeur.

LE GOUVERNEUR.

—Il n'y a que deux cents livres entre nous, mon brave.
— Qu'est cela dans un paiement de cinq mille livres?

BAGOT.

— Deux cents livres! Diantre! c'est considérable. — Il me faut beaucoup suer avant d'en gagner autant.

LE GOUVERNEUR.

— Tenez! maître Bagot, je vais vous tenter. — Vous voyez ce marchand, maître Banister, — qu'on mène en prison maintenant à votre requête. — Il n'a plus rien. Qu'obtiendrez-vous de lui? — J'ai connu cet homme-là riche et respecté ; — toujours probe en affaires, il a été accablé par des malheurs — qui pourraient nous arriver, à vous ou à moi. — Eh bien, il y a deux cents livres entre nous : — partageons la différence. Je vous en donnerai cent, — à la condition que vous le ferez mettre en liberté.
—Sa fortune est à néant, comme vous pouvez le voir vous-même, — et là où il n'y a rien, le roi lui-même doit perdre son droit.

BAGOT.

— Monsieur! monsieur! c'est la charité qui vous fait parler. — Mais c'est charité folle, monsieur, que d'avoir pitié de lui. — Aussi restons-en là. Mon parti est pris : — je ne rabattrais pas un penny pour lui rendre service.

BANISTER, à Bagot.

— Ce qui me console, au milieu des maux que tu me causes, — c'est que les grandes marées sont suivies de grands reflux.

MISTRESS BANISTER.

— Vil misérable que nous avons réchauffé — comme un serpent pour nous empoisonner! — Si Dieu répare jamais le tort fait à une femme, — j'incline et je fléchis mon âme devant lui — pour qu'il fasse tomber sur toi sa pesante colère, — ô boucher de mes espérances et de mes joies!

BAGOT.

— Va! pauvre folle, fais ta plus funeste prière! — Le renard, quand il est maudit, ne s'en porte que mieux.

Entre MAITRE BOWSER.

LE GOUVERNEUR.

— Maître Bowser! — Vous êtes bienvenu, monsieur, d'Angleterre! — Bonnes nouvelles, n'est-ce pas? Comment vont tous nos amis?

BOWSER.

— Ils vont tous bien et se recommandent à vous. — Voici des lettres de votre frère et de votre fils. — Sur ce, adieu, monsieur. Il faut que je prenne congé de vous. — J'ai une affaire pressante qui l'exige.

LE GOUVERNEUR.

— Comment! avant de dîner, monsieur? Sortez-vous de la ville?

BOWSER.

— Oui, vraiment. A moins que je n'apprenne du nouveau en ville, — il faut que je parte : il n'y a pas de remède.

LE GOUVERNEUR.

— Quelle est donc cette affaire, monsieur? puis-je la savoir?

BOWSER.

— Oui, monsieur; car toute la ville va la connaître. — On vient de voler dans le trésor du roi — ses plus riches joyaux : — leur valeur est de sept mille livres. — Le gaillard qui les a pris est pendu; — il a avoué que, pour trois cents livres, — il les avait vendus à un certain Bagot, demeurant à Londres. — Ce Bagot s'est enfui, dit-on, à Anvers, — et je suis venu ici pour le chercher. — Le premier qui pourra me donner de ses nouvelles — aura cent livres pour récompense.

BANISTER.

— O infaillible justice que Dieu rend à l'innocent!

LE GOUVERNEUR.

— Vous arrivez à propos, maître Bowser. — Voici Bagot, le misérable que vous cherchez. — J'ai entre mes mains tous les joyaux volés. — Gardes, ayez l'œil sur lui et tenez-le ferme.

BAGOT.

— Le diable me devait une humiliation; il vient de me l'infliger.

BOWSER.

— Quoi! voilà ce Bagot! emmenez-le, mes braves. — Nous n'attendrons pas sa réplique. — Chargez-le de fers; nous allons le faire juger — en Angleterre, où ses vilenies sont connues.

BAGOT.

— Que le malheur et la confusion tombent sur vous tous! — Oh! me pendre! me noyer! me tuer moi-même! — laissez-moi les bras libres! que je coure vite en enfer!

BOWSER.

— Allons, emmenez-le! baillonnez-le, ce gueux!

On emmène Bagot.

MISTRESS BANISTER.

— Tes œuvres sont infinies, Dieu grand qui es au ciel !

LE GOUVERNEUR.

— On m'a dit que ce Bagot était un riche gaillard.

BOWSER.

— Oui, vraiment. Quand ses biens ont été saisis, — on a trouvé chez lui, en joyaux, en espèces, en argenterie, — une valeur de cinq mille livres. — Son mobilier, valant largement la moitié de cette somme, — avait été confisqué au profit du roi. — Mais le roi en a libéralement fait don aux marchands d'Anvers, — et les marchands, dans une généreuse pensée, — ont cédé les biens de ce Bagot à un membre de leur compagnie, — un homme ruiné par les hasards des mers, — dont ce présent va relever la fortune. — Son nom est Banister.

LE GOUVERNEUR.

— Maître Bowser, par cette heureuse nouvelle, — vous avez ramené deux personnes des portes de la mort. — Voici ce Banister, et voici sa femme.

BOWSER, à Banister.

— Monsieur, je suis content de cette bonne fortune, — qui me permet d'être près de vous un messager de consolation.

BANISTER.

— Vous avez rendu la vie à un homme regardé comme mort. — Cette nouvelle m'a ressuscité !

MISTRESS BANISTER.

— Merci d'abord à mon Dieu, et puis à mon roi souverain, — et enfin à vous qui m'apportez la bonne nouvelle.

LE GOUVERNEUR.

— Les cent livres qui me sont dues — pour avoir trouvé Bagot, je vous les abandonne absolument.

BOWSER.

— Maître Banister, si cela vous plaît, — je vous accompagnerai pour repasser les mers.

BANISTER.

Comme il vous plaira, monsieur ; si ma compagnie, tout humble qu'elle est, — vous est agréable, je ferai route avec vous.

LE GOUVERNEUR.

— Je suis heureux que tout s'arrange si bien. — Maintenant, maître Bowser, allons dîner, — et vous, ma brave mistress Banister, soyez gaie. — Allons, après la douleur, que la joie revienne ! — Les coquins ont ce qui leur est dû, et vous n'avez, vous, que ce que vous méritez.

Tous sortent.

SCÈNE VI

[Florence. Un pont sur l'Arno.]

Entrent CROMWELL et HODGE, tous deux en chemise et sans chapeau.

HODGE.

C'est ce que vous appelez faire des études de mœurs ! Que ne suis-je resté à Putney ! Ah ! maître Thomas, nous sommes volés, nous sommes perdus.

CROMWELL.

Calme-toi, mon brave ! Ce n'est qu'un accident.

HODGE.

Un accident ! peste soit de cet accident qui fait de moi un va-nu-pieds ! Ces gueux-là ne m'ont pas laissé un soulier ; mon haut-de-chausses, ils l'ont dédaigneusement mis sous leurs talons ; mais pour avoir mon pourpoint et mon chapeau, seigneur du ciel ! ils m'ont embrassé, délacé, détroussé et dégradé comme vous voyez.

CROMWELL.

Eh bien, Hodge, quel remède? à quel expédient allons-nous recourir maintenant?

HODGE.

Vraiment, je ne sais pas; pour mendier, je ne vaux rien; pour voler, moins encore. Ma foi, il ne me reste plus qu'à retourner à mon vieux métier, au marteau et aux fers à cheval. Mais le malheur, c'est que je ne connais pas l'humeur des chevaux dans ce pays-ci : j'ignore s'ils ne sont pas trop vifs et trop prompts à la ruade. Car, quand je tiens une jambe dans ma main, si par hasard la bête regimbe et me met l'autre dans la mâchoire, adieu la compagnie! Me voilà par terre. Ci-gît Hodge.

CROMWELL.

Je crois, Hodge, que tu dois travailler pour nous deux.

HODGE.

Oh! maître Thomas, ne vous l'ai-je pas dit? Que de fois je vous ai dit : *Tom, ou maître Thomas, apprenez à ferrer un cheval, ça vous sera nécessaire un jour!* Mais vous ne m'écoutiez pas. Ah çà, comment appelez-vous les drôles qui nous ont dépouillés?

CROMWELL.

Les bandetti.

HODGE.

Bandetti, dites-vous? Je ne sais pas comment on les appelle ici, mais je suis sûr qu'en Angleterre nous les appelons de francs voleurs. Ah! Tom, que ne sommes-nous à Putney, à boire l'ale de là-bas?

CROMWELL.

— Du calme, l'homme! place ici ces deux affiches, — et mettons-nous en faction sur ce pont. — L'usage, en ce pays, veut — que, si un étranger souffre du besoin, — il expose la cause de sa misère; — et ceux qui sont disposés à le secourir — s'empressent de le faire. Eh bien, as-tu mis les affiches?

HODGE.

— Oui. Les voilà. Que Dieu envoie quelqu'un — pour les lire, et non-seulement pour les lire, mais pour nous apercevoir, — et non-seulement pour nous apercevoir, — mais pour nous venir en aide. Oh! quel froid! quel froid! quel froid!

Tous deux se retirent au fond du théâtre. L'un se met à un bout, l'autre, à l'autre bout du pont.

Entre FRISKIBAL.

FRISKIBAL, lisant les affiches.

— Que vois-je? Deux Anglais dévalisés par les bandits!

Apercevant Cromwell.

— L'un d'eux a l'air d'être un gentleman. — C'est dommage que la fortune lui ait été dure — au point de le faire tomber entre les mains désespérées des voleurs. — Je vais l'interroger sur sa condition. — Dieu vous garde, monsieur! Vous êtes Anglais?

CROMWELL.

Oui, monsieur, un Anglais en détresse.

FRISKIBAL, apercevant Hodge.

Et vous, qui êtes-vous, mon ami?

HODGE.

Qui? moi, monsieur? Ma foi, je ne sais pas trop moi-même ce que je suis pour le moment; mais, monsieur, j'étais forgeron, monsieur, un pauvre maréchal de Putney. Voilà mon maître, monsieur, là-bas. J'ai été volé pour l'amour de lui, monsieur.

FRISKIBAL.

— Je vois que vous avez été rencontrés par les bandits, — et alors je n'ai pas besoin de vous demander pourquoi vous êtes dans cet état... — Mais, Friskibal, pourquoi questionnes-tu ces gens-là — sur leur situation, et ne soulagestu pas tout de suite leur misère ?... — Monsieur, la monnaie que j'ai sur moi est peu de chose. — Voici seize ducats pour vous habiller ; — en voici seize autres pour vous acheter des aliments, — et en voilà seize pour vous louer des chevaux. — C'est tout ce que j'ai dans ma bourse, comme vous voyez. — Mais si vous voulez me demander dans la ville, — vous aurez de moi tous les secours que je puis donner. — Je m'appelle Friskibal, marchand de Florence, — un homme qui a toujours aimé votre nation.

CROMWELL.

— Cette faveur inattendue que je reçois de vous, — Dieu sait si je pourrai jamais la reconnaître. — La nécessité me réduit à accepter vos bontés — et, en échange de votre or, à ne vous donner que des remerciements. — Votre charité m'a sauvé du désespoir, — et votre nom sera toujours dans ma cordiale prière.

FRISKIBAL.

— Cela ne vaut pas tant de reconnaissance. Venez chez moi, — j'y pourrai plus largement pourvoir à vos besoins.

CROMWELL.

— De grâce, excusez-moi. Ceci suffira bien — pour payer mes dépenses jusqu'à Bologne. — Là se trouve dans une situation critique — un grand seigneur anglais, Russell, comte de Bedford, — dont la tête est mise à prix par le roi de France. — Il peut arriver que je lui sois utile ; — pour lui sauver la vie, je hasarderai le sang de mon cœur. — Ainsi, mon cher monsieur, merci de votre généreuse offrande. — Il faut que j'aille à son secours, et sans hésiter.

FRISKIBAL.

— Je ne serai pas un obstacle à une si noble action. — Que le ciel vous fasse réussir dans ce que vous entreprenez ! — Si la fortune vous ramène ici, — venez me voir. Je prends donc congé de vous, — et je vous lègue par mes vœux — tout le bonheur qu'on peut souhaiter.

Sort Friskibal.

CROMWELL.

— Que tout le bonheur que Dieu peut envoyer pleuve sur votre tête!... — Il n'y a pas d'hommes pareils dans nos climats. — Eh bien, qu'en penses-tu, Hodge? N'est-ce pas là une bonne fortune?

HODGE.

— Ce que j'en pense, pardieu! maître Thomas, je vais vous le dire. — Si tous les hommes ici sont de l'humeur de ce gentleman, — nous n'avons qu'à nous tenir en faction sur ce pont, — et nous gagnerons plus ici, en mendiant pendant un seul jour, — que je ne gagnerais à ferrer les chevaux dans toute une année.

CROMWELL.

— Non, Hodge, il faut partir pour Bologne, — afin de secourir le noble comte de Bedford. — Si je 'n'échoue pas dans mon stratagème, — je déjouerai la ruse des traîtres.

HODGE.

— Allons, je vous suivrai. Mais que la bénédiction de Dieu nous préserve à l'avenir de ces bandetti!

Ils sortent.

SCÈNE VII

[Bologne. Une hôtellerie. Une chambre occupée par Bedford. Au fond, un cabinet.]

Entrent BEDFORD et son HOTE.

BEDFORD.

— Me voilà donc trahi! Bedford était-il né pour mourir, — en pareil lieu, de la main de pareils mécréants? — Ai-je échappé tant de fois en France, — ai-je survécu à tant de batailles, — ai-je fait fuir les Français rien qu'au bruit de

SCÈNE VII.

mon nom, — pour être la victime d'un pareil guet-apens?
— Il y en a, du moins, qui me le paieront au prix de leur sang.

L'HOTE.

— Ils demandent, milord, à vous parler.

BEDFORD.

— Les traîtres demandent à avoir mon sang. — Mais, par ma naissance, par mon honneur et par mon nom, — par toutes mes espérances, ma vie leur coûtera cher. — Ouvrez la porte; je vais fondre sur eux tête baissée, — et, si je dois mourir, ce sera du moins avec gloire.

L'HOTE.

— Hélas! milord, c'est là un acte de désespoir : — vous êtes cerné; ils entourent la maison. — Ils ne veulent que vous faire prisonnier — et vous envoyer personnellement en France.

BEDFORD.

— L'Océan sera sec comme une plage — avant qu'ils m'envoient vivant en France. — Mon corps sera percé comme un crible, — et je mourrai, comme Hector, en lutte avec les Mirmidons, — avant que la France se vante d'avoir Bedford pour prisonnier. — France perfide, qui, contrairement aux lois de la guerre, — frappes ainsi ton ennemi par trahison, — sois sûre que ma mort sera vengée — sur tes vies les meilleures. — France! recule; sinon, tu cours à ta ruine.

Entre UN VALET.

LE VALET.

— Pardon, milord; je viens pour dire à votre seigneurie — qu'ils ont soudoyé un Napolitain — qui leur a promis, par sa faconde — et sans verser une goutte de sang, — de vous livrer à eux sain et sauf. — Comme condition, cet homme demande à entrer seul — avec un pauvre paysan qui l'accompagne.

BEDFORD.

— Un Napolitain! Faites-le entrer.

Le valet sort.

— Fût-il d'une éloquence aussi persuasive que Cicero, le fameux Romain, — ses paroles seraient comme un brin de paille contre le vent. — La suave langue d'Ulysse, qui rendit fou Ajax, — fût-elle dans la tête de ce parleur, — il ne m'aura pas vivant. Donc, pas de conquête.

Entre CROMWELL *en costume de Napolitain; il est suivi de* HODGE.

CROMWELL, à l'hôte.

— Monsieur, êtes-vous le maître de ce logis?

L'HOTE.

Oui, monsieur.

CROMWELL.

— Selon l'engagement pris, il faut que vous quittiez ce lieu, — et que vous nous laissiez seuls, le comte et moi, —, avec cet homme, un paysan à moi, qui doit nous assister.

L'HOTE.

— De tout mon cœur! Dieu veuille que vous réussissiez!

L'hôte sort. Cromwell ferme la porte.

BEDFORD.

— Maintenant, monsieur, que voulez-vous de moi?

CROMWELL.

— Votre seigneurie est-elle résolue à ne pas se rendre?

BEDFORD.

— Non, bonhomme oison, non, tant que cette épée durera. — Est-ce là cette éloquence qui doit me décider?

CROMWELL.

— Milord, mon éloquence ne tend qu'à vous sauver. — Je ne suis pas un Napolitain, comme vous pensez, — mais un Anglais, Cromwell, votre serviteur.

BEDFORD.

— Comment? Cromwell, le fils de mon maréchal!

CROMWELL.

— Lui-même, seigneur, venu pour vous porter secours!
HODGE.

— Oui, vraiment, seigneur; et moi, je suis Hodge, votre pauvre garçon de forge. — Allez! j'ai bien des fois ferré votre chargeur gris.

BEDFORD, à Cromwell.

Et à quoi peux-tu m'être utile ici?

CROMWELL.

— Très-utile, si vous me laissez faire, milord. — Vous savez que les Mantouans — sont ennemis mortels de ces Bolonais. — Ils vous aiment et vous honorent, milord. — Et, si vous pouviez seulement gagner la route de Mantoue, — vous seriez sauvé en dépit de toutes les forces de Bologne.

BEDFORD.

— Bah! mon brave, tu parles de choses impossibles; — ne vois-tu pas que nous sommes traqués de tous côtés? — Comment donc pourrions-nous nous échapper?

CROMWELL.

— Par la force, non! par la ruse, oui! — Mettez sur vous les vêtements de Hodge, — et donnez-lui les vôtres. Les magistrats ne vous reconnaîtront pas, — car ils n'ont jamais vu votre visage, je crois. — Ensuite, je n'aurai plus qu'à les faire entrer au signal convenu — et à leur demander pour nous un sauf-conduit — jusqu'à Mantoue où je leur dirai que j'ai affaire. — Que pense votre seigneurie de cette idée?

BEDFORD.

— Oh! merveilleuse! mais veux-tu en courir le risque, Hodge?

HODGE.

— Si je le veux! mon noble lord, je consens à tout ce que je puis faire, — et j'accepte tout, pour vous délivrer; fasse la fortune ce qu'elle voudra!

BEDFORD.

— Eh bien donc, changeons sur-le-champ de vêtements.

CROMWELL.

— Va, Hodge, fais vite, de peur qu'on ne vienne.

HODGE, montrant Bedford.

— Je vous garantis que je vais l'habiller à la mode.

Le comte de Bedford et Hodge sortent.

CROMWELL, seul.

— Fasse le ciel que ce stratagème réussisse, — et que le comte puisse s'échapper sain et sauf ! — Pourtant je suis inquiet pour ce pauvre diable; — j'ai peur qu'ils ne lui fassent violence. — Mais de deux maux, il faut éviter le plus grand. — Que Hodge vive en captivité, — cela vaut mieux que de voir succomber ce vaillant comte. — Et puis, il est possible que leur acharnement s'apaise — après le départ de celui auquel ils ont voué leur haine. — Avez-vous fini, milord ?

Entrent BEDFORD, *portant les vêtements de paysan, et* HODGE, *portant le chapeau et le manteau du comte.*

BEDFORD.

— Comment nous trouves-tu, Cromwell ? Est-ce bien ?

CROMWELL.

— Oh ! parfait, mon bon seigneur ! Hodge, comment te sens-tu ?

HODGE.

— Comment je me sens ? ma foi, comme se sentirait un noble ! — Oh ! je sens la seigneurie me gagner. — Ma noblesse est une prodigieuse mélancolie : — n'est-il pas de bon ton d'être mélancolique ?

CROMWELL.

— Oui, Hodge. Maintenant, va t'asseoir dans ton laboratoire, — et affecte l'autorité.

SCÈNE VII.

HODGE.

Oh! soyez tranquille. Je me charge à moi seul d'affecter toutes les autorités. Mais, écoutez, milord, ne sentez-vous sur vous rien qui vous morde?

BEDFORD.

Non, ma foi, Hodge.

HODGE.

Oh! elles savent qu'elles n'ont plus leur vieille pâture. Étrange chose que cette vermine qui n'ose pas s'en prendre à la noblesse!

CROMWELL.

Va prendre ta place, Hodge. Je vais les introduire.

Hodge va s'asseoir au fond du théâtre, dans le cabinet du comte, dont il tire les rideaux sur lui. Cromwell ouvre la porte de la première chambre et fait signe aux magistrats.

CROMWELL, aux magistrats.

C'est fini. Entrez, s'il vous plaît.

Entre le GOUVERNEUR DE BOLOGNE, *accompagné de magistrats et suivi de gardes armés de hallebardes.*

LE GOUVERNEUR.

— Eh bien, avez-vous eu raison de lui? veut-il se rendre?

CROMWELL.

— J'ai réussi au gré de vos désirs, et le comte se rend — sans résistance à votre discrétion.

LE GOUVERNEUR.

— Qu'on donne à cet homme la récompense promise, — et qu'on le laisse aller où il lui plaira.

CROMWELL.

— Mes affaires, seigneur, m'appellent à Mantoue. — Vous plairait-il de me donner un sauf-conduit pour aller jusque-là?

LE GOUVERNEUR, aux gardes.

— Allez, menez-le à la porte de Mantoue, — et veillez à ce qu'il soit sur-le-champ élargi sain et sauf.

Sortent Cromwell et Bedford.

— Maintenant, tirez les rideaux, que nous voyions le comte! — Oh! il écrit... Tenons-nous à l'écart à un instant.

HODGE, lisant à mesure qu'il écrit.

« Mon bon William, je ne suis plus ce que j'ai été. Je
» vous ai quitté forgeron, je vous écris seigneur. Au mo-
» ment où je vous mande ceci, je suis au milieu des ma-
» gistrats polonais. Je recommande ma seigneurie à Ralph
» et à Roger, à Brigitte et à Dorothée, et aussi à toute la
» jeunesse de Putney..... »

LE GOUVERNEUR.

— Ce sont sans doute les noms de grands seigneurs anglais, — de ses amis intimes, auxquels il écrit. — Mais attendons, il se dispose à chanter.

Ici Hodge chante une chanson.

Après qu'il a fini, le gouverneur s'avance vers lui.

LE GOUVERNEUR.

— Milord, je suis heureux de vous voir si folâtre et si joyeux. — Mais, croyez-moi, noble lord, si vous saviez tout, — votre bonne humeur se changerait en une soudaine tristesse.

HODGE.

— Moi, changer ma bonne humeur? Non, Bolonais, non. — Je suis lord; ainsi, laissez-moi tranquille. — Je vous brave, toi et tes acolytes. — Arrière, vous autres! n'approchez pas de mon excellence.

LE GOUVERNEUR.

— Milord, cette plaisanterie ne vous avance à rien.

SCÈNE VII.

HODGE.

— Crois-tu donc, toi, noire bête bolonaise, — que je me moque, que je raille, que je plaisante? — Non, non, cuistre, sache que moi, — noble comte, vrai seigneur par Dieu!....

On entend le son d'une trompette.

LE GOUVERNEUR.

Que signifie cette fanfare?

Entre un messager.

UN CITOYEN.

— Un envoyé des États de Mantoue.

LE GOUVERNEUR, au messager.

— Que nous veux-tu? parle, homme de Mantoue.

LE MESSAGER.

— Hommes de Bologne, mon message est — afin de vous faire savoir que le noble comte de Bedford — est en sûreté dans la ville de Mantoue, — et exige que vous renvoyiez le paysan qui a trompé votre vigilance. — Sinon, les États de Mantoue ont juré — qu'ils rompraient la trêve faite avec vous, — et que pas un homme sorti de votre ville — n'y reviendrait, à moins que vous ne rendiez le prisonnier.

LE GOUVERNEUR.

— Ah! cette déconvenue me met la rage dans l'âme. — Le Napolitain nous a joués tous. — Au diable cet imbécile! Que ferions-nous de lui, — puisque le comte est échappé? Peste soit de l'aventure!

HODGE.

Non, je vous jure, je ne suis pas comte, je suis forgeron, monsieur! Maître Hodge, forgeron à Putney, monsieur! Quelqu'un qui vous a berné, qui vous a mis dedans, monsieur!

LE GOUVERNEUR, au messager.

Allons, emmenez-le d'ici, cet imbécile que vous êtes venu chercher.

HODGE.

Je pars, monsieur, et je laisse avec vous le plus grand imbécile.

LE MESSAGER.

Adieu, Bolonais! allons, ami, viens avec moi.

HODGE.

Passe devant, mon cher. Ma seigneurie te suit.

Le messager et Hodge sortent.

LE GOUVERNEUR.

Ah! Mantoue, tu nous as fait perdre le comte. — J'espère que, dans peu de jours, je te verrai châtiée.

Tous sortent.

Entre le CHOEUR.

LE CHOEUR.

Jusqu'ici vous voyez quelle a été la fortune de Cromwell.
Le comte de Bedford, une fois sauf dans Mantoue,
Demande à Cromwell de l'accompagner en France
Pour le récompenser de ses services.
Mais Cromwell se refuse à la requête du comte,
Et lui dit qu'il n'a pas encore mis le pied
Dans les contrées qu'il veut visiter.
Aussi part-il directement pour l'Espagne,
Et le comte pour la France : les voilà tous deux séparés.
Maintenant, que votre pensée, rapide comme le vent,
Franchisse les quelques années que Cromwell a passées en voyage,
Et figurez-vous en ce moment qu'il est en Angleterre,
Au service du Maître des Rôles,
Où bien vite il se fait distinguer.
Une heure vous montrera ce que plusieurs années ont couvé.

Sort le chœur.

SCÈNE VIII

[Londres. Un appartement dans l'hôtel du Maître des Rôles.]
La musique joue. On apporte des tables servies pour un banquet.

Entrent Sir Christophe Hales, Cromwell et deux valets.

SIR CHRISTOPHE.

— Allons, messieurs, veillez à la réputation de votre maître. — S'il est vrai que notre magnificence est au-dessus de tous les calculs — d'une hospitalité vulgaire, ayez — dans le coup d'œil toute la libéralité de notre âme, — et donnez une mine engageante aux tables recherchées — qui vont recevoir les courtisans du cardinal — et la suite du grand lord chancelier. — Mais toute ma sollicitude, Cromwell, repose sur toi. — Tu n'es pas un homme d'une étoffe vulgaire. — La supériorité que le talent te donne sur ces gens-là — est d'autant plus grande, que tu t'es éclairé par les voyages; — et ton expérience fait valoir son mérite — par un esprit savant, mais sans prétention. — Mon bon Cromwell, promène un lumineux regard — dans toute ma maison; et toutes les bévues — que l'ignorance ou l'ivresse aura fait faire à ces masses de chair, — répare-les avec courtoisie. Quand la grâce fait défaut, — les coupes pleines et les plus somptueux repas semblent insuffisants.

CROMWELL.

— Seigneur, en ce qui dépend de moi, — soyez sûr que je mettrai tout le zèle possible.

Sort Cromwell.

SIR CHRISTOPHE, aux valets.

A la besogne, donc! Les lords vont être ici tout à l'heure. — O Cromwell, tes talents conviendraient mieux au service de l'État qu'à celui de ma maison. — La sympathie avec laquelle je te considère — doit grandir un jour ta destinée.

Entre un MESSAGER.

LE MESSAGER.
Seigneur, les lords arrivent.

SIR CHRISTOPHE.
— Ils sont les bienvenus. Dites à Cromwell de nous rejoindre à l'instant ; — et vous, veillez à ce que tout soit parfaitement prêt.

La musique joue. Entre le CARDINAL WOLSEY, SIR THOMAS MORUS et GARDINER.

LE CARDINAL.
— Ah ! sir Christophe, vous êtes trop galant : comment, un banquet !

SIR CHRISTOPHE.
Milords, si, en vous accueillant, je devais exprimer par des paroles tout ce que mon cœur ressent pour vous, je courrais risque de devenir bavard. Mais je dois agir avec vos seigneuries en hôte politique et remettre mon compliment à la fin du banquet pour pallier les défauts du menu. Donc soyez les bienvenus, vous et tous ceux qui vous accompagnent.

LE CARDINAL.
— Merci à l'aimable Maître des Rôles. — Allons, asseyons-nous ! Asseyez-vous, sir Thomas Morus. — C'est étrange à quel point les Espagnols et nous, nous différons. — Leur dîner ferait à peine notre goûter, — et ce sont des gens d'un tempérament actif ; — d'où j'en conclus que la sobriété rend leur corps plus propre à la guerre : — car, si par hasard la famine vient à leur pincer l'estomac, — l'habitude du jeûne leur allège la peine.

SCÈNE VIII.   171

SIR CHRISTOPHE.

— Du vin! je vais répondre au cardinal Wolsey. — Milord, nous autres Anglais, nous avons l'âme plus généreuse — que les Espagnols, ces meurt-de-faim de mauvaise mine. — En Espagne, ceux qui sont riches se serrent le ventre — pour se couvrir le dos du capuchon italien — et des soieries de Séville ; et le plus pauvre diable, — qui là se nourrit de limon et de sardine et ne s'est jamais réchauffé le palais — avec de la viande fraîche, portera une enveloppe — plus grasse et plus gaillarde que sa face famélique. — La vanité, l'inquisition et le jeûne, — voilà, selon moi, le démon à trois têtes de l'Espagne.

SIR THOMAS MORUS.

— Voilà bien le triple fléau de cette nation, — qui se traîne à la suite des autres dans une aveugle imitation.

SIR CHRISTOPHE.

— Milords, en guise de bienvenue, je porte un toast solennel à la santé de vos seigneuries.

SIR THOMAS MORUS.

— J'aime fort la santé, mais quand les santés — donnent le mal de tête et l'indigestion, alors j'arrête les santés.

A Cromwell qui lui verse à boire.

— Non, ne verse pas, ami! Car, toutes petites que sont ces gouttes, — elles sont de force à cogner un homme contre un mur.

LE CARDINAL, montrant Cromwell.

— Sir Christophe, cet homme est-il à vous?

SIR CHRISTOPHE.

— Oui, et n'en déplaise à votre grâce, c'est un savant, un linguiste, — un garçon qui a vu une grande partie de la chrétienté, milord.

LE CARDINAL.

— Approchez, l'ami! vous avez donc voyagé?

CROMWELL.

— Milord, j'ai ajouté à ma connaissance les Pays-Bas, — la France, l'Espagne, l'Allemagne et l'Italie ; — et, si j'ai fait peu de bénéfice dans ces voyages, — ils ont du moins charmé mon regard et satisfait mon esprit.

LE CARDINAL.

— Que pensez-vous des divers Etats — et des cours princières que vous avez visités?

CROMWELL.

— Milord, aucune cour n'est comparable à celle d'Angleterre, — ni comme puissance, ni comme gouvernement civil. — La débauche domine en France, en Italie, en Espagne, — depuis le plus pauvre paysan jusqu'au cortége des princes. — En Allemagne et en Hollande, l'orgie règne, — et celui qui boit le plus a le plus de mérite. — Je ne vante pas l'Angleterre parce que j'y suis né ; — mais, franchement, elle peut rire dédaigneusement des autres peuples.

LE CARDINAL.

— Milords, il y a dans cet esprit plus — que ne peut discerner le regard extérieur. — Sir Christophe, voulez-vous vous séparer de ce serviteur?

SIR CHRISTOPHE.

— Je songeais à l'offrir à votre seigneurie, — mais je vois maintenant qu'il s'est offert lui-même.

LE CARDINAL, à Cromwell.

— Quel est ton nom?

CROMWELL.

Cromwell, milord.

LE CARDINAL.

— Eh bien, Cromwell, nous te faisons ici avocat de nos causes, — le plus proche emploi auprès de notre personne. — Gardiner, donnez à cet homme l'accolade de bienvenue.

Gardiner se lève et embrasse Cromwell.

SCÈNE VIII.

SIR THOMAS MORUS, à Cromwell.

— Milord, vous êtes un conquérant royal : — vous avez pris un homme, outre ce bon dîner.

A sir Christophe.

— Ah! chevalier, ne nous prie plus de venir : — si nous venions souvent, tu pourrais mettre la clef sous la porte.

LE CARDINAL.

— Sir Christophe, quand tu m'aurais donné — la moitié de tes terres, tu ne m'aurais pas fait — plus de plaisir qu'en me cédant cet homme. — Ma pensée, enfant, épèle ceci dans l'avenir, — que sa fortune va bien vite s'élever encore. — Le vrai talent est le foyer des honneurs. — Sur ce, mon cher Maître des Rôles, adieu!

SIR CHRISTOPHE.

Adieu, Cromwell.

CROMWELL.

— Cromwell prend congé de vous, — de vous qu'il ne cessera jamais d'aimer ni d'honorer.

Tous sortent. La musique joue au moment du départ.

Entre le CHOEUR.

LE CHOEUR.

Maintenant commence la plus haute fortune de Cromwell.
Wolsey, qui l'aimait comme il aimait la vie,
Lui a confié tous ses trésors.
Wolsey meurt, et Gardiner, son secrétaire,
Est créé évêque de Winchester.
Pardonnez-nous de passer sous silence la vie de Wolsey,
Car le sujet de notre pièce est la mort de Cromwell.
Asseyez-vous maintenant pour voir la suprême grandeur de Cromwell,
Et, après son élévation, sa chute soudaine.
Pardonnez-nous les imperfections passées
Et espérez que le meilleur viendra en dernier.

Ma confiance repose sur votre patience ;
Attendez-vous à être satisfaits avant la fin.

Sort le chœur.

SCÈNE IX

[Londres. Un palais.]

Entrent GARDINER, évêque de Winchester, le DUC DE NORFOLK, le DUC DE SUFFOLK, SIR THOMAS MORUS, SIR CHRISTOPHE HALES et CROMWELL.

NORFOLK.

— Maître Cromwell, depuis la mort du cardinal Wolsey, — Sa Majesté a reçu avis — que vous aviez dans les mains des papiers et des écrits — qui intéressent grandement l'État. — N'est-il pas vrai, milord de Winchester?

GARDINER.

— Milord de Norfolk, maître Cromwell et moi qui sommes d'anciens camarades, — nous étions liés par notre dévouement à notre maître — tant qu'il a été dévoué au roi. — Mais maintenant il ne servirait à rien d'opposer ici une dénégation — qui peut être funeste à l'État ; — et, bien que dans sa toute-puissance Wolsey ait élevé ma fortune — plus haut que je ne l'espérais ou ne le méritais, — je veux perdre la vie le jour où je cesserais d'être fidèle à mon souverain.

SUFFOLK.

— Que dites-vous, maître Cromwell? avez-vous ces papiers, oui ou non?

CROMWELL.

— Les voici. C'est à genoux que je les livre — aux dignes ducs de Suffolk et de Norfolk. Le cardinal était mon maître ; — toutes les nobles qualités — qui respiraient en lui, je les vénère de tout mon cœur. — Mais ce que sa tête a comploté contre l'État, — l'amour de mon pays me commande de l'exécrer. — Je vois avec douleur sa mort soudaine, mais non sa chute ; — car il a tenté d'asservir ma patrie.

SUFFOLK.

— Cromwell, le roi connaîtra ton dévouement, — et je suis sûr qu'il te récompensera dignement. — Milord, allons trouver Sa Majesté, — et portons-lui ces papiers qu'il lui tarde de voir.

Sortent Suffolk et Norfolk.

Entre précipitamment BEDFORD.

BEDFORD, examinant Cromwell.

— Eh bien, que vois-je ici ? Cromwell ! — Sur mon âme, tu es le bien venu en Angleterre. — Tu m'as un jour sauvé la vie, n'est-ce pas, Cromwell ?

CROMWELL.

— Si je l'ai fait, il y a plus de gloire pour moi — à vous entendre le rappeler — qu'à m'en vanter moi-même.

BEDFORD.

— Bien, Cromwell. Mon tour est venu maintenant. — Je te recommanderai au roi. — Redresse-toi, car je vais grandir ta destinée. — Jamais dans un Russell on n'a trouvé un ingrat.

Il sort.

SIR CHRISTOPHE.

— Oh! combien la roue de l'État est versatile ! — Qui naguère était plus grand que ce cardinal — si aimé et si redouté, et qui maintenant est plus déchu ? — Les honneurs éclatants ne sont que les flatteries de la fortune. — Celui qu'enflent aujourd'hui la vanité et le succès — est accablé demain par l'envie et par l'ambition.

SIR THOMAS MORUS.

— Qui voit la mouche s'empêtrer dans la toile d'araignée — peut hardiment prédire la mort de la pauvre bête.

GARDINER.

— Je voyais bien que sa puissance et son altière ambition — étaient trop violentes pour durer longtemps.

SIR CHRISTOPHE.

— Celui qui vole trop près du soleil avec des ailes d'or — les fait fondre et précipite sa fortune dans l'abîme.

Entre LE DUC DE SUFFOLK.

SUFFOLK.

— A genoux, Cromwell! Au nom du roi Henry, — relève-toi sir Thomas Cromwell. Ainsi commence ta renommée.

Entre LE DUC DE NORFOLK.

NORFOLK.

— Cromwell, Sa Majesté d'Angleterre, dans la haute estime qu'elle a conçue de toi, — te fait gardien de ses joyaux — et son premier secrétaire, — et, de plus, membre du conseil privé.

Entre LE COMTE DE BEDFORD.

BEDFORD.

— Où est sir Thomas Cromwell? L'a-t-on armé chevalier?

SUFFOLK.

Oui, milord.

BEDFORD.

— Maintenant, pour ajouter plus d'éclat à son nom, — le roi le crée lord-gardien du sceau privé — et Maître des Rôles, — la charge dont vous jouissez maintenant, sir Christophe. — Le roi vous destine des fonctions plus hautes.

CROMWELL.

— Milords, ces honneurs sont trop élevés pour mon mérite.

SIR THOMAS MORUS.

— Oh! résigne-toi, ami. Et qui n'accepterait à ta place?
— Pourtant tu te montres sage en faisant mine de refuser.

GARDINER.

— Voici les insignes, les titres et les brevets.

A part.

— J'ai bien peur que cette escalade n'aboutisse à une chute soudaine.

NORFOLK.

— Allons, milords, conduisons tous ensemble — le nouveau conseiller auprès du roi d'Angleterre.

Tous sortent excepté Gardiner.

GARDINER.

— Gardiner entend-il que sa gloire soit éclipsée? — Cromwell vivra-t-il plus grand que moi? — Ses succès ont engendré mon envie. — J'espère bien rapetisser cet homme de la tête.

Il sort.

SCÈNE X

[Londres. Une place.]

Entre FRISKIBAL, très-pauvre.

FRISKIBAL.

— O Friskibal! que vas-tu devenir? — Où aller? de quel côté te tourner? — La fortune inconstante a, en un tour de roue, — jeté dans la mer ton aisance et tes richesses. — Tous les pays que j'ai traversés — se sont lassés de moi et m'ont refusé du secours. — Ceux même qui devraient me venir en aide, mes débiteurs, — me refusent mon argent et jurent qu'ils ne me doivent rien. — Ils savent que je suis trop pauvre pour faire valoir mon droit.

— Et c'est ici, dans ce Londres où je suis venu si souvent, — où j'ai fait du bien à tant de misérables, — qu'aujourd'hui, plus misérable moi-même, je me vois ainsi repoussé ! — En vain je mettrais leurs cœurs à une nouvelle épreuve. — Résignons-nous donc, couchons-nous là et mourons.

Il se couche par terre.

Entrent le bourgeois SEELY et JEANNE, sa femme.

SEELY.

Allons, Jeanne, allons, voyons ce qu'il fera pour nous à présent. Je sais ce que nous avons fait pour lui, nous, quand bien des fois et bien souvent il aurait pu aller se coucher à jeun.

JEANNE.

Hélas! mon homme, le voilà lord maintenant; jamais il ne voudra nous regarder. Il justifiera le vieux proverbe : *Mettez un mendiant à cheval, et il partira au galop.* Ah! ma pauvre vache! s'il ne nous avait pas mis en arrière comme ça, jamais nous n'aurions été obligés d'engager notre vache pour payer notre rente.

SEELY.

C'est vrai, Jeanne. Il va passer par ici; et, de par tous les diables, je vais lui parler vertement. Quand il serait dix lords, il saura que je ne donne pas pour rien mon fromage et mon lard.

JEANNE.

Te souviens-tu, mari, comme il mordait à mes gâteaux à la crême? Il a oublié ça à présent, mais nous le lui rappellerons.

SEELY.

Oui, nous aurons pour notre peine trois coups de houssine. N'importe! je bredouillerai un tantinet, mais je lui

SCÈNE X.

dirai son fait. Arrête... Qui vient là-bas? Oh! debout, le voici, debout!

Entrent HODGE, magnifique, portant la verge d'huissier, CROMWELL, précédé de la masse, les ducs de SUFFOLK et de NORFOLK, et leur suite.

HODGE, poussant du pied Friskibal.

— Allons! hors d'ici tous ces mendiants! — Lève-toi, drôle!

A Seely et à Jeanne.

Éloignez-vous, bonnes gens; détalez. Holà!

Friskibal se lève et se tient à l'écart.

SEELY.

Oui, on nous chasse du pied maintenant que nous venons demander notre dû. Il fut un temps où il nous aurait regardés plus amicalement... Et quant à vous, Hodge, nous vous reconnaissons parfaitement quoique vous soyez si beau.

CROMWELL, appelant Hodge.

— Ici, maraud! un mot : quels sont ces gens-là? — Mon brave aubergiste de Honslowe et sa femme!

A Seely.

— Je te dois de l'argent, père, n'est-ce pas?

SEELY.

Oui, morguienne! si tu veux me payer, c'est quatre livres en bon argent. J'ai le compte à la maison.

CROMWELL.

— Je sais que tu dis vrai.

A Hodge.

Drôle, donne-lui dix angelots.

A Seely.

— Ah! écoute! venez dîner chez moi, toi et ta femme. — Je vous accorde en outre, votre vie durant, — quatre livres par an pour les quatre que je vous dois.

SEELY.

— Tu n'es donc pas changé! tu es toujours le bon Tom d'autrefois! — A présent, que Dieu te bénisse, bon lord Tom! — Rentrons, Jeanne, rentrons. Nous dînons avec milord Tom aujourd'hui. — La semaine prochaine, tu iras — chercher notre vache. Au logis, Jeanne, au logis! —

JEANNE.

— Dieu te bénisse, mon bon lord Tom. — Je puis aller chercher ma vache, à présent.

Seely et sa femme sortent.

Entre GARDINER.

CROMWELL, désignant Friskibal à Hodge.

Maraud, va trouver là-bas cet étranger, et dis-lui que je désire le garder à dîner : j'ai à lui parler.

GARDINER, bas à Norfolk.

Milord de Norfolk, voyez-vous l'embarras qu'il fait? Quelle ostentation! mais gare la fin, milord, gare la fin!

NORFOLK.

— Il a fait quelque chose qui me déplaît fort, je vous jure. — Mais, patience! le roi l'aime trop encore.

CROMWELL.

— Bonjour à milord de Winchester! — Vous m'en voulez, je le sais, pour les terres des abbayes.

GARDINER.

— N'ai-je pas raison, quand la religion est outragée? — Vous n'aviez pas d'excuse d'agir ainsi.

CROMWELL.

— Si fait! mon but, c'est la destruction de l'antéchrist — et de son ordre papiste dans notre royaume. — Je ne suis pas ennemi de la religion, — mais ce que j'ai fait est pour le bien de l'Angleterre. — A quoi ces terres servaient-elles, sinon à nourrir — un tas d'abbés fainéants et de moines repus? — Jamais ils ne labouraient ni ne semaient, et pourtant ils récoltaient — la substance de tout le pays, et ils suçaient le pauvre. — Voyez, ce qu'ils possédaient est désormais entre les mains du roi Henry; — toutes les richesses qu'il en tire étaient naguère enfouies dans les terres des abbayes.

GARDINER.

— Ce sont là, en effet, les raisons alléguées par vous, milord. — Mais Dieu sait que les enfants encore à naître — maudiront l'époque où les abbayes ont été abattues. — Je vous le demande, qu'est devenue l'hospitalité? — Où désormais les pauvres en détresse pourront-ils aller — réclamer du secours ou reposer leurs os, — quand la fatigue du voyage les accablera? — Au lieu des hommes religieux qui les eussent recueillis, — ils trouveront un dogue qui les tiendra à distance. — Et mille, mille maux encore.....

NORFOLK.

— O milord, assez! A quoi bon se plaindre — de l'irréparable?

CROMWELL.

— Eh bien, nous rendons-nous au conseil?

NORFOLK.

— Nous vous suivons, milord. Passez devant, de grâce.

Entre le vieux CROMWELL, *habillé en fermier.*

LE VIEUX CROMWELL.

Comment! un Cromwell — fait lord gardien du sceau privé, depuis que j'ai quitté Putney, — et me suis établi dans l'Yorkshire? Je n'ai jamais appris meilleure nouvelle. — Il faut que je voie ce Cromwell, coûte que coûte.

CROMWELL, reconnaissant son père.

— Mon vénérable père! Cérémonie, arrière! — C'est à genoux, père, que j'implore votre bénédiction.

Il s'agenouille devant son père, qui l'embrasse, puis se relève.

— Qu'un de mes serviteurs le conduise chez moi. — Là, nous causerons plus à notre aise.

LE VIEUX CROMWELL, essuyant une larme.

— Qu'il serait doux de mourir en ce moment, — où l'allégresse fait ruisseler une telle averse de joie !

Il sort.

NORFOLK, à Gardiner.

— Cette piété filiale lui prête je ne sais quelle grâce.

CROMWELL.

— Allons ! en avant, car le temps marche à grands pas !

Tous sortent, excepté FRISKIBAL.

FRISKIBAL.

— Je me demande ce que ce seigneur peut me vouloir ; — pourquoi son valet m'a-t-il si strictement enjoint de rester ici ? — Je ne l'ai jamais offensé, que je sache. — N'importe, bonne ou mauvaise, je risque l'aventure. — Il ne pourra jamais m'arriver rien de pire que ma situation.

Entrent BANISTER et MISTRESS BANISTER.

BANISTER.

— Allons, il me semble qu'il est déjà l'heure. — Maître Newton et maître Crosby m'ont fait savoir — hier soir qu'ils viendraient dîner chez moi — en apportant leur billet. Cours vite à la maison, je t'en prie, — et veille à ce que tout soit prêt.

MISTRESS BANISTER.

— Ils seront les bienvenus, mari. Je vais en avant.

Apercevant Friskibal.

— Mais quel est cet homme ? maître Friskibal !

Elle court à lui et l'embrasse.

BANISTER.

— Dieu du ciel ! c'est ce cher monsieur Friskibal ! — Quel accident, monsieur, vous a réduit à cette extrémité ?

FRISKIBAL.

— Le même qui vous avait réduit à la misère.

SCÈNE X.

BANISTER.

— Eh quoi! refuseriez-vous de m'expliquer votre situation? — Avez-vous oublié votre pauvre ami Banister, — celui dont la fortune, le dévouement, la vie sont tout à vous.

FRISKIBAL.

— Je croyais que vous m'auriez traité comme les autres — qui avaient reçu de mes mains plus de bienfaits que vous, — et qui pourtant ont détourné les yeux quand ils m'ont vu pauvre.

MISTRESS BANISTER.

— Si mon mari portait un cœur aussi vil, — je ne voudrais pas le regarder en face; — et j'en aurais horreur, comme d'un basilic.

BANISTER.

— Et tu ferais bien si Banister se conduisait de la sorte. — Depuis que je ne vous ai vu, monsieur, ma situation s'est améliorée; — et je tiens prêtes pour vous chez moi — les mille livres que je vous dois. — Tout affligé que je suis de votre infortune, — je suis heureux de pouvoir vous venir en aide. — Maintenant, monsieur, voulez-vous venir avec moi?

FRISKIBAL.

— Je ne puis en ce moment. Car le lord chancelier — m'a donné l'ordre de l'attendre ici. Pourquoi? je n'en sais rien. Je prie Dieu que ce soit pour mon bien.

BANISTER.

— N'en doutez pas, je vous le garantis. — C'est un noble gentilhomme, — le meilleur qui ait rempli cette charge.

MISTRESS BANISTER.

— Mon frère est son intendant, monsieur. — S'il vous plaît, — nous irons avec vous et vous ferons compagnie. — Je sais qu'on ne nous refusera pas la bienvenue là.

FRISKIBAL.

— De tout mon cœur; et qu'est devenu Bagot?

BANISTER.

— Il a été pendu pour avoir racheté les joyaux volés du roi.

FRISKIBAL.

— Juste récompense pour ce mécréant. — L'heure avance; venez-vous, monsieur?

BANISTER.

Je vous suis, cher monsieur Friskibal.

Ils sortent.

SCÈNE XI

[Une rue].

Entrent MAITRE CROSBY et MAITRE NEWTON, deux marchands.

MAITRE NEWTON.

— Je vois, maître Crosby, que vous avez souci — de tenir votre parole, par l'exactitude de vos paiements.

MAITRE CROSBY.

— Oui, vraiment. Mais j'ai moi-même une bonne créance. — Trois mille livres! ce serait une perte considérable. — Mais je ne doute pas de maître Banister.

MAITRE NEWTON.

— En vérité, votre débours est plus fort que le mien; — et pourtant la différence n'est pas grande, — si je calcule ce que j'ai payé aujourd'hui en cour.

MAITRE CROSBY.

— Ah! à propos, j'ai une question à vous faire. — Pourquoi donc les gens de lord Cromwell — portent-ils à leurs habits ces longues basques — qui leur descendent jusqu'au mollet?

SCÈNE XII.

MAITRE NEWTON.

— Je vais vous le dire, monsieur; voici l'explication. — Vous savez que l'évêque de Winchester n'aime pas lord Cromwell. — On est jaloux des grands comme des petits. — Il y a quelque temps, après une altercation entre ces deux seigneurs, — l'évêque Gardiner — s'écria qu'il s'assoierait un jour sur le manteau de lord Cromwell. — Ce mot fut redit à milord qui immédiatement fit mettre à tous ses gens ces longs habits bleus, — et se présenta à la cour, en ayant un lui-même. — Ayant ainsi rencontré l'évêque : *Milord*, lui dit-il, *ce vêtement-ci est assez long pour que vous vous asseyiez dessus.* — Ce qui vexa l'évêque au fond du cœur. — Voilà pourquoi les gens de lord Cromwell ont des habits si longs.

MAITRE CROSBY.

J'ai toujours vu, tenez ceci pour règle, — qu'un grand porte toujours envie à un autre. — Mais c'est une chose qui ne me touche guère. — Eh bien, allons-nous chez Banister?

MAITRE NEWTON.

— Oui, allons! nous lui paierons royalement notre dîner.

Ils sortent.

SCÈNE XII

[Londres. Une salle d'attente dans l'hôtel de lord Cromwell].

Entrent HODGE dans un costume d'huissier et le MAITRE D'HOTEL. Des laquais portant des plats traversent la scène.

HODGE, *aux gens qui attendent dans la salle.*

Découvrez-vous, messieurs!

Entrent CROMWELL, BEDFORD, SUFFOLK, le VIEUX CROMWELL,
FRISKIBAL, SEELY, JEANNE SEELY. Suite.

CROMWELL.

— Mes nobles lords Suffolk et Bedford, vos seigneuries sont les bienvenues au logis du pauvre Cromwell. — Où est mon père? Comment! père, couvrez-vous donc. — Quoi qu'exige le respect dû à ces nobles seigneurs, — je prends avec eux cette liberté. — Votre front porte le calendrier de l'expérience, — et Cromwell peut-il rester couvert quand son père est tête nue? — Cela ne doit pas être.

A Friskibal.

Maintenant, monsieur, je suis à vous. — Ne vous appelez-vous pas Friskibal? n'êtes-vous pas Florentin?

FRISKIBAL.

— Mon nom était Friskibal, jusqu'au jour où la destinée cruelle — m'a volé mon nom et ma fortune.

CROMWELL.

— Quel hasard vous a amené aujourd'hui dans nos contrées?

FRISKIBAL.

— Je ne pouvais trouver de secours ailleurs — que dans ce pays, où j'espérais être payé — par mes débiteurs et pourvoir ainsi à mes besoins.

CROMWELL.

— N'êtes-vous pas un jour, sur le pont de Florence, — venu en aide à un homme en détresse que les bandits avaient volé? — Son nom était Cromwell.

FRISKIBAL.

Je n'ai jamais fait de ma cervelle — le registre du bien que j'ai pu faire. — J'ai toujours aimé votre nation de tout mon cœur.

CROMWELL.

— Je suis ce Cromwell que vous avez secouru. — Vous me donnâtes seize ducats pour me vêtir, — seize ducats pour payer mes frais de voyage — et seize autres pour la location de mon cheval. — Voici ces diverses sommes remboursées strictement. — Mais il y aurait injustice, après le service que vous m'avez rendu dans le besoin, — à vous les restituer sans intérêt. — Recevez donc de moi ces quatre bourses; — dans chacune d'elles il y a quatre cents marcs. — En outre, apportez-moi les noms de tous vos débiteurs, — et, s'ils ne vous payent pas, je vous ferai payer. — Oh! le ciel me préserve de laisser succomber un homme — qui m'a secouru à la dernière extrémité!

Montrant le vieux Cromwell.

— Voici mon père, celui qui m'a donné la vie. — Mon Dieu! pourrais-je avoir pour lui trop de respect?

Montrant Friskibal.

— Celui-ci m'a sauvé la vie quand j'étais dans la misère. — Donc je ne puis trop faire pour lui.

Montrant Seely.

— Quant à ce vieillard, il m'a nourri maintes fois, — et sans lui je me serais bien souvent couché sans souper. — J'ai reçu de ces trois hommes de tels bienfaits — que lord Cromwell lui-même ne pourra jamais les leur rendre. — Maintenant, à table! Nous tardons trop longtemps, — et rien n'est plus funeste aux bons appétits.

Tous sortent.

SCÈNE XIII

[Il fait nuit. Le laboratoire de lord Gardiner.]

Entrent GARDINER et UN VALET.

GARDINER.

— Maraud, où sont les hommes que j'ai fait demander?

LE VALET.

— Ils attendent dans l'antichambre votre bon plaisir, seigneur.

GARDINER.

— Fais-les entrer et tiens-toi dehors.

Sort le valet.

— Les hommes doivent traquer jusqu'à son dernier repaire — ce renard du pays — qui fait un oison de qui vaut mieux que lui; — sinon, Gardiner aura échoué dans son projet. — Pour les ducs de Suffolk et de Norfolk — que j'ai fait prier de venir me parler, — quelle que soit leur dissimulation extérieure, — je sais qu'au fond du cœur ils ne l'aiment pas. — Quant au comte de Bedford, il est tout seul, — et il n'osera pas contredire ce que nous affirmerons.

Entrent LES DEUX TÉMOINS.

GARDINER, aux témoins.

— Maintenant, mes amis, vous savez que j'ai sauvé vos vies, — alors que de par la loi vous aviez mérité la mort, — et qu'en échange vous m'avez promis, sous la foi du serment, — de risquer tous deux vos jours pour me servir.

LES DEUX TÉMOINS.

— Nous n'avons juré rien de plus que ce que nous exécuterons.

GARDINER.

— Je prends acte de votre parole. Ce que vous avez à faire — est pour le service de votre Dieu et de votre roi. — Il s'agit d'extirper un rebelle de cette terre florissante, — un homme qui est l'ennemi de l'Eglise. — Dans ce but, il faut que vous juriez solennellement que vous avez entendu Cromwell, le lord chancelier, — souhaiter un coup de poignard au cœur du roi Henry. — Ne craignez pas de le jurer, car je le lui ai entendu dire. — Et puis, nous vous couvrirons du danger qui pourrait s'ensuivre.

DEUXIÈME TÉMOIN.

— Si vous nous garantissez que c'est une bonne action, — nous nous en chargeons.

GARDINER.

— A genoux donc, que je vous donne à tous deux l'absolution. — Je mets ce crucifix sur vos têtes, — et j'asperge vos fronts d'eau bénite. — L'action que vous faites est méritoire, — et par elle vous achèterez la grâce du ciel.

PREMIER TÉMOIN.

— Maintenant, seigneur, nous ferons la chose pour le salut de notre âme.

DEUXIÈME TÉMOIN.

— D'ailleurs, ce Cromwell n'a jamais aimé les gens de notre sorte.

GARDINER.

— Je sais que non. Mais, moi, je vous procurerai à tous deux — quelque emploi important. — Maintenant sortez jusqu'à ce que je vous rappelle. — Car les ducs vont être ici tout à l'heure.

Sortent les témoins.

GARDINER, seul.

— Tiens-toi ferme, Cromwell! Ton règne ne durera pas longtemps. — Les abbayes, qui ont été abattues à ton instigation. — vont me servir à t'abattre. — Ton orgueil va retomber sur ta propre tête, — car c'est toi qui as changé la religion. — Mais plus un mot ; voici les ducs.

Entrent LE DUC DE SUFFOLK, LE DUC DE NORFOLK et LE COMTE DE BEDFORD.

SUFFOLK.

— Bonsoir, milord évêque.

NORFOLK.

— Comment va milord? Eh quoi! vous êtes tout seul!

GARDINER.

— Non, pas tout seul, milords. J'ai la tête troublée. — Vos seigneuries se demandent, je le vois, pourquoi je les ai mandées — ainsi en toute hâte. Venez-vous d'auprès du roi?

NORFOLK.

— Oui. Nous l'avons laissé seul avec Cromwell.

GARDINER.

— Ah! dans quel temps périlleux nous vivons! — D'abord Thomas Wolsey! il a déjà disparu. — Puis Thomas Morus! celui-là a suivi l'autre. — Maintenant reste un autre Thomas, — bien pire que les deux autres réunis, milords! — Et si nous ne nous hâtons pas d'attaquer celui-ci, — je crains qu'il n'arrive malheur au roi et au pays tout entier.

BEDFORD.

— Un autre Thomas! Dieu veuille que ce ne soit pas Cromwell!

GARDINER.

— Milord de Bedford, il s'agit du traître Cromwell.

BEDFORD.

— Cromwell félon! Mon cœur ne le croira jamais.

SUFFOLK.

— Milord de Winchester, quelle présomption, — quelle preuve avez-vous de sa trahison?

GARDINER.

— Elle n'est que trop évidente.

Au valet resté à la porte, en dehors.

Faites entrer les hommes.

Entrent LES TÉMOINS.

GARDINER, désignant les témoins.

— Ces hommes, milords, affirment sous serment — avoir entendu lord Cromwell dans son jardin — souhaiter qu'un

SCÈNE XIII.

poignard fût enfoncé dans le cœur — de notre roi Henry. Or, qu'est ceci, sinon un acte de trahison?

BEDFORD.

— Si cela est, mon cœur saigne de douleur.

SUFFOLK, aux témoins.

— Que dites-vous, mes amis? Eh bien, avez-vous entendu ces paroles?

PREMIER TÉMOIN.

— Oui, n'en déplaise à votre grâce.

NORFOLK.

— Où était lord Cromwell, quand il les a dites?

DEUXIÈME TÉMOIN.

— Dans son jardin, où nous attendions la réponse — à une supplique présentée par nous depuis plus de deux ans.

SUFFOLK.

— Combien y a-t-il de temps que vous l'avez entendu parler ainsi?

DEUXIÈME TÉMOIN.

Il y a... quelque six mois.

BEDFORD.

— Comment se fait-il que vous ayez gardé le silence tout ce temps-là?

PREMIER TÉMOIN.

— Sa grandeur nous intimidait : voilà la raison.

GARDINER.

— Oui, oui, sa grandeur, voilà, en effet, la raison; — et, ce qui rend sa trahison plus manifeste, — c'est qu'ayant fait venir ses serviteurs autour de lui, — il leur a parlé de la vie et de la chute de Wolsey; — il leur a dit qu'il avait, lui, aussi, bien des ennemis, — et il a donné aux uns un parc ou un manoir, — aux autres une ferme, une terre à d'autres encore. — Or, quel besoin avait-il de faire cela dans la force de l'âge, — s'il ne redoutait pas une mort imminente ?

SUFFOLK.

— Milord, voilà des présomptions bien grandes.

BEDFORD.

— Pardonnez-moi, seigneurs. Il faut que je sorte.

A part.

— Ces présomptions sont grandes, mais mon cœur est plus grand.

Sort Bedford.

NORFOLK, aux témoins.

— Mes amis, réfléchissez bien à ce que vous avez dit ; — votre âme doit répondre de ce que rapporte votre bouche : — donc réfléchissez. Pesez bien vos paroles.

DEUXIÈME TÉMOIN.

— Milords, nous n'avons dit que la vérité.

NORFOLK.

— Faites sortir ces témoins, milord de Winchester. — Qu'ils soient tenus sous bonne garde, jusqu'au jour du procès !

GARDINER.

— Oui, milord... Holà ! emmenez ces deux hommes.

On emmène les témoins.

GARDINER.

— Milords, si Cromwell est jugé publiquement, — tout ce que nous aurons fait sera annulé par sa dénégation ; — vous savez que le roi ne croira que lui.

NORFOLK.

— C'est vrai. Il gouverne le roi comme il lui plaît.

SUFFOLK.

— Comment alors ferons-nous pour l'appréhender ?

GARDINER.

Eh ! milords, — en vertu de l'acte qu'il a fait lui-même — dans l'intention de prendre au piége quelques-uns d'entre nous. — D'après cet acte, tout conseiller — convaincu de haute trahison — doit être exécuté sans jugement public. — C'est là, milords, ce qu'il a fait promulguer par le roi.

SUFFOLK.

— Oui, vraiment, je m'en souviens. — Et maintenant la loi va retomber sur son auteur.

NORFOLK.

— Ne laissons pas traîner ceci : c'est pour le bien de l'Angleterre. — Prenons nos précautions, si nous ne voulons pas qu'il nous devance.

GARDINER.

— Votre grâce a raison, milord de Norfolk. — Partons donc immédiatement pour Lambeth, — où Cromwell doit se rendre cette nuit en quittant la cour. — Là, arrêtons-le, envoyons-le à la Tour, — et demain matin faisons tomber la tête du traître.

NORFOLK.

— Dépêchons-nous ; couvrons la ville de nos gardes ; — voici le jour où Cromwell doit tomber.

GARDINER.

—Marchons, milords! C'est bien. Voilà Cromwell à moitié mort ; — il m'a écrasé le cœur, mais je vais lui raser la tête.

Ils sortent.

SCÈNE XIV

[Une place publique devant l'hôtel du lord chancelier.]

Entre BEDFORD.

BEDFORD.

— Mon âme est comme une onde troublée, — et Gardiner est l'homme qui la fait ainsi. — O Cromwell! j'ai peur que ta fin ne soit imminente. — Pourtant je déjouerai leur

complot, si je puis. — J'arrive à temps. Le voici qui vient.
— Il ne sait guère combien est proche le jour de sa condamnation.

Entre CROMWELL *avec sa suite. Bedford fait mine de vouloir lui parler. Cromwell continue sa route.*

CROMWELL.

— Je suis aise de vous rencontrer, mon cher lord de Bedford. — Mais, pardonnez-moi, de grâce ; le roi m'envoie chercher, — et je ne sais pas encore moi-même pour quelle affaire. — Au revoir donc. Il faut absolument que je parte.

Il sort avec sa suite.

BEDFORD.

— Il le faut ! Soit. Quel remède alors ? O Cromwell, j'ai peur que tu ne sois encore parti trop tôt. — Le roi a une affaire ! Mais tu ne sais pas — que, dans cette affaire, il s'agit de ta vie. Tu ne t'en doutes guère.

Cromwell repasse avec sa suite.

CROMWELL.

— Cette seconde rencontre me charme, milord. — Mais je suis bien fâché d'être si pressé : — le marquis de Dorset se meurt, — et je dois recevoir de lui le sceau privé. — A bientôt, milord ! nous causerons tout à notre aise à Lambeth.

Cromwell sort de nouveau.

BEDFORD.

— Qu'il est uni et aisé, le chemin de la mort !

Entre UN MESSAGER.

LE MESSAGER, à Bedford.

— Milord, les ducs de Norfolk et de Suffolk, — accompagnés de l'évêque de Winchester, — vous adjurent de vous rendre immédiatement à Lambeth, — pour affaires graves concernant l'État.

BEDFORD.

— A Lambeth? c'est bien. Qu'on me donne une plume et de l'encre... — Je pourrais bien là dire à Cromwell tout ce que j'ai à lui dire, — mais je craindrais, s'il y venait, que ce ne fût notre dernier entretien...

Il écrit une lettre.

Au messager.

— Tiens, prends cette lettre et remets-la à lord Cromwell. — Prie-le de la lire, dis-lui qu'elle l'intéresse profondément. — Va, pars, mets toute la promptitude possible. — Moi, je vais à Lambeth, — homme désespéré!

Il sort.

CROMWELL rentre avec sa suite.

CROMWELL.

— La barque est-elle prête? Je vais droit à Lambeth; — et, si cette affaire est terminée aujourd'hui, — je me reposerai demain de toutes mes fatigues.

Au messager qui l'aborde.

— Eh bien, l'ami, as-tu quelque chose à me dire?

LE MESSAGER, lui remettant un pli.

— Seigneur, voici une lettre de milord Bedford.

CROMWELL, mettant la lettre dans sa poche.

— Ah! excuse-moi auprès de ton maître, mon ami. — Tiens! prends ces angelots et bois-les pour ta peine.

Il jette sa bourse au messager.

LE MESSAGER.

— Le comte prie votre grâce de lire cette lettre, — qui, dit-il, vous intéresse vivement.

CROMWELL.

— Promets-lui de ma part que je la lirai. Adieu. — Dis-lui que demain il aura de mes nouvelles. — En avant, vous autres, à Lambeth!

Ils sortent.

SCÈNE XV

[Lambeth. Le bord de la Tamise.]

Entrent Suffolk, Norfolk, Winchester, Bedford, un sergent d'armes, un héraut, *des hallebardiers.*

GARDINER.

— Hallebardiers, rangez-vous près du bord de l'eau! — Sergent d'armes, soyez hardi dans votre office! — Héraut d'armes, donnez lecture de la proclamation.

LE HÉRAUT.

« Ceci est pour donner avis à tous les sujets du roi de
» tenir et estimer pour traître envers la couronne et la ma-
» jesté de l'Angleterre l'ex-lord chancelier Cromwell, vi-
» caire général du royaume. Dieu sauve le roi! »

GARDINER.

Amen!

BEDFORD.

Amen!

A part, en regardant Gardiner.

— Et que Dieu aussi t'extirpe de la terre; — car, tant que tu vivras, la vérité ne peut y fleurir.

NORFOLK, *aux hallebardiers.*

— Faites la haie ici, le traître approche. — Maintenez en respect les gens de Cromvell. — Noyez-les, s'ils avancent. Sergent, à votre poste!

Entre Cromwell. *Les hallebardiers font la haie.*

CROMWELL.

— Que veut dire milord de Norfolk par ces paroles?

A ses gens.

Messieurs, avancez.

SCÈNE XV.

GARDINER, aux hallebardiers.

Tuez-les, s'ils avancent.

LE SERGENT.

— Lord Cromwell, au nom du roi Henry, — j'arrête votre seigneurie comme coupable de haute trahison.

Les gens de Cromwell font mine de dégaîner.

CROMWELL.

— Moi, sergent, coupable de haute trahison!

SUFFOLK.

Tuez-les, s'ils dégaînent.

CROMWELL, à ses gens.

— Arrêtez! Au nom de votre amour pour moi, je vous enjoins de ne pas tirer l'épée. — Et qui donc ose accuser Cromwell de trahison, maintenant?

GARDINER.

— Ce n'est pas ici le lieu de compter vos crimes. — Dans vos yeux de colombe on a vu le regard du serpent.

CROMWELL.

— Oui, c'est en te mirant dans mes yeux que tu as vu le regard du serpent. — Va, Gardiner, acharne-toi; je ne te crains pas. — Ma loyauté, comparée à la tienne, la surpassera — comme le diamant éclipse le verre. — Moi, prévenu de trahison! Mais je n'ai pas d'accusateur! — Quelle bouche vraiment ose proférer un si hideux mensonge?

NORFOLK.

— Milord, milord, la chose n'est que trop connue, — et il était temps que le roi en fût informé.

CROMWELL.

— Le roi! qu'on me le laisse voir face à face! — Je ne demande pas un tribunal meilleur. — S'il déclare que la fidélité de Cromwell était feinte, — qu'alors mon honneur et mon nom soient flétris! — Si jamais ma pensée s'est élevée contre le roi, — que mon âme en soit responsable au jugement suprême! — Mais si ma loyauté est confirmée par son verdict, — envers qui donc Cromwell est-il coupable de haute trahison?

SUFFOLK.

— Votre affaire sera jugée, milord. — En attendant, résignez-vous à la patience.

CROMWELL.

Il le faut bien. Je m'y résigne forcément.

A Bedford qui essuie une larme.

— O cher Bedford, tu étais donc près de moi? — Cromwell se réjouit d'avoir du moins un ami qui pleure. — Où vais-je? quelle route Cromwell doit-il suivre à présent?

GARDINER.

— La route de la Tour, milord. — Lieutenant, chargez-vous de lui.

CROMWELL.

— Soit! où il vous plaira!... Pourtant, avant que je parte, — laissez-moi conférer un peu avec mes gens.

GARDINER.

— Vous en aurez le temps quand vous serez sur l'eau.

CROMWELL.

— J'ai une affaire urgente à leur communiquer.

NORFOLK.

— Vous ne pouvez demeurer. Lieutenant, exécutez vos ordres.

CROMWELL.

— Bien, bien, milord, vous êtes la seconde édition de Gardiner! — Norfolk, adieu! c'est ton tour maintenant.

Sort Cromwell accompagné du lieutenant et des hallebardiers.

GARDINER.

— Sa conscience coupable le fait délirer, milord.

NORFOLK.

— Ah! laissons-le bavarder! Il n'a pas trop de temps.

GARDINER.

— Milord de Bedford, allons! vous pleurez pour un homme — qui ne verserait pas une larme pour vous.

BEDFORD.

— Je suis affligé de voir sa chute soudaine.

GARDINER.

— Voilà le succès que je souhaite à tous les traîtres.

Ils sortent.

SCÈNE XVI

[Une rue. Londres.]

Entrent DEUX CITOYENS.

PREMIER CITOYEN.

— Comment! cette nouvelle peut-elle être vraie? est-ce possible? — Le grand lord Cromwell arrêté pour haute trahison! — J'ai peine à le croire.

DEUXIÈME CITOYEN.

— Ce n'est que trop vrai, monsieur. Plût au ciel qu'il en fût autrement, — dût-il m'en coûter la moitié de mon bien! — J'étais à Lambeth, je l'ai vu arrêter là, — puis il a été emmené à la Tour.

PREMIER CITOYEN.

— Et c'est pour haute trahison qu'il est arrêté!

DEUXIÈME CITOYEN.

— Bon et noble gentilhomme! je puis bien déplorer cet événement. — Tout ce que je possède, je le tiens de lui, — et, s'il meurt, c'en est fait de toute ma fortune.

PREMIER CITOYEN.

— On peut espérer qu'il ne mourra pas : — le roi avait pour lui tant de faveur!

DEUXIÈME CITOYEN.

Erreur, monsieur ! — C'est justement la faveur et le crédit dont il jouissait près du roi — qui lui ont fait tant d'ennemis. — Celui qui veut vivre sûrement à la cour — ne doit pas être grand, sous peine d'être envié. — L'arbrisseau est à l'abri quand le cèdre tremble. — Ceux que le roi préfère à tous les autres — n'en excitent que plus de jalousie.

PREMIER CITOYEN.

— Quel malheur que ce noble seigneur tombe ! — il a fait tant d'actions charitables !

DEUXIÈME CITOYEN.

— C'est vrai. Et pourtant, vous voyez cela dans toutes les conditions, — il n'est pas un homme parfait qui n'excite quelque haine ; — et ceux qui tout à l'heure lui souriaient en face — sont les premiers à lui faire tort. — Voyons, allez-vous à la cour ?

PREMIER CITOYEN.

— J'irai n'importe où pour apprendre les nouvelles — et savoir comment les hommes apprécieront ce qui arrive à Cromwell.

DEUXIÈME CITOYEN.

— Les uns parleront de lui durement, les autres avec pitié. — Allez à la cour ; moi, j'irai dans la cité. — Je suis sûr là d'en apprendre plus long que vous.

PREMIER CITOYEN.

— Eh bien, c'est dit. Nous nous retrouverons tout à l'heure.

Ils sortent.

SCÈNE XVII

[La tour de Londres. Un cachot.]

Entre CROMWELL.

CROMWELL.

— Maintenant, Cromwell, tu as le temps de méditer, — et de réfléchir sur ta situation et sur la vie. — Les honneurs, que tu ne cherchais pas, te sont venus à l'improviste : — ils se dérobent aussi vite, à l'improviste aussi. — Quelle gloire en Angleterre n'avais-tu pas? — Qui sur cette terre pouvait plus que Cromwell? — Hormis le roi, qui était plus grand que moi? — Je vois maintenant ce que verront encore les âges futurs : — plus les hommes s'élèvent, plus soudaine est leur chute... — Mais, j'y pense maintenant, le comte de Bedford — désirait vivement me parler... — il m'a fait remettre une lettre... — Je dois l'avoir dans ma poche! — Si je la lisais, à présent! j'en ai le loisir. — Ah! la voici.

Il lit la lettre.

Milord, ne venez pas ce soir à Lambeth. — Si vous y venez, c'en est fait de votre fortune, — et j'ai de grandes craintes pour votre vie. — Donc, si vous vous aimez vous-même, restez où vous êtes.

— O Dieu! si j'avais lu cette lettre, — je me serais dépêtré des griffes du lion. — En en remettant la lecture au lendemain, — j'ai repoussé le salut et embrassé mon malheur.

Entre LE LIEUTENANT de la tour de Londres, suivi de gardes.

CROMWELL.

— Ah! monsieur le lieutenant! à quand le jour de ma mort?

LE LIEUTENANT.

— Hélas! milord, puissé-je ne jamais le voir! — Les ducs de Norfolk et de Suffolk, — l'évêque de Winchester, lord Bedford, sir Ralph Sadler, — d'autres encore, sont ici. Pourquoi sont-ils venus? je l'ignore.

CROMWELL.

— Peu importe pourquoi! Cromwell est préparé. — Dépêchez-vous de les introduire; sinon, vous leur feriez injure. — Il y a quelqu'un ici qui vit trop longtemps pour eux.

Le lieutenant sort.

— Gardiner a pris au piége ma vie et ma puissance... — Le savant tue le savant, et, pour mouiller sa plume, — il lui fait boire, au lieu d'encre, le sang de Cromwell.

Entrent GARDINER, NORFOLK, SUFFOLK, BEDFORD, SADLER *et autres seigneurs.*

NORFOLK.

— Bonjour, Cromwell! quoi! dans ce triste isolement!

CROMWELL.

— La société est bonne pour vous autres, heureux! — Pour ma part, la solitude est ce qui me convient le mieux : — je reste en tête à tête avec le malheur. — Eh bien, le roi a-t-il entendu ma cause?

NORFOLK.

— Nous l'en avons informé : il nous a donné sa réponse, milord.

CROMWELL.

— Eh bien, pourrai-je aller lui parler moi-même?

GARDINER.

— Le roi est tellement convaincu de votre culpabilité — qu'il ne veut à aucun prix vous admettre en sa présence.

CROMWELL.

— A aucun prix m'admettre! m'a-t-il si vite méconnu? — Lui qui hier encore me sautait au cou, — et disait que Cromwell était la moitié de lui-même! — Son oreille princière est-elle ensorcelée — par le mensonge scandaleux et par la voix de la calomnie, — au point qu'il refuse de me voir? — C'est bien. Milord de Winchester, nul doute que vous — ne soyez en grande faveur auprès de Sa Majesté. — Voulez-vous lui porter une lettre de moi?

GARDINER.

— Excusez-moi, je ne porte pas les lettres d'un traître.

CROMWELL.

— Ah! voulez-vous me rendre le service alors — de lui répéter de vive voix ce que je vais vous dire?

GARDINER.

Oui.

CROMWELL.

— Le jurez-vous sur votre honneur?

GARDINER.

Oui, sur mon honneur.

CROMWELL.

Soyez témoins, messeigneurs. — Dites donc au roi que, quand il vous aura connu, — quand il aura fait subir à votre dévouement la moitié seulement des épreuves qu'il a fait subir au mien, — il trouvera en vous l'homme le plus fourbe — de toute l'Angleterre. Veuillez lui dire cela.

BEDFORD, à Cromwell.

— Soyez patient, mon bon lord, en cette extrémité.

CROMWELL.

— Mon cher et noble lord de Bedford, — votre seigneurie, je le sais, a toujours eu de l'amitié pour moi; — elle me pardonnera; mais je soutiendrai toujours — que c'est Gardiner qui a réduit Cromwell à cette extrémité. — Sir Ralph Sadler, un mot. — Vous étiez de ma maison. Tout ce que vous possédez, — vous l'avez eu par moi. En échange de tout ce que j'ai fait pour vous, — rendez-moi le service de prendre la lettre que voici, — et de la remettre au roi de votre propre main.

SADLER.

— Je baise votre main, et je n'aurai pas de repos — que cette lettre ne soit remise au roi.

Sort Sadler.

CROMWELL.

— Cromwell a donc encore un ami qui lui reste !

GARDINER.

— Toute la promptitude qu'il y met est inutile.

Au lieutenant de la Tour.

— Voici l'ordre de faire immédiatement exécuter votre prisonnier.

A Cromwell.

— Milord, vous entendez la sentence qui vous condamne.

CROMWELL.

— J'embrasse cette sentence ! Bienvenue, ma dernière heure ! — Je prends congé de ce monde éclatant ; — je prends congé de vous, nobles lords, — et je vais au devant de ma mort aussi volontiers — que Gardiner en a prononcé l'arrêt. — Mon cœur, pur de toute trahison, — est blanc comme la neige, — et c'est mon ennemi seul qui a causé ma mort. — De grâce, recommandez-moi au roi, mon souverain, — et dites-lui comment est mort son Cromwell, comment sa tête est tombée sans que sa cause ait été entendue. — Que sa grâce, quand elle entendra mon nom, — daigne seulement se rappeler que c'est Gardiner qui m'a tué.

Entre LE JEUNE CROMWELL.

LE LIEUTENANT, à Cromwell.

— Voici votre fils qui vient vous dire adieu.

CROMWELL.

— Me dire adieu! Approche, Harry Cromwell. — Souviens-toi, enfant, des dernières paroles que je t'adresse. — Ne flatte pas la fortune; ne te prosterne pas devant elle; — n'aspire pas au pouvoir; mais ne perds pas une étincelle d'honneur. — Évite l'ambition comme la peste. — Je meurs de la mort du traître, enfant, et ne l'ai jamais été. — Que ta loyauté soit immaculée comme la mienne, — et les vertus de Cromwell brilleront sur ton visage. — Allons! viens me voir rendre le dernier soupir. — Je ne veux te quitter qu'au seuil de la mort.

HARRY CROMWELL.

— O père, je mourrai de voir ce coup fatal, et votre sang, en jaillissant, fera éclater mon cœur.

CROMWELL.

— Comment! enfant, tu n'oses pas regarder la hache? — Comment ferai-je donc, moi, pour lui offrir ma tête? — Allons, mon fils! viens voir la fin de tout, et tu diras après que Gardiner a causé ma chute.

GARDINER.

— C'est la rancune qui vous fait parler ainsi, milord; — je n'ai rien fait qu'obéir à la loi et à la justice.

BEDFORD, à Gardiner.

— Oh! mon cher lord de Winchester, taisez-vous! — Vous auriez eu meilleure grâce à ne pas paraître ici — qu'à troubler de vos paroles un mourant.

CROMWELL.

— Qui? moi, milord? non, il ne me trouble pas. — Il n'ébranle pas mon âme, bien que son choc puissant — ait déjà fait tomber sur l'échafaud plus d'une noble tête. — Adieu, mon enfant, prends tout ce que Cromwell peut te léguer, — la bénédiction de son cœur. Séparons-nous!

LE BOURREAU, à Cromwell.

— Je suis l'homme de votre mort. De grâce, pardonnez-moi, milord.

CROMWELL.

— De tout mon cœur, l'ami ! Tu es mon médecin, — et tu apportes à mon âme le plus précieux remède. — Milord de Bedford, j'ai une demande à vous faire : — avant de mourir, laissez-moi vous embrasser.

Bedford s'élance vers Cromwell, qui l'embrasse.

CROMWELL, continuant.

— Adieu, grand lord ; je vous offre mon amitié. — A vous mon cœur, au ciel mon âme ! — J'ai cette joie, avant de rendre mon corps au sépulcre, — d'avoir eu vos bras vénérés pour linceul. — Adieu, cher Bedford, ma paix est faite au ciel. — Ainsi tombe le grand Cromwell, long d'une misérable coudée, — pour remonter à une hauteur démesurée sur l'aile d'une vie nouvelle. — L'homme mourant ne distingue que le champ des vers ; — mais mon âme va s'enchâsser dans la voûte céleste.

Cromwell sort, précédé du bourreau, et entouré des officiers de la cour.

BEDFORD.

— Oui, adieu, Cromwell, le meilleur ami — que Bedford ait jamais trouvé. — Ah ! milords, j'en ai peur, quand cet homme sera mort, — vous souhaiterez vainement que Cromwell ait encore sa tête sur les épaules.

Entre un OFFICIER, *portant la tête de* CROMWELL.

L'OFFICIER.

— Voici la tête du défunt Cromwell.

BEDFORD.

— Par grâce, va-t-en ; reporte cette tête près de son corps, — et enterre-les ensemble dans l'argile.

Entre précipitamment SIR RALPH SADLER.

SIR RALPH.

— Eh quoi, milords, lord Cromwell n'est-il plus ?

SCÈNE XVII.

BEDFORD.

— Le corps de Cromwell n'a plus de tête.

SIR RALPH.

— O mon Dieu! un peu plus de rapidité lui eût sauvé la vie. — Voici un gracieux sursis que j'apporte de la part du roi, — avec ordre de le mener immédiatement à Sa Majesté.

SUFFOLK.

— Oui, oui, sir Ralph, le sursis arrive trop tard.

GARDINER.

— Ma conscience me dit maintenant que cette action est mauvaise. — Plût au Christ que Cromwell fût encore vivant!

NORFOLK.

— Allons trouver le roi. Je suis sûr — qu'il apprendra avec douleur que Cromwell est mort ainsi.

Tous sortent.

FIN DE CROMWELL.

LE
PRODIGUE
DE
LONDRES

Tel qu'il a été joué par les serviteurs
de Sa Majesté le Roi.

PAR WILLIAM SHAKESPEARE

Imprimé par T. C. pour Nathaniel Butler.

LONDRES

—

1605

PERSONNAGES :

LE PÈRE FLOWERDALE, marchand de Venise.
MATHIEU FLOWERDALE, son fils.
L'ONCLE FLOWERDALE, frère du marchand.
SIR LANCELOT SPURCOCK, de Lewsome (comté de Kent).
SIR ARTHUR GREENSHOOD, officier, amoureux de Luce.
MAITRE OLIVIER, riche drapier du Devonshire, autre amoureux de Luce.
GIROUETTE, ami de sir Lancelot.
MONSIEUR CIVETTE, amoureux de Francis.
ASPHODÈLE, } pages de sir Lancelot.
ARTICHAUD,
DICK, } deux fripons.
RALPH,
RUFFIAN, domestique de mistress Abricot.

UN SHÉRIFF ET DES GARDES.
UN BOURGEOIS ET SA FEMME.
GARÇONS DE TAVERNE, GENS DE SERVICE, ETC.

LUCE,
FRANCIS, } filles de sir Lancelot.
DELIA,

La scène est à Londres et dans les environs.

SCÈNE I

[Londres. Chez l'oncle Flowerdale.]

Entrent LE PÈRE FLOWERDALE et L'ONCLE FLOWERDALE.

LE PÈRE FLOWERDALE.

Frère, j'arrive de Venise, sous ce déguisement, pour connaître la vie de mon fils. Comment s'est-il comporté depuis mon départ, depuis que je l'ai confié à votre patronage et à vos soins?

L'ONCLE FLOWERDALE.

Ma foi, mon frère, c'est un récit douloureux pour vous, que je rougis presque de faire.

LE PÈRE FLOWERDALE.

Qu'est-ce à dire, frère? ses dépenses excèdent-elles la pension que je lui ai faite?

L'ONCLE FLOWERDALE.

Comment! si elles l'excèdent! De beaucoup. Votre subvention n'est rien pour lui; il l'a toute dépensée, et il a emprunté depuis lors. Il a eu recours aux protestations les plus solennelles, il a invoqué les liens de la famille pour m'extorquer de l'argent. Il m'a adjuré, de par l'affection que je portais à son père, de par la fortune qui doit lui échoir un jour, de subvenir à ses besoins. Sur ces instances, j'ai accepté sa signature et la signature de ses amis.

Je sais que c'est votre bien qu'il dépense, et je suis désolé de voir l'extravagance effrénée qui s'est emparée de lui.

LE PÈRE FLOWERDALE.

Frère, quelle est sa manière de vivre? Quelle est la nature de ses fautes? Si elles ne sentent pas tout-à-fait la damnation, sa jeunesse peut encore excuser son inconduite. J'ai moi-même mené une existence désordonnée jusqu'à trente ans, voire jusqu'à quarante. Eh bien, vous voyez ce que je suis... En effet, dès qu'une fois les vices ont été considérés avec les yeux de la sagesse et dûment pesés dans la balance de la raison, le passé des coupables leur semble si abominable que leur cœur, ce maître de leur personne, s'enterre pour faire place à un être nouveau. Ainsi régénérés, combien ceux qui, dans leur jeunesse, ont pratiqué tous les vices et les ont dépouillés, sont supérieurs à ceux qui, ayant peu connu le mal dans leur jeunesse, s'y précipitent dans leur âge mur! — Croyez-moi, frère, ceux qui meurent les plus vertueux ont été souvent les plus vicieux dans leurs jeunes années, et nul ne connaît mieux le danger du feu que celui qui y est tombé... Mais, dites-moi, quel est son genre de vie? Écoutons les détails.

L'ONCLE FLOWERDALE.

Eh bien, je vais vous le dire, frère; il ne fait que jurer et que violer ses serments, ce qui est fort mal.

LE PÈRE FLOWERDALE.

Je conviens, en effet, qu'il est fort mal de jurer, mais il y a moins de mal à ne pas tenir des serments ainsi faits; car qui voudrait s'obstiner à une mauvaise chose? Sur ma parole, je considère ceci plutôt comme une vertu que comme un vice. Allons, poursuivez, je vous prie.

L'ONCLE FLOWERDALE.

C'est un tapageur fieffé, et il s'attire souvent de mauvais coups.

LE PÈRE FLOWERDALE.

Sur ma parole, ce n'est pas là non plus un grand malheur ; car, s'il fait du tapage et s'il est battu pour ça, il ne peut que s'amender. Quoi de plus efficace qu'une correction pour ramener à la vertu un homme ou un enfant?... Quel autre défaut le domine?

L'ONCLE FLOWERDALE.

C'est un grand buveur, et qui va même jusqu'à s'oublier lui-même.

LE PÈRE FLOWERDALE.

A merveille! le vice est bon à oublier. Qu'il boive toujours, pourvu qu'il n'avale pas les églises... Si tel est son pire défaut, je suis plutôt tenté de m'en réjouir. A-t-il d'autres travers?

L'ONCLE FLOWERDALE.

Frère, c'est un garçon qui emprunte de tous côtés.

LE PÈRE FLOWERDALE.

Eh! vous le voyez, la mer fait de même; elle emprunte aux plus petits cours d'eau du monde pour s'enrichir.

L'ONCLE FLOWERDALE.

Oui, mais la mer rend ce qu'elle emprunte, et c'est ce que ne fait jamais votre fils.

LE PÈRE FLOWERDALE.

La mer ne rendrait rien non plus, si elle était à sec comme mon fils.

L'ONCLE FLOWERDALE.

Ainsi, mon frère, je vois que vous approuveriez ces vices de votre fils, plutôt que de les condamner.

LE PÈRE FLOWERDALE.

Non, ne vous méprenez pas sur ma pensée, mon frère. Si je pallie pour le moment, comme des choses sans importance, des vices qui ne sont encore qu'en germe, je n'en serais pas moins navré de les voir à jamais dominer mon fils.

On frappe.

Eh! qui vient là?

L'ONCLE FLOWERDALE.

C'est votre fils; il vient encore m'emprunter de l'argent.

LE PÈRE FLOWERDALE.

Au nom du ciel, prétendez que je suis mort. Voyons comme il prendra la chose. Dites que je vous ai apporté cette nouvelle. J'ai ici un testament en due forme, qui sera censé être la dernière volonté de son père, et que je lui remettrai.

L'ONCLE FLOWERDALE.

Allez, mon frère, il suffit. Je ferai ce que vous demandez.

MATHIEU, appelant derrière la scène.

Mon oncle! où êtes-vous, mon oncle?

L'ONCLE FLOWERDALE.

Faites entrer mon neveu.

LE PÈRE FLOWERDALE.

Je suis un matelot, j'arrive de Venise, et mon nom est Christophe.

Entre MATHIEU FLOWERDALE.

MATHIEU.

Pardieu! mon oncle, en vérité...

L'ONCLE FLOWERDALE.

En vérité eût suffi, mon neveu, sans le *pardieu*.

MATHIEU.

Pardon, mon oncle, Dieu n'est-il pas le Dieu de vérité? Deux coquins à la grille se sont jetés sur moi pour me voler ma bourse.

L'ONCLE FLOWERDALE.

Vous n'arrivez jamais sans une querelle à la bouche.

MATHIEU.

Sur ma parole, mon oncle, il faut absolument que vous me prêtiez dix livres.

SCÈNE 1.   215

L'ONCLE FLOWERDALE, à un domestique.

Qu'on donne à mon neveu de la petite bière.

MATHIEU.

Ah! voilà que vous tournez la chose en plaisanterie. Par la lumière du jour, je devrais me rendre à cheval à la foire de Croydon, pour y rencontrer sir Lancelot Spurcock, et j'obtiendrais certainement sa fille Luce; mais, faute de dix misérables livres sterling, un homme perdra neuf cent quatre-vingts et quelques livres, et en outre une amie de tous les jours. Par cette main levée, mon oncle, c'est vrai.

L'ONCLE FLOWERDALE.

A vous entendre, tout ce que vous dites est vrai.

MATHIEU.

Voyez donc, mon oncle; vous aurez ma signature, et celles de Tom White, de James Brock et de Nick Hall, les meilleurs hommes de cape et d'épée de toute l'Angleterre. Je veux que nous soyons damnés si nous ne vous rendons pas votre argent. Le pire d'entre nous ne se damnerait pas pour dix livres, pour une niaiserie de dix livres!

L'ONCLE FLOWERDALE.

Neveu, ce n'est pas la première fois que je me suis fié à vous.

MATHIEU.

Eh bien, fiez-vous à moi cette fois encore; vous ne savez pas ce qui peut arriver. Si seulement j'étais sûr d'une chose, ça me serait égal, je n'aurais pas besoin de vos dix livres. Mais le malheur est qu'on ne peut pas se faire croire.

L'ONCLE FLOWERDALE.

Expliquez-vous, mon neveu.

MATHIEU.

Morbleu, mon oncle, voici. Pouvez-vous me dire si la *Catherine Hew* est de retour, ou non?

L'ONCLE FLOWERDALE.

Oui, elle est de retour.

MATHIEU.

Pardieu, je vous remercie de cette nouvelle. Est-elle dans le port? pouvez-vous me le dire?

L'ONCLE FLOWERDALE.

Oui, après?

MATHIEU.

Après? Eh bien, j'ai à bord de ce navire six pièces de velours qui m'ont été envoyées; je vous en donnerai une, mon oncle. Car, à ce que dit la lettre, il y a une pièce de couleur cendrée, une pièce à trois poils, noire, une gros bleu, une cramoisie, une vert sombre, et une violette... Oui, ma foi.

L'ONCLE FLOWERDALE.

Et de qui recevez-vous cela?

MATHIEU.

De qui? eh bien, de mon père; avec bien des compliments pour vous, mon oncle. Je sais, m'écrit-il, que tu as été un grand embarras pour ton excellent oncle; et, à mon retour, Dieu aidant, je reconnaîtrai amplement toutes ses bontés pour toi. *Amplement* est le mot textuel, je me le rappelle. Le ciel m'en est témoin!

L'ONCLE FLOWERDALE.

Avez-vous la lettre ici?

MATHIEU, fouillant dans ses poches.

Oui, j'ai la lettre ici; voici la lettre... Non, si, non... Voyons donc, quelle culotte ai-je mise samedi? Voyons... mardi, ma culotte de calmande; mercredi, ma culotte de satin couleur pêche; jeudi, ma culotte de velours; vendredi, ma culotte de calmande encore... Samedi?... voyons, samedi?... C'est dans la culotte que j'ai mise samedi qu'est la lettre. Oh! ma culotte de cheval, mon oncle! cette culotte que vous croyiez de velours, c'est dans cette culotte-là précisément qu'est la lettre.

SCÈNE I.

L'ONCLE FLOWERDALE.

De quel jour était-elle datée?

MATHIEU.

Eh bien, *Didissimo tertios septembris*... Non, non... *Tridissimo tertios octobris*... oui, *octobris*, c'est ça.

L'ONCLE FLOWERDALE.

Dicditimo tertios octobris. Et ici je reçois une lettre qui m'annonce que votre père est mort en juin. N'est-ce pas, Christophe?

LE PÈRE FLOWERDALE, à Mathieu.

Oui, en effet, monsieur, votre père est mort; j'ai aidé de mes mains à l'ensevelir.

MATHIEU.

Mort!

LE PÈRE FLOWERDALE.

Oui, monsieur, mort.

MATHIEU.

Tudieu! comment mon père en est-il venu à mourir?

LE PÈRE FLOWERDALE.

Ma foi, monsieur, conformément au vieux dicton : l'enfant naît et pleure, devient homme, puis tombe malade et meurt.

L'ONCLE FLOWERDALE.

Allons, mon neveu, ne prenez pas la chose si mélancoliquement.

MATHIEU.

Dame, je ne peux pas vous pleurer à l'improviste. Morbleu! d'ici à deux ou trois jours je pleurerai sans aucune retenue... Mais j'espère qu'il est mort en pleine possession de ses facultés.

LE PÈRE FLOWERDALE.

Effectivement, monsieur, et il a mis tout en ordre; je suis venu par la *Catherine Hew*, dont vous parliez; j'ai vu tout l'inventaire de la cargaison, et il n'y a pas à bord de pièces de velours comme celles dont vous parlez.

MATHIEU.

Tudieu! je vous assure qu'il y a des fripons par le monde.

LE PÈRE FLOWERDALE.

Quand même il serait vrai qu'il n'y a jamais eu une pièce de velours pour vous à Venise, je suis prêt à jurer qu'il y a des fripons par le monde.

MATHIEU.

J'espère que mon père est mort dans une bonne situation.

LE PÈRE FLOWERDALE.

Excellente, d'après le bruit public; il a fait un testament dont je suis l'indigne porteur.

MATHIEU.

Un testament! vous avez son testament?

LE PÈRE FLOWERDALE.

Oui, monsieur, et j'ai été chargé de vous le remettre en présence de votre oncle.

Il remet un papier à Mathieu.

L'ONCLE FLOWERDALE.

Maintenant que le ciel vous a gratifié d'une belle fortune, j'espère, mon neveu, que vous ne m'oublierez pas.

MATHIEU.

Je ferai le raisonnable, mon oncle; mais, ma foi, je prends fort mal le refus de ces dix livres.

L'ONCLE FLOWERDALE.

Mais je ne vous les ai pas refusées.

MATHIEU.

Pardieu! vous me les avez formellement refusées.

L'ONCLE FLOWERDALE.

J'en appelle à ce brave homme.

LE PÈRE FLOWERDALE.

Pas formellement, monsieur.

MATHIEU.

Eh! il m'a dit qu'il ne me les prêterait pas; si ce n'est pas là un refus formel, les mots n'ont plus de sens... Sur ce, mon oncle, passons aux clauses du testament.

Il lit.

« *Au nom de Dieu, amen!*

» *Item.* Je lègue à mon frère Flowerdale trois cents livres pour payer les menues dettes que j'ai laissées à Londres.

» *Item.* A mon fils, Mathieu Flowerdale, je lègue deux paquets de dés pipés, autant de cartes biseautées et autres jouets utiles. »

S'interrompant.

Tudieu! que veut-il dire par là?

L'ONCLE FLOWERDALE.

Poursuivez, mon neveu.

MATHIEU, reprenant sa lecture.

« Je lui lègue ces préceptes : qu'il emprunte sur son serment, car personne ne se fiera plus à sa parole. Qu'il n'épouse pas une femme honnête, car une femme d'une autre espèce aura du moins des moyens d'existence. Qu'il escroque autant qu'il pourra, afin que sa conscience coupable l'entraîne à un fatal repentir... »

Il veut dire, à la potence! Et voilà son testament! Sans doute, quand il l'a écrit, le diable se tenait, en ricanant, au pied de son lit. Tudieu! croit-il éconduire sa postérité avec des paradoxes?

LE PÈRE FLOWERDALE.

Il l'a écrit, monsieur, de ses propres mains.

MATHIEU.

Allons, voyons, mon bon oncle, donnez-moi ces dix livres; imaginez que vous les avez perdues, qu'on vous les a volées, qu'une erreur de compte vous les a enlevées; imaginez n'importe quoi pour vous faciliter la chose, mon bon oncle.

L'ONCLE FLOWERDALE.

Pas un penny.

LE PÈRE FLOWERDALE, à l'oncle.

Allons, prêtez-les-lui, monsieur. J'ai moi-même dans la cité un immeuble qui vaut vingt livres; je suis prêt à l'engager pour lui; il affirme qu'il y va pour lui d'un mariage.

MATHIEU.

Oui, morbleu! voilà un garçon raisonnable, celui-là. Allons, mon bon oncle!

L'ONCLE FLOWERDALE.

Voulez-vous répondre pour lui, Christophe?

LE PÈRE FLOWERDALE.

Oui, monsieur, volontiers.

L'ONCLE FLOWERDALE.

Eh bien, neveu, venez me voir dans une heure. L'argent sera prêt.

MATHIEU.

Sans faute?

L'ONCLE FLOWERDALE.

Sans faute; venez vous-même ou envoyez.

MATHIEU.

Ah! je viendrai moi-même.

LE PÈRE FLOWERDALE, à Mathieu.

Sur ma parole, je voudrais être le serviteur de Votre Révérence.

MATHIEU.

Quoi! tu voudrais entrer à mon service!

LE PÈRE FLOWERDALE.

Très-volontiers, monsieur.

MATHIEU.

Eh bien, je vais te dire ce que tu as à faire. Tu assures

que tu possèdes vingt livres sterling; va dans Birching-Lane; achète-toi une livrée, et tu iras à cheval avec moi à la foire de Croydon.

LE PÈRE FLOWERDALE.

Je vous remercie, monsieur, je vous accompagnerai.

MATHIEU.

Eh bien, mon oncle, d'ici à une heure je puis compter sur vous?

L'ONCLE FLOWERDALE.

Oui, mon neveu.

MATHIEU, à son père.

Tu t'appelles Christophe?

LE PÈRE FLOWERDALE.

Oui, monsieur.

MATHIEU.

Eh bien, va te préparer..... A tantôt, mon oncle.

Il sort.

L'ONCLE FLOWERDALE.

Frère, comment trouvez-vous votre fils?

LE PÈRE FLOWERDALE.

— Ma foi, frère, il me fait l'effet d'un poulain indompté — ou d'un faucon qui n'a jamais été dressé au leurre; — l'un doit être maîtrisé avec un mords de fer, — l'autre doit être tenu en éveil, sous peine de rester sauvage. — Ainsi est mon fils; ainsi soit-il quelque temps encore! — Car l'expérience est l'ennemie mortelle de la folie. — Je veux être complaisant pour sa jeunesse. La jeunesse doit avoir son cours; — trop sévèrement contrariée, elle devient dix fois pire. — Sa prodigalité, sa dissipation, tous ses défauts — peuvent être corrigés par le temps, et alors il sera guéri de son extravagance.

Ils sortent.

SCÈNE II

[Croydon. Une place où se tient la foire et sur laquelle est située une auberge à l'enseigne de Saint-George.]

Entrent SIR LANCELOT, MAITRE GIROUETTE, LUCÉ, FRANCIS, ASPHODÈLE et ARTICHAUD.

LANCELOT.

— Allons, Artichaud, va en avant à la maison; — puisque tu t'es laissé tondre dans tes achats, — emmène tes confrères, les moutons, que tu viens d'acheter.

ARTICHAUD.

Soit, mais, morguienne, est-ce que mon camarade Asphodèle ne s'en retournera pas avec moi?

LANCELOT.

Non, monsieur, non. Il faut que j'aie quelqu'un pour me servir.

ARTICHAUD.

— Adieu, Asphodèle, bon camarade Asphodèle!
A Francis.
— Vous voyez, mademoiselle, on me coupe l'herbe sous le pied. — Au lieu de vous servir, je suis renvoyé à mes moutons.

Il sort.

LANCELOT.

— Ma foi, Francis, il faut que je chasse cet Artichaud; — il est devenu fort sot et fort impertinent.

FRANCIS.

— En vérité, mon père, il est devenu ainsi depuis que je l'ai pris à mon service; — auparavant, il était assez raisonnable pour un sot valet.

GIROUETTE.

Mais que me disiez-vous, sir Lancelot?

SCÈNE II.

LANCELOT.

Ah ! à propos de mes filles..... Eh bien, je poursuis. Voici deux d'entre elles, que Dieu les protége ! Quant à la troisième, oh ! elle se conduit en indifférente ; elle vous a refusé, maître Girouette.

GIROUETTE.

Oui, pardieu, sir Lancelot, elle m'a refusé. Si elle m'avait seulement essayé, elle aurait trouvé en moi un homme véritable.

LANCELOT.

Allons, ne vous fâchez pas de sa résistance ; elle a refusé aujourd'hui sept des propriétaires les plus estimés et les plus considérés du comté de Kent. Je crois, en vérité, qu'elle ne veut pas se marier.

GIROUETTE.

Elle n'en est que plus folle.

LANCELOT.

Est-ce donc une folie que d'aimer la vie chaste ?

GIROUETTE.

Non, ne vous méprenez pas sur ma pensée, sir Lancelot. Mais il est un vieux proverbe que vous connaissez bien : c'est que les femmes qui meurent vierges mènent des singes en enfer (3).

LANCELOT.

C'est un proverbe stupide et parfaitement faux.

GIROUETTE.

Par la messe ! je le crois ; laissons-le donc de côté. — Mais qui épousera mademoiselle Francis ?

FRANCIS, bas à Luce.

Sur ma parole, ils parlent de me marier, ma sœur.

LUCE, bas à Francis.

Chut ! laisse-les jaser. — Il faut laisser les sots parler devant eux.

LANCELOT, à Girouette.

Non, foi de chevalier, elle n'a pas encore de galant. —

Hélas! que Dieu lui soit en aide! la pauvre fille! une niaise, une vraie niaise! — Mais l'autre, aux sourcils noirs, voilà une fille madrée. — Elle a de l'esprit à foison, et deux ou trois galants : — l'un d'eux est sir Arthur Greenshood, un brave chevalier, — un vaillant soldat, mais ayant peu de fortune. — Puis il y a le jeune Olivier, du Devonshire, — un garçon habile, plein d'esprit, morbleu, — et riche, par le ciel! — Enfin il y en a un troisième, un évaporé, — léger comme une plume, changeant comme le vent, — le jeune Flowerdale.

GIROUETTE.

— Oh! lui, monsieur, c'est un vrai démon. — Fermez-lui votre maison.

LANCELOT.

Fi donc! il est de bonne famille.

GIROUETTE.

Oui, j'en conviens, et un homme agréable.

LANCELOT.

Oui, suffisamment agréable, s'il avait de bonnes qualités.

GIROUETTE.

Oui, morbleu, voilà la question, sir Lancelot. Car, comme dit un vieux dicton :

> Qu'il soit riche, ou qu'il soit pauvre,
> Qu'il soit grand, ou qu'il soit petit,
> Qu'il soit né dans une grange ou dans un château,
> C'est le caractère qui fait tout l'homme.

LANCELOT.

Vous êtes dans le vrai, maître Girouette.

Entre M. CIVETTE.

CIVETTE.

Sur mon âme, j'ai du guignon; je crois que je suis ensorcelé par une chouette. Je les ai cherchés partout, dans toutes les auberges, dans toutes les baraques, et je ne puis les trouver... Ah! les voilà! c'est elle! Dieu veuille que ce soit elle! Oui, c'est elle! je la reconnais, car elle use ses souliers un peu de côté.

LANCELOT.

Où est donc cette auberge? Nous l'avons passée, Asphodèle.

ASPHODÈLE.

Voici la grande enseigne, monsieur, mais la porte de service est plus bas.

Tous entrent dans l'auberge, excepté ASPHODÈLE.

CIVETTE, s'approchant d'Asphodèle.

Salut, monsieur. Un demi-mot, s'il vous plaît?

ASPHODÈLE.

Rien à demi, monsieur.

CIVETTE.

Eh bien, un mot, un mot tout entier. Que peuvent être ces dames là-bas?

ASPHODÈLE.

Elles peuvent être femmes de qualité, monsieur, s'il plaît à la destinée.

CIVETTE.

Quel est le nom de celle-ci, monsieur?

ASPHODÈLE.

Mistress Francis Spurcock, fille de sir Lancelot Spurcock.

CIVETTE.

Est-ce une vierge, monsieur?

ASPHODÈLE.

Vous pouvez demander ça à Pluton et à dame Proserpine. Je ne résous pas ce genre d'énigme.

CIVETTE.

Est-elle mariée, veux-je dire?

ASPHODÈLE.

Les destins ne savent pas encore quel cordonnier fera ses souliers de noces.

CIVETTE.

Veuillez me dire quelle est votre auberge. Je serais bien aise d'offrir le vin à cette dame.

ASPHODÈLE.

L'auberge de Saint-George, monsieur.

CIVETTE.

Dieu vous garde, monsieur!

ASPHODÈLE.

Votre nom, monsieur, s'il vous plaît?

CIVETTE.

Je m'appelle Civette.

ASPHODÈLE.

Un nom qui a bonne odeur! Dieu soit avec vous, bon monsieur Civette.

Ils sortent.

SCÈNE III

[L'auberge de Saint-George.]

Entrent SIR LANCELOT, MAÎTRE GIROUETTE, FRANCIS, LUCE, puis ASPHODÈLE.

LANCELOT.

— Enfin, nous te tenons, intrépide Saint-George! — Tu as beau vaincre le dragon; tu ferais mieux de vendre du bon vin, — qui ne rende pas nécessaire la tisane de lierre (4). Nous n'allons pas nous installer ici, — comme toi sur ton cheval... Cet endroit est suffisant. — Garçon, donnez-nous du Xérès pour nous autres, vieux; — pour ces filles et ces pages, les petits vins sont les meilleurs. — Une pinte de Xérès, pas plus!

SCÈNE III.

LE GARÇON, criant.

Une quarte de Xérès dans la salle des *Trois tonneaux!*

LANCELOT.

Une pinte, ne tirez qu'une pinte... Asphodèle, demandez du vin pour vous.

FRANCIS.

Et pour moi un verre de petite bière et un gâteau, bon Asphodèle.

Entrent MATHIEU FLOWERDALE et le PÈRE FLOWERDALE.

MATHIEU.

Eh quoi! dans cette salle ouverte, fi donc!... Ah! Vous voilà, sir Lancelot! C'est vous, mon bon ami, digne monsieur Girouette! Quoi! vous ne buvez qu'une pinte! par pudeur, demandez une quarte!

LANCELOT.

Non, monsieur le prodigue! Excusez-nous, nous allons partir.

MATHIEU.

Ah çà! qu'on nous donne de la musique, nous allons danser. Quoi! partir si vite, sir Lancelot, et un jour de foire encore!

LUCE.

Ce serait peu élégant de danser ainsi en pleine foire.

MATHIEU.

Eh bien, soit! belle des belles, ne dansons pas... Peste soit de mon tailleur! Il m'a gâté un vêtement de satin couleur pêche, garni de drap d'argent. Si le drôle me joue encore un tour pareil, je lui donne son congé! Me mettre ainsi dans le calendrier des sots! Et mon joaillier qui me fait faux bond d'un autre côté! Je lui ai commandé pour toi, Luce, un collier d'or, croyant que tu l'aurais le jour de la foire. Le coquin se met en retard pour des perles d'Orient! Mais tu auras le collier dimanche soir, ma fille.

Entre LE GARÇON.

LE GARÇON.

Monsieur, il y a ici quelqu'un qui vous envoie ce pot de vin du Rhin, mélangé d'eau de rose.

MATHIEU.

A moi?

LE GARÇON.

Non, monsieur; au chevalier, en demandant à faire avec lui plus ample connaissance.

LANCELOT.

Avec moi? Quel est le personnage qui se montre si aimable?

ASPHODÈLE.

Je devine qui c'est, monsieur; c'est quelqu'un qui depuis un mois est épris de mistress Francis; il se nomme monsieur Civette.

LANCELOT.

Fais-le entrer, Asphodèle.

MATHIEU.

Oh! je le connais, monsieur; c'est un imbécile, mais raisonnablement riche; son père était un trafiquant de fermage, un trafiquant de blé, un trafiquant d'argent, qui n'aurait pas eu assez d'esprit pour être trafiquant de filles.

Entre M. CIVETTE.

LANCELOT, à Civette.

En vérité, monsieur, vous avez fait trop de frais.

CIVETTE.

Ces frais sont peu de chose, monsieur. Grâce à Dieu, mon père m'a laissé de quoi vivre. Ne vous en déplaise, monsieur, j'ai une grande inclination pour mademoiselle... dans la voie du mariage.

Il montre Francis.

LANCELOT.

Je vous rends grâces, monsieur. Veuillez venir à Lewsome, dans ma pauvre maison, et vous y serez le bienvenu. J'ai connu votre père, c'était un mari sage. Combien dois-je, garçon?

LE GARÇON.

Tout est payé, monsieur; ce gentleman a tout payé.

LANCELOT, à Civette.

En vérité, vous nous embarrassez fort. Mais nous prendrons notre revanche avant longtemps.

A Mathieu, montrant le père Flowerdale.

Maître Flowerdale, est-ce là votre valet?

MATHIEU.

Oui, en effet, un bon vieux domestique.

LANCELOT.

Je crois vraiment que vous allez vous ranger, — puisque vous avez un tel serviteur. — Allons, vous viendrez à cheval avec nous jusqu'à Lewsome. Partons. — Nous avons à peine deux heures de jour.

Ils sortent.

SCÈNE IV

[Lewsome. Devant la résidence de sir Lancelot.]

Entrent SIR ARTHUR GREENSHOOD, OLIVIER, UN LIEUTENANT *et des* SOLDATS.

ARTHUR.

— Lieutenant, conduisez les hommes à bord des navires. — Là, qu'on les habille, et à leur arrivée — ils toucheront leur paye. Adieu, obéissez.

UN SOLDAT.

On nous emmène, sans que nous puissions dire un mot à nos parents.

OLIVIER.

On n'a zamais traité les zens de cette façon! ne pas même leur permettre de dire adieu à leurs parents!

ARTHUR.

Silence, l'ami!... Lieutenant, emmenez-les.

UN SOLDAT.

C'est bon! Si je n'ai pas exactement mes habits et ma daye, je déserte, quand je devrais être pendu pour ça.

ARTHUR, au soldat.

En marche, drôle! retenez votre langue.

Le lieutenant et les soldats sortent.

OLIVIER, à sir Arthur.

Vous faites la presse, monsieur?

ARTHUR.

Je suis officier, monsieur, au service du roi.

OLIVIER.

Morbleu, l'ami, tout officier que vous êtes, ze ne me serais pas laissé enrôler, moi, sans dire adieu à mes amis.

ARTHUR.

Du calme, mon cher. J'aurais assez de pouvoir pour enrôler d'autorité un homme de votre rang.

OLIVIER.

M'enrôler d'autorité! ze t'en défie. Enrôle les va-nu-pieds et la canaille. Mais m'enrôler, moi! ze me moque de toi. Car vois-tu, voilà un digne zevalier qui attestera que ze ne suis pas fait pour être enrôlé par toi.

Entrent SIR LANCELOT, GIROUETTE, MATHIEU FLOWERDALE, LE PÈRE FLOWERDALE, LUCE *et* FRANCIS.

LANCELOT.

Sir Arthur, vous êtes le bienvenu à Lewsome, le bienvenu, sur ma parole.

SCÈNE IV.

A Olivier.

Qu'y a-t-il, mon cher? Qu'est-ce qui vous fâche?

OLIVIER, montrant sir Arthur.

Eh! mon ami, il me menace de m'enrôler de force.

LANCELOT.

Ah! fi! sir Arthur! l'enrôler, lui! C'est un homme qui compte.

GIROUETTE.

Pour ça oui, sir Arthur, il a assez de nobles et de souverains d'or dans sa poche pour pouvoir compter.

ARTHUR.

Il n'en combattrait que mieux. S'il n'était pas de vos amis, il verrait que j'ai le pouvoir de presser des gens aussi haut placés que lui.

OLIVIER.

Ze vous en défie. Essayez!

MATHIEU, à Olivier.

Morbleu! on peut enrôler les gens de votre étoffe. Le drap et la serge sont faits pour être pressés.

OLIVIER, à Mathieu.

C'est bon, monsieur. Vous avez beau vous moquer du drap et de la serze; z'ai vu des habits de serze, comme le mien, durer plus longtemps que des zaquettes de soie, comme la vôtre.

MATHIEU.

Bien dit, monsieur le zézayeur.

OLIVIER.

Oui, bien dit, monsieur le godelureau. Crois-tu que z'aie peur de ta cotte de soie? Ze ne te crains pas, va.

LANCELOT.

Allons, assez! soyons tous bons amis.

GIROUETTE.

Oui, ça vaudra mieux, mon bon maître Olivier.

MATHIEU.

Est-ce que vous vous appelez maître Olivier?

OLIVIER.

Que vous importe?

MATHIEU.

Je voudrais savoir si on ne pourrait pas facilement jouer un bon tour à maître Olivier.

OLIVIER.

Oui! zoue-moi un tour de ta façon! zoue-moi un tour de ta façon! Et ze te traiterai comme tu n'as pas été traité, depuis que ta maman t'a mis un bandeau à la tête! Me zouer un tour!

MATHIEU.

Qu'il y vienne! qu'il y vienne!

OLIVIER.

Morbleu! morbleu! si le respect humain ne me retenait, ze t'appliquerais une ziffle qui te ferait voir trente-six sandelles... Ranze-toi! Lase-moi!... Ze suis un brandon enflammé. Ranze-toi!

MATHIEU.

Allons, je vous pardonne par considération pour vos amis.

OLIVIER.

Au diable tous mes amis! Que me parles-tu de mes amis?

LANCELOT.

Assez, cher monsieur Olivier! assez, maître Mathieu! Mesdemoiselles, ici, en présence de tous vos galants, tous hommes de mérite, je vais vous dire qui d'entre eux je choisirais de préférence pour conclure avec vous la difficile transaction du mariage... Dois-je être franc avec vous, messieurs?

ARTHUR.

Oui, monsieur, c'est le meilleur parti à prendre.

SCÈNE IV.

LANCELOT, à sir Arthur.

Eh bien donc, monsieur, commençons par vous. Je confesse que vous êtes un fort galant chevalier, un vaillant soldat, un honnête homme. Mais cette honnêteté-là se coiffe économiquement à la française, porte rarement un collier d'or, a un domestique peu nombreux et possède peu d'amis. Quant à ce jeune écervelé, le jeune Flowerdale, je ne veux pas préjuger son avenir. Dieu peut opérer des miracles, mais il lui serait plus facile de créer cent nouveaux êtres que de faire de celui-ci un homme honnête et économe.

GIROUETTE, à Mathieu.

Ma foi, il vous a porté une botte; il vous a touché au vif; pour ça, oui.

MATHIEU.

Quelle est la buse que j'ai près de moi? Allons donc, maître Girouette, vous savez bien que je suis honnête, en dépit de toutes mes fredaines.

GIROUETTE.

Sur ma parole, je ne puis le contester. — Votre vieille mère était vraiment une dame : — son âme est au ciel, comme celle de mon épouse, j'espère. — Quant à votre bon père, cet honnête gentleman, — il est parti, m'a-t-on dit, pour un voyage lointain.

MATHIEU.

— Oui, assez lointain, Dieu soit loué! — Il est parti en pèlerinage pour le Paradis, — et m'a laissé ici faire la cabriole à l'encontre du souci. — Luce, regardez-moi, je suis aussi léger que l'air.

LUCE.

— Ma foi, je n'aime pas les ombres, les billevesées, les choses creuses; — j'ai horreur d'un amour léger, comme de la mort.

LANCELOT.

Ma fille, persévère dans ces sentiments.

Montrant Olivier.

Considère ce gars du Devonshire, agréable et aimable, qui a la bourse aussi replète que la personne.

OLIVIER.

Dame, monsieur, ze suis tel que le Seigneur m'a fait. Vous me connaissez suffisamment; z'ai soixante ballots de drap, et Blackenhall, et en outre un grand crédit, et ze puis prospérer aussi bien qu'un autre.

LANCELOT.

C'est vous que j'aime, quoi qu'en puissent dire les autres.

ARTHUR.

Merci !

MATHIEU, bas, au père Flowerdale.

Quoi ! tu veux que je lui cherche querelle?

LE PÈRE FLOWERDALE, bas à Mathieu.

Dites-lui seulement qu'il aura de vos nouvelles.

LANCELOT.

Pourtant, messieurs, quelle que soit ma préférence pour ce galant du Devonshire, je ne prétends nullement forcer un cœur. Ma fille aura pleine liberté de choisir pour époux celui qu'elle préfère. Continuez de lui faire votre cour, mais songez qu'un seul d'entre vous peut réussir.

GIROUETTE.

Vous avez bien parlé, parfaitement parlé, en vérité.

Entre ARTICHAUD.

ARTICHAUD, à Francis.

Mademoiselle, il y a là quelqu'un qui voudrait vous parler; mon camarade Asphodèle l'a déjà introduit dans le cellier ; il le connaît pour l'avoir rencontré à la foire de Croydon.

SCÈNE IV.

LANCELOT.

Oh! je me rappelle! un petit homme!

ARTICHAUD.

Oui, un très-petit homme.

LANCELOT.

Et pourtant un homme agréable.

ARTICHAUD.

Un homme très-petit, très-agréable.

LANCELOT.

Il s'appelle monsieur Civette.

ARTICHAUD.

C'est lui-même, monsieur.

LANCELOT.

— Allons, pourvu que d'autres galants se présentent, — nous pourrons amplement pourvoir ma trop naïve Francis. — Quant à ma sainte Delia, il n'est pas d'homme qui oserait l'entreprendre.

Tous sortent, excepté MATHIEU FLOWERDALE, le père FLOWERDALE et OLIVIER.

MATHIEU, à Olivier.

Écoutez-donc! monsieur! un mot!

OLIVIER.

Qu'avez-vous à me dire à présent?

MATHIEU.

Vous aurez de mes nouvelles, et bientôt.

OLIVIER.

Est-ce là tout? Au revoir. Ze ne vous crains pas.

Il sort.

MATHIEU, au père Flowerdale.

S'il ne recule pas, qu'arrivera-t-il? Je serai bien avancé!

LE PÈRE FLOWERDALE.

— Je ne prétends point que vous vous battiez avec lui. —

Mais nous allons immédiatement rédiger un testament, — où nous vous attribuerons une fortune fictive, — si considérable — que sir Lancelot vous suppliera d'épouser sa fille. — Vous remettrez à maître Girouette ce testament — par lequel la fille de sir Lancelot sera instituée votre légataire universelle ; — et vous ferez jurer au susdit Girouette de ne montrer ce testament à personne, avant votre mort. — Sur quoi, ce nigaud de Girouette — n'aura rien de plus pressé que de révéler à sir Lancelot — la teneur et les clauses de votre testament. — Pas d'hésitation ! Laissez-vous guider par moi. — Vous verrez vite ce qui en résultera.

MATHIEU.

— A l'œuvre donc ! si ce testament me vaut la main de cette héritière, — cher Christophe, je rendrai hommage à ton adresse.

Ils sortent.

SCÈNE V

[Un appartement chez sir Lancelot.]

Entrent LUCE et ASPHODÈLE.

LUCE.

Toujours morose, mademoiselle ? — Pas un sourire pour votre Asphodèle ! Voyons, au nom du ciel !

LUCE.

Arrière ! méchant vaurien ! Lâche ma main.

ASPHODÈLE.

— Voilà votre main, mais je ne m'en séparerai pas ; — elle est due à mon amour, puisque mon cœur est à toi !

LUCE.

Je ferai retrousser votre cotte par dessus vos oreilles pour votre impertinence, petit coquin.

Entrent LANCELOT et GIROUETTE.

LANCELOT.

Eh bien, fillette, qu'y a-t-il ?

SCÈNE V.

LUCE.

Votre page est quelque peu impertinent.

Elle sort.

LANCELOT.

Gare à toi, maraud, je vais te parler tout-à-l'heure.

ASPHODÈLE.

Monsieur, je suis un homme, — et non une bête de somme, j'ose le dire; — je connais ma valeur; vous trouverez à qui parler.

GIROUETTE.

Oui, morbleu, mon cher sir Lancelot, je l'ai vu l'autre jour brandir, comme un Hercule, l'épée et le bouclier... Ma foi, Dieu me pardonne! je t'aime fort, mon garçon.

LANCELOT.

Oui, oui, aimez-le à votre guise... Allons, maroufle, va me chercher du vin. — Je veux, avant de me séparer de maître Girouette, — que nous arrosions nos adieux de vin de France.

Asphodèle sort.

GIROUETTE.

Je vous rends grâces, aimable chevalier; — je reviendrai vous voir, je vous le jure. — En attendant, ayez soin d'évincer Flowerdale : — c'est un démon incorrigible, je vous le garantis.

LANCELOT.

Certainement, certainement.

ASPHODÈLE rentre, apportant du vin.

Verse, Asphodèle, verse-moi à boire...

Examinant le bras d'Asphodèle.

— Tiens! que porte-t-il donc à son bras? — Le bracelet de ma fille Luce! oui, c'est bien son bracelet... — A votre santé, maître Girouette.

GIROUETTE.

Je vous rends grâces, monsieur... Tiens, Asphodèle, tu es un honnête, un brave garçon.

A sir Lancelot.

Sur ce, je dois prendre congé de vous. Bonsoir! J'espère bien vous posséder, vous et toutes vos filles, dans ma pauvre maison. Sur ma parole, il le faut.

LANCELOT.

Merci, maître Girouette. Je prendrai la liberté d'aller vous importuner, soyez-en sûr.

GIROUETTE.

Et vous serez le bienvenu. Adieu, de tout cœur.

Il sort.

LANCELOT, à Asphodèle.

Maraud, vous insultez ma fille; j'ai vu son bracelet à votre bras; ôtez-le, et ôtez en même temps ma livrée. Quand je m'occupe de marier ma fille à un homme respectable, vous vous permettez cette insolence. Allons, drôle, sortez de ma maison, ou je vous en chasse à coups de fouet.

ASPHODÈLE.

— Je ne me laisse pas fouetter, moi! Voici votre livrée, monsieur. — C'est ainsi qu'on récompense un serviteur! Que m'importe, après tout! — J'ai des ressources et je fais fi du service.

Il sort.

LANCELOT.

— Oui, c'est un brave garçon; mais laissons-le partir. — Il faut apprendre à nos valets ce qu'ils ne doivent pas ignorer.

Il sort.

SCÈNE VI

[Le jardin de sir Lancelot.]

Entrent sir ARTHUR et LUCE.

LUCE.

— Monsieur, foi de vierge, je vous préfère à tout autre galant, — quoiqu'un soldat ne sache guère ce que c'est que l'amour.

SCÈNE VI.

ARTHUR.

— Je suis soldat, mais un gentleman — sait se battre comme il sait aimer. — Qu'un homme m'offense, mon épée est là pour le châtier ; — qu'une femme m'aime, et je suis son fidèle chevalier.

LUCE.

— Je ne doute ni de votre valeur, ni de votre amour. — Mais il est des hommes qui, sous l'uniforme du soldat, — jurent par le ciel, auquel ils ne songent jamais, — et s'en vont de maison en maison colporter leurs fanfaronnades...

ARTHUR.

— En vérité, lady, je connais ce genre d'homme. — Il en est beaucoup, comme ceux dont vous parlez — qui assument le nom et les dehors du soldat, — et qui pourtant, Dieu le sait, ont bien peu vu la guerre. — Ils hantent les tavernes et les ordinaires, — parfois les cabarets, et toujours — pour donner libre carrière à leur humeur brutale. — Leur destinée en fait les hommes liges de la violence. — Leur gaîté commence dans le vin, mais finit dans le sang. — Leur breuvage est clair, mais leurs pensées sont de la lie.

LUCE.

— Pourtant ce sont de vrais soldats gentilshommes.

ARTHUR.

— Non, ce sont de misérables gueux — qu'une existence désespérée mène à une tombe prématurée.

LUCE.

— Et pour vous-même, et pour votre genre de vie, — si cela dépendait de moi, je voudrais être la femme d'un soldat.

Ils sortent.

SCÈNE VII

[Un appartement chez sir Lancelot.]

Entrent sir LANCELOT et OLIVIER.

OLIVIER.
Bah! bah! fiez-vous donc à cela.

LANCELOT.
Soyez-en sûr, nous vous marierons le plus vite que nous pourrons; le même jour sera désigné pour Francis et pour Luce.

OLIVIER.
Mais ze voudrais savoir le zour exact, pour commander les vêtements de noces.

LANCELOT.
Eh bien, vous n'avez qu'à assurer par contrat le douaire de ma fille; et, le contrat dressé, nous serons prêts dans les deux jours.

OLIVIER.
Eh bien, mon ser, z'aurai les écritures en règle dès demain.

LANCELOT.
A demain donc! Nous nous retrouverons à *la Tête du roi*, dans Fish Street.

OLIVIER.
Non, fi donc, mon ser! Nous nous retrouverons à *la Rose* dans Temble-Bar. Ce sera plus près de votre homme d'affaires et du mien.

LANCELOT.
Eh bien, soit, à *la Rose*! à neuf heures. Le dernier qui arrivera paiera, pour amende, une pinte de vin.

OLIVIER.
Une pinte ne suffit pas. Que ce soit une quarte entière, ou rien.

SCÈNE VII.

Entre ARTICHAUD.

ARTICHAUD.

Maître, il y a là un homme qui voudrait parler à M. Olivier; il vient de la part du jeune M. Flowerdale.

OLIVIER.

Eh bien, ze vais lui parler; ze vais lui parler.

Artichaud sort.

LANCELOT.

Tout beau, mon fils Olivier ! Je tiens à connaître le message que vous envoie le jeune Flowerdale. Dieu veuille que ce ne soit point un cartel !

OLIVIER.

Eh bien, mon ser, s'il veut avoir une querelle avec moi, ze lui donnerai une ample satisfaction.

Entre le père FLOWERDALE.

LE PÈRE FLOWERDALE.

Dieu vous garde, bon sir Lancelot !

LANCELOT.

Bienvenu, mon honnête ami.

LE PÈRE FLOWERDALE.

— A vous et aux vôtres mon maître souhaite une parfaite santé.

Se tournant vers Olivier.

— Mais à vous, monsieur, il envoie ceci et ceci : — voici la longueur de sa rapière, — et ce papier vous fera connaître ses intentions.

OLIVIER.

— Eh bien, ze me rencontrerai volontiers avec lui, mon ami.

LANCELOT.

— Vous rencontrer avec ce bandit ! Fi donc ! vous n'en ferez rien.

OLIVIER.

— Si ze ne me rencontre point avec lui, ze vous donne la permission de m'appeler rosse. En quel lieu, maraud? En quel lieu? En quel lieu?

LE PÈRE FLOWERDALE.

La lettre indique le lieu et l'heure. Si vous êtes un homme, vous tiendrez parole.

LANCELOT.

Il ne tiendra pas parole, il ne se battra pas.

LE PÈRE FLOWERDALE.

Libre à lui! Il n'en sera que mieux reconnu pour un vil pied-plat.

OLIVIER.

Oh! maroufle! maroufle! Si tu n'étais pas un vieillard, et si tu ne remplissais pas une commission, ze te donnerais quelque sose qui ne serait pas de l'arzent. Pourtant contiens-toi; ze vois que tu es quelque peu mauvaise tête; contiens-toi... Voici quarante sillings. Amène ton maître sur le terrain, et ze t'en donnerai quarante de plus. Aie soin de l'amener. Ze vais le mettre en capilotade, dis-le-lui bien; ze vais lui tailler des croupières, ze vais le traiter comme il n'a jamais été traité depuis que sa maman lui a bandé la tête; ze vais l'empêcer pour touzours de faire ses farces.

LE PÈRE FLOWERDALE.

— Vous semblez être un homme énergique et résolu, — et je vous rendrai cette justice, quoi qu'il advienne.

LANCELOT.

— S'il arrive un malheur, préviens ton maître — que je le forcerai à fuir du pays, ou que je le traiterai plus sévèrement encore.

LE PÈRE FLOWERDALE, à Lancelot.

— Monsieur, mon maître ne mérite pas de vous tant de haine, — et vous le reconnaîtrez avant peu.

LANCELOT.

— Ton maître est un extravagant, et toi un maraud. — Je te ferai arrêter, toi, d'abord, et puis je le ferai enfermer, — ou j'exigerai qu'il prenne l'engagement de se bien conduire.

OLIVIER.

Ze voudrais que vous fussiez au diable, si jamais vous lui en vouliez de cela. Si vous lui faites du tort, ze ne veux plus vous voir, ni vous, ni les vôtres, tant que z'aurai les yeux ouverts. Croyez-vous donc que ze veuille être sansonné par la ville comme un couard, comme un poltron? Non, non, certes... Maraud, dis à ton maître que z'irai; dis-lui tout simplement que z'irai.

LE PÈRE FLOWERDALE, à sir Lancelot.

Sachez-le bien, monsieur, mon maître ne mérite pas de vous tant de haine, et vous le reconnaîtrez avant peu.

OLIVIER.

Peu m'importe que ce soit un extravagant! Ze lui tiendrai tête.

LANCELOT.

Non, mon cher fils. Dites-moi le lieu du rendez-vous.

OLIVIER.

Ze ne vous dirai rien.

LANCELOT.

Laissez-moi voir la lettre.

OLIVIER.

Non. Z'ai peur que vous ne me zouiez quelque tour. Coûte que coûte, ze suis décidé à me battre; ze veux lui faire savoir qui ze suis, dût-il m'arriver malheur.

LANCELOT.

Eh quoi! ferez-vous si peu de cas de l'amour de ma fille? — Allez-vous risquer votre fortune et la sienne pour une misérable querelle?

OLIVIER.

Eh! ze ne veux pas le tuer, mais, morbleu! ze veux l'étriller d'importance. Et sur ce, Dieu soit avec vous, mon père. A demain!

Il sort.

LANCELOT.

Qui eût cru qu'il fût à ce point enragé? Viens ici, Artichaud, mon fidèle serviteur.

Entre ARTICHAUD.

ARTICHAUD.

Eh bien, qu'y a-t-il? Quelque querelle sous roche, je gage.

LANCELOT.

Va, fais-moi fourbir à neuf ton épée et raccommoder ton bouclier. Oh! ce coquin, ce fripon d'Asphodèle, quel service il m'aurait rendu ici! mais je compte sur toi.

ARTICHAUD.

Oui, voilà bien votre habitude, à vous autres, gens de qualité, quand vous avez besoin d'un bon serviteur. Oh! si j'avais Asphodèle! Oh! où est-il? Mais, si vous êtes de mauvaise humeur, pour un fétu, à la porte le drôle, et vous le chassez en lui retroussant sa cotte par-dessus les oreilles. Tel est votre caractère à vous tous.

LANCELOT.

Oh! Que n'ai-je là ce coquin, ce luron d'Asphodèle!

ARTICHAUD.

Oui, voilà la chose : nos gages d'une année suffisent à peine à payer les épées que nous brisons et les boucliers que nous usons dans vos querelles. Mais moi, je ne me bats pas si Asphodèle est de l'autre côté; ça, c'est décidé.

LANCELOT.

Ce n'est pas le cas, l'ami. Tiens tes armes prêtes, et sois

à Londres avant le point du jour. Mets-toi à l'affût près du logis de ce jeune gars de Devonshire, mais reste inaperçu; et, dès qu'il sortira (il sortira pour sûr de bonne heure)...

ARTICHAUD.

Eh quoi! voudriez-vous que je tirasse l'épée contre lui, dès qu'il mettra le pied dans la rue?

LANCELOT.

Non, pour rien au monde, mon cher. Tu ne tireras l'épée que sur le terrain. Car il se rend sur le terrain pour s'y battre avec cet enragé Flowerdale. Là tu prendras le parti d'Olivier, mon gendre; car Olivier sera mon gendre, et épousera Luce. Tu me comprends, maraud?

ARTICHAUD.

Oui, monsieur, je vous comprends; mais ma jeune maîtresse ferait un mariage mieux assorti en épousant mon camarade Asphodèle.

LANCELOT.

Tais-toi. Asphodèle est un coquin ; cet Asphodèle est un coquin fieffé.

Artichaud sort.

Entre GIROUETTE.

Maître Girouette, vous arrivez fort à propos; l'enragé Flowerdale a lancé un cartel; et devinez qui doit y répondre ce garçon du Devonshire, mon gendre Olivier!

GIROUETTE.

C'est fort triste, bon sir Lancelot; mais, si vous suivez mon avis, nous apaiserons la furie de l'agresseur.

LANCELOT.

Et comment, je vous prie?

GIROUETTE.

Eh bien, en promettant au jeune Flowerdale la belle Luce aux lèvres vermeilles.

LANCELOT.

Je l'escorterais plutôt jusqu'à son tombeau.

GIROUETTE.

Oui, sir Lancelot, hier encore j'eusse partagé votre sentiment ; mais, vous et moi, nous nous sommes trompés sur le compte de ce jeune homme. Tenez, lisez ce testament, ou cet acte, comme vous voudrez l'appeler. Tenez, tenez ! Mettez vos lunettes, je vous prie.

LANCELOT.

Non. Dieu merci ! j'y vois très-bien.

GIROUETTE.

En ce cas, que le ciel conserve vos yeux ! Les miens sont troubles depuis près de trente ans.

LANCELOT, lisant le papier que lui remet Girouette.

Eh bien, qu'est-ce que ça veut dire ?

GIROUETTE.

Ah ! voilà, sur ma parole, du véritable amour. Il m'a remis cet écrit ce matin même, en me recommandant de ne le montrer à personne. Bon jeune homme ! Voyez comme on peut se tromper.

LANCELOT.

Dieu du ciel ! quel misérable je suis de haïr ainsi cet aimable jeune homme ! Il nous a faits ses légataires universels, moi et ma fille Luce qu'il aime tant !

GIROUETTE.

Tout ! tout ! mon cher, il vous a tout légué !

LANCELOT.

Trois navires en ce moment dans le détroit, et attendus au port ; — deux seigneuries de deux cents livres de revenu, — l'une, dans le pays de Galles, l'autre, dans le comté de Glocester ; — des créances montant à trente mille livres sterling ; — de la vaisselle plate, de l'argent comptant, des bijoux, pour seize mille ; — deux maisons richement meublées dans Coleman street ; — et, en outre, tout ce que lu laissera son oncle, — qui possède de grands biens à Peckham.

GIROUETTE.

— Comment trouvez-vous ça, bon chevalier? comment trouvez-vous ça?

LANCELOT.

— Je lui ai fait tort, mais maintenant je vais lui faire réparation. — Le gars du Devonshire peut chercher femme ailleurs! — Lui épouser Luce! Luce est à Flowerdale.

GIROUETTE.

C'est parler gentiment. Allons à cheval jusqu'à Londres, et empêchons le duel, en promettant votre fille à cet aimable jeune homme.

LANCELOT.

— Oui, allons à cheval jusqu'à Londres... Mais non, c'est inutile; — nous irons jusqu'à la plage de Dedford, et là nous prendrons un bateau. — Où sont donc ces farceurs de valets?... Holà! Artichaud! holà! faquin!

Entre ARTICHAUD.

ARTICHAUD.

Voici ces farceurs de valets, mais ils n'ont guère envie de rire.

LANCELOT.

Donne-moi mon manteau, je vais aller jusqu'à Dedford.

ARTICHAUD.

Monsieur, nous venons de fourbir nos épées et nos boucliers pour défendre votre cause.

LANCELOT.

Je vous défends de la défendre. Laissez vos épées se rouiller. Je ne veux pas qu'on se batte. Oui, laissons là les coups. Dis à Délia de veiller à ce que tout soit prêt pour les noces. Nous en aurons deux à la fois, et ça diminuera les dépenses, maître Girouette.

ARTICHAUD.

C'est bien, monsieur.

Tous sortent.

SCÈNE VIII

[Chez sir Lancelot. Un jardin.]

Entrent CIVETTE, FRANCIS et DÉLIA.

CIVETTE.

En vérité, voilà du bonheur, et j'en rends grâces à Dieu. Sur ma parole, tous les souhaits de mon cœur sont exaucés. Délia, je puis maintenant vous appeler ma sœur, car votre père m'a franchement et pleinement donné sa fille Francis.

FRANCIS.

Oui, ma foi, Tom, et tu as toutes mes sympathies. Dieu sait combien je soupirais après un mari, mais j'en voulais absolument un qui s'appelât Tom.

DÉLIA.

Eh bien, ma sœur, vous voilà satisfaite.

CIVETTE.

Vous dites vrai, sœur Délia.

A Francis.

Je t'en prie, appelle-moi toujours Tom, et moi, je t'appellerai ma chère petite Francis... Ça ira bien, n'est-ce pas, sœur Délia?

DÉLIA.

Ça vous ira parfaitement à tous deux.

FRANCIS.

Mais, Tom, quand je serai mariée, est-ce que j'irai vêtue comme à présent?

SCÈNE VIII.

CIVETTE.

Non, ma petite Francis, je veux que tu ailles, comme une femme de la cité, en robe galonnée et avec un chaperon français !

FRANCIS.

Sur ma parole, ce sera charmant.

DÉLIA.

— Frère, donnez à votre femme un train conforme à votre fortune. — Habillez-vous comme s'habillait votre père, — et habillez-la comme s'habillait votre vieille mère. — C'est en épargnant qu'il a fait sa fortune, et qu'il vous l'a laissée. — Frère, gardez-vous de la vanité ; sinon, adieu l'économie !

CIVETTE.

Que nous nous habillions comme mon père et ma mère ! voilà une bonne plaisanterie. Ma mère portait une robe à franges, une fraise tout unie et un bonnet blanc ; quant à mon père, il portait une cotte de moquette, garnie de manches de satin rouge et doublée de grosse toile.

DÉLIA.

Et pourtant il était aussi riche que vous.

CIVETTE.

Mon revenu, Dieu merci, est de quarante livres par an en bons fermages et en bonnes terres, sans compter une rente annuelle de vingt marcs dont nous devons hériter au hâvre du Cornard.

DÉLIA.

C'est possible, et votre réplique est excellente. — Je ne sais comment cela se fait, mais voici trop souvent ce qui advient : — Un père meurt prodigieusement riche ; — il a mis tout son bonheur à grossir sa fortune, — ne se préoccupant guère du caractère de ses héritiers, — et espérant qu'ils auront les mêmes goûts que lui. — Eh bien, le contraire de ce qu'il supposait arrive ; quarante ans d'épargne — suffisent à peine à trois ans de prodigalité; les héritiers dépensent sans se soucier — de ce qui adviendra quand ils n'auront plus d'argent; — lorsqu'ils songent à l'économie, il est déjà trop tard. — J'ai ouï dire que la vanité et la ruine s'embrassaient, — et qu'alors le repentir s'écriait : *Ah! si j'avais su!*

CIVETTE.

Vous parlez bien, sœur Délia, vous parlez bien; mais je compte vivre dans les limites de mes ressources; car, voyez-vous, mon parti en est pris; je donnerai à ma femme sa coiffe française et son coche; j'entretiendrai un couple de chevaux hongres et une paire de lévriers; et voilà tout ce que je ferai.

DÉLIA.

Et vous ferez tout cela avec quarante livres de revenu!

CIVETTE.

Oui, et avec quelque chose de plus, ma sœur.

FRANCIS.

Vous oubliez, ma sœur, les produits du bâvre de Cornard.

CIVETTE.

Au fait, je n'y pensais plus, Francis. Je te les abandonnerai pour tes épingles.

DÉLIA.

Et vous ne garderez pour vous que les cornes... Mon Dieu! en dépit de tout le monde, les imbéciles auront toujours des ressources... Allons, mon frère, voulez-vous rentrer? Le dîner nous attend.

CIVETTE.

Oui, ma bonne sœur, bien volontiers.

FRANCIS.

Oui, ma foi, Tom, car j'ai grand appétit.

CIVETTE.

Et moi, aussi, bien aimée Francis.

A Délia.

Non, ma sœur, ne croyez pas que je dépasse les limites de mon revenu.

DÉLIA.

Dieu le veuille!

Ils sortent.

SCÈNE IX

[Londres. Chez Matthieu Flowerdale.]

Entrent MATHIEU FLOWERDALE et le PÈRE FLOWERDALE, des épées à la main.

MATHIEU.

Morbleu, Christophe, reste là. J'ai aperçu sir Lancelot et le vieux Girouette qui venaient de ce côté; ils sont tout proches; je ne veux pas qu'ils me parlent.

LE PÈRE FLOWERDALE.

Vous avez raison; retirez-vous.

Entrent LANCELOT et GIROUETTE.

LANCELOT, au père Flowerdale.

Eh bien, l'ami! Tu appartiens à maître Flowerdale?

LE PÈRE FLOWERDALE.

En effet, monsieur.

LANCELOT.

Est-il ici, mon bon ami?

LE PÈRE FLOWERDALE.

Non, monsieur, il n'est pas ici.

LANCELOT.

Je t'en prie, s'il est ici, laisse-moi lui parler.

LE PÈRE FLOWERDALE.

Monsieur, à vous dire vrai, mon maître est ici, mais il ne

veut pas qu'on lui parle. Il y a des outrages qui pèsent sur sa réputation, et il n'admettra pas de pourparlers, qu'il n'en ait fait justice.

LANCELOT.

Je t'en prie, dis-lui que son excellent ami, sir Lancelot, implore un moment d'entretien avec lui.

LE PÈRE FLOWERDALE.

Sur ma parole, si vous venez pour arranger le différend qui existe entre mon maître et l'homme du Devonshire, vous vous leurrez d'un fol espoir et vous perdez votre peine.

LANCELOT.

Mon honnête ami, il ne s'agit pas de cela; je viens pour lui parler d'autre chose.

LE PÈRE FLOWERDALE.

Mon maître est bien résolu, monsieur, à réhabiliter son honneur ou à faire le sacrifice de sa vie.

LANCELOT.

Mon ami, je ne sache pas que ton maître ait une querelle avec qui que ce soit; ma démarche auprès de lui a un tout autre objet, veuille le lui dire.

LE PÈRE FLOWERDALE.

— J'ignore ce qu'est cet homme du Devonshire, — mais mon maître a des pensées de sang; sa détermination est irrévocable; — vos supplications, monsieur, seraient donc vaines.

LANCELOT.

Je ne viens pas pour cela, je le répète.

LE PÈRE FLOWERDALE.

Eh bien, je vais le lui dire.

Il sort.

LANCELOT, à Girouette.

Oui, mon cher, je vois que cette affaire est chaudement menée; — mais je vais essayer de l'en détourner.

Entrent MATHIEU FLOWERDALE et le PÈRE FLOWERDALE.

Bonjour, maître Flowerdale.

MATHIEU.

Bonjour, bon sir Lancelot, bonjour, maître Girouette. Sur ma parole, messieurs, j'étais en train de lire Nick Machiavel; je le trouve bon à connaître, et non à suivre. Un empoisonneur d'humanité! J'ai fait de lui quelques extraits textuels. Et comment va sir Lancelot? Hein! comment va? Monde fou, où les hommes ne sauraient vivre tranquilles!

LANCELOT.

Maître Flowerdale, j'ai appris qu'il y a quelques dissentiments entre l'homme du Devonshire et vous.

LE PÈRE FLOWERDALE.

Eux, monsieur! ils sont aussi bons amis que possible.

LANCELOT.

Cette dénégation est une sorte d'échappatoire; il y a dans votre silence une générosité qui n'est que trop rare. Mais, monsieur, j'ai entendu dire cela, à mon grand regret.

MATHIEU.

Il n'y a rien de pareil, sir Lancelot, sur ma parole d'honnête homme.

LANCELOT.

Eh bien, je vous crois, si vous me donnez votre parole qu'il n'y a rien de pareil.

MATHIEU.

Non, je n'en donne point ma parole; vous ne m'imposerez point une si stricte condition. S'il y a entre nous quelque chose, c'est qu'il y a quelque chose; s'il n'y a rien, c'est qu'il n'y a rien. Qu'il y ait quelque chose ou qu'il n'y ait rien, peu importe.

LANCELOT.

Je conclus de ceci qu'il y a quelque chose entre vous, et j'en suis désolé!

MATHIEU.

Vous pouvez vous tromper, sir Lancelot. L'italien a une jolie maxime. *Questo?...* Je l'ai oubliée; elle est sortie de ma tête, mais je la traduis ainsi : si tu as un ami, garde-le; un ennemi, culbute-le.

LANCELOT.

Allons, je vois qu'il y a quelque chose entre vous, et Dieu sait combien je le déplore.

MATHIEU.

Eh bien, ce qui est entre nous ne peut être aplani. — Sir Lancelot, il faut que demain je monte à cheval. — La route que je dois prendre, nul ne peut — me la barrer; aucun particulier — ne me peut contester le droit universel d'aller et de venir; si quelqu'un — me dit : Flowerdale, tu ne passeras pas par ce chemin, — je répondrai : il faut que j'avance ou que je recule. — Mais reculer n'est pas ma consigne, je dois avancer. — Si l'on m'en empêche, je dois me frayer passage. — La destinée fait pour moi le reste, et tout est dit.

LANCELOT.

Maître Flowerdale, tout homme a une langue et deux oreilles. La nature en ses œuvres est une artiste consommée.

MATHIEU.

Ce qui équivaut à dire qu'un homme doit entendre plus qu'il ne doit parler.

LANCELOT.

Vous dites la vérité, et en effet j'en ai entendu plus long que je n'en dirai pour cette fois.

MATHIEU.

Vous parlez bien.

LANCELOT.

Les calomnies sont plus communes que les vérités, maître Flowerdale, mais l'expérience est le critérium des unes et des autres.

SCÈNE IX.

MATHIEU.

Vous dites vrai.

LANCELOT.

J'ai ouï dire que vous étiez un mauvais sujet; je l'ai cru.

MATHIEU.

C'était juste, c'était inévitable.

LANCELOT.

Mais j'ai vu récemment en vous quelque chose qui m'a confirmé dans la secrète estime que j'avais pour vous.

MATHIEU.

Ma foi, monsieur, je suis bien sûr de ne vous avoir jamais fait de mal : — au contraire, je vous ai fait du bien, à vous et aux vôtres; — vous l'ignorez, j'en suis sûr, et ma volonté — est que vous ne le sachiez pas.

LANCELOT.

Oui, votre volonté suprême.

MATHIEU.

Oui, ma volonté suprême, monsieur. Morbleu! connaîtriez-vous mes volontés suprêmes? En ce cas, monsieur, on aurait trompé ma confiance.

LANCELOT.

Allez, maître Flowerdale, je sais ce que je sais; — et je sais, par la connaissance que j'ai de moi-même, — que je vous aime véritablement. Quant à ma fille, — elle est à vous. Si vous préférez un mariage — à une querelle, laissez de côté toutes ces arguties d'honneur — et venez avec moi. Et, au lieu de vous battre à mort, — vous vous marierez à une aimable dame.

MATHIEU.

Oui, mais, sir Lancelot.....

LANCELOT.

Si vous n'acceptez pas mon offre, soyez sûr que je m'arrangerai pour empêcher la rencontre.

MATHIEU.

Oui, mais écoutez-moi, sir Lancelot!

LANCELOT.

Non, n'insistez pas sur un faux point d'honneur; c'est le mobile le plus vicieux, le plus vain, le plus frivole. Votre affaire est d'épouser ma fille ; donnez-moi donc immédiatement votre parole de l'épouser; je vais préparer la donzelle. Décidez-vous, ou maintenant, ou jamais.

MATHIEU.

Vous me mettez donc au pied du mur?

LANCELOT.

Oui, par le ciel! prenez-moi vite au mot, ou vous ne m'y prendrez plus; et, au lieu de nous unir, comme je le rêvais, nous nous séparerons..... Sur ce, adieu pour toujours.

MATHIEU.

Arrêtez. Advienne que pourra, mon amour domine tout. J'irai.

LANCELOT.

Je vous attends. A tantôt donc.

Sortent Lancelot et Girouette.

LE PÈRE FLOWERDALE.

Maintenant, monsieur, qu'allons-nous faire pour les habits de noces?

MATHIEU.

Par la messe, c'est juste. Assiste-moi encore, Christophe, — et, le mariage conclu, nous t'indemniserons.

LE PÈRE FLOWERDALE.

— C'est bien, il suffit. Préparez-vous pour votre fiancée. — Quoi qu'il advienne, les habits ne vous manqueront pas.

MATHIEU.

— Et, dès qu'une fois j'aurai la dot, tu verras! — Nous passerons bien des heures en joie. — Quant à cette fille,

SCÈNE IX.

je m'en soucie comme d'une épingle. — C'est son or qui doit faire mes délices.

Il sort.

LE PÈRE FLOWERDALE.

— Est-il possible! Le vice devient une seconde existence — pour celui qui a renié Dieu et s'est donné au démon. — Si je n'étais pas sûr que sa mère fut constante et pure, — mon cœur me crierait qu'elle a déshonoré mon front. — Je jurerais que Mathieu n'a jamais été mon fils, — si cette belle âme n'avait été incapable d'une si noire action.

Entre l'ONCLE FLOWERDALE.

L'ONCLE FLOWERDALE.

Eh bien, frère, comment trouvez-vous votre fils?

LE PÈRE FLOWERDALE.

— Ah! frère! endurci comme un libertin — qui est passé maître à l'école du vice! — Il ne fait qu'inventer des supercheries. — Il rumine tout un jour — comment il trompera son meilleur ami le jour suivant. Il ne pense qu'au présent. — Pour avoir un penny comptant, il s'engagera à payer un shilling; — mais ce shilling, le prêteur l'attendra toujours. — Quand j'étais jeune, j'avais les entraînements de la jeunesse; — j'étais écervelé, débauché, étourdi, violent; — mais j'aurais trouvé monstrueux de rêver seulement les folles extravagances auxquelles il se livre.

L'ONCLE FLOWERDALE.

— C'est ce que je vous disais, mais vous n'avez pas voulu me croire!

LE PÈRE FLOWERDALE.

— Vous n'aviez que trop raison; mais il me reste un espoir. — Frère, il sera marié demain — à la belle Luce, la fille de sir Lancelot Spurcock.

L'ONCLE FLOWERDALE.

Est-il possible?

LE PÈRE FLOWERDALE.

— C'est vrai; et voici la leçon que je lui veux donner. — Je désire, frère, que vous le fassiez arrêter aujourd'hui même. — Si quelque chose peut le réformer, c'est cela. — Car il est endurci au mal, et rivé à une existence — qui doit consommer sa honte et tuer sa femme.

L'ONCLE FLOWERDALE.

— Eh quoi! l'arrêter le jour même de ses noces! — Ce serait un acte peu chrétien et peu humain. — Combien de couples ont payé par maintes années de soucis ultérieurs — les félicités de cette journée unique! — Laissez-le libre aujourd'hui; remettez l'arrestation à demain, — et ne troublez pas, par une telle douleur, sa joie d'aujourd'hui.

LE PÈRE FLOWERDALE.

— Frère, je veux qu'il soit arrêté aujourd'hui même, — à la vue de tous, quand il reviendra de l'église. — Observez seulement ce qu'il va faire; — je gage qu'il va nier la dette; — comme il faut que le paiement ne soit pas facile, — vous direz qu'il vous doit près de trois mille livres. — Mon cher frère, prenez immédiatement vos mesures.

L'ONCLE FLOWERDALE.

— Eh bien, puisque vous le voulez, — frère, soit. Je vais sur-le-champ chercher le shériff.

LE PÈRE FLOWERDALE.

— Et puis, frère, nous verrons ainsi — ce que fera sir Lancelot dans cette extrémité, — et combien Mathieu est aimé de sa femme; — l'affection de Luce sera soumise à une épreuve suprême. — Frère, ce que je projette — fera à mon fils beaucoup de mal et beaucoup de bien.

Ils sortent.

SCÈNE X

[Une place près d'une église.]

Entre OLIVIER.

OLIVIER.

— Voici assurément le lieu où ce faquin — m'a donné rendez-vous. S'il vient, soit! s'il ne vient pas, soit! — Si ze m'apercevais qu'il a voulu se zouer de moi, — ze l'attraperais, ze l'empoignerais, ze le tarabusterais, — et ze le houspillerais de la belle manière.

Entre SIR ARTHUR.

— Qui va là? sir Arthur! ranzons-nous.

Il se met à l'écart.

ARTHUR.

— Je cours, à travers champs, après l'homme du Devonshire, — dans la crainte qu'il ne lui arrive malheur. — Je me suis douté hier soir — que Flowerdale et lui auraient une rencontre ce matin. — Certes, Olivier ne craint pas Flowerdale, — mais j'ai voulu m'assurer de la loyauté des deux rivaux, — et juger par mes yeux de leur valeur. Voilà pourquoi je suis venu.

A Olivier qui s'avance.

Bonjour, maître Olivier.

OLIVIER.

Bonzour.

ARTHUR.

Eh quoi! maître Olivier, seriez-vous fâché?

OLIVIER.

Quand ze le serais, vous en offenseriez-vous?

ARTHUR.

— Moi, nullement. Mais j'imagine, — en vous voyant ainsi armé, — que vous attendez quelqu'un avec qui vous comptez vous battre.

OLIVIER.

Si cela est, ze vous engaze à ne pas prendre parti pour lui.

ARTHUR.

— Ma foi, voilà, je crois, une recommandation inutile ; — car j'ai dans l'idée que celui que vous attendez ne viendra pas.

OLIVIER.

En vérité? si z'étais sûr de ça, ze le rattraperais ailleurs.

Entre ASPHODÈLE.

ASPHODÈLE.

— Ah! sir Arthur! ah! maître Olivier! ah! Asphodèle! — Votre bien-aimée, et la vôtre, et la mienne, cette charmante mademoiselle Luce — s'est mariée ce matin au jeune Flowerdale.

ARTHUR.

Mariée à Flowerdale ! c'est impossible.

OLIVIER.

Mariée, l'ami! Tu plaisantes, z'espère. Tu veux faire une farce.

ASPHODÈLE.

Oh! ce n'est que trop vrai. Voici son oncle.

Entre l'ONCLE FLOWERDALE, accompagné du shériff et des exempts.

L'ONCLE FLOWERDALE.

Bonjour, sir Arthur, bonjour, maître Olivier!

OLIVIER.

Bonzour, monsieur Flowerdale. Une question, ze vous prie. Est-ce que votre coquin de neveu est marié?

SCÈNE X.

L'ONCLE FLOWERDALE.

Appelez-le comme vous voudrez, maître Olivier, il est marié à la fille de sir Lancelot.

ARTHUR.

A la fille de sir Lancelot !

OLIVIER.

— Comment ! le vieux bonhomme m'a zoué un pareil tour ! — Il m'avait pourtant promis que z'aurais Luce.

L'ONCLE FLOWERDALE.

— La musique joue. Ils arrivent de l'église. — Shériff, faites votre office. Gardes, tenez ferme.

Entrent MATHIEU FLOWERDALE, LUCE, LANCELOT, GIROUETTE, le PÈRE FLOWERDALE, et tous les gens de la noce.

OLIVIER, à Mathieu.

Que Dieu vous accorde la zoie, selon la vieille formule et quelque peine avec ! Vous avez été exact au rendez-vous, n'est-ce pas ?

LANCELOT.

Allons, ne vous fâchez pas, monsieur ; c'est ma faute ; c'est moi qui ai fait tout le mal ; je l'ai empêché d'aller à votre rencontre sur le terrain, et c'était mon devoir, monsieur, car je suis juge de paix, et tenu par serment de maintenir l'ordre.

GIROUETTE.

Dame, oui, monsieur, il est effectivement juge de paix et tenu par serment de maintenir l'ordre. Vous ne devez pas troubler la noce.

LANCELOT.

Tout beau ! monsieur, ne vous fâchez pas, ne vous emportez pas. Si vous le faites, je prendrai des mesures contre vous.

OLIVIER.

Bon, bon ; ze resterai tranquille.

GIROUETTE, considérant l'oncle Flowerdale.

N'est-ce pas là maître Flowerdale?..... Sir Lancelot, voyez donc qui est là..... C'est bien maître Flowerdale.

LANCELOT, à l'oncle Flowerdale qui s'avance.

Maître Flowerdale, vous êtes le très-bien venu.

MATHIEU.

Mon oncle! c'est bien lui!

Le shériff et les exempts le saisissent.

Vous m'arrêtez, monsieur le shériff! A la requête de qui?..... A moi, Christophe!

L'ONCLE FLOWERDALE.

A ma requête, monsieur.

LANCELOT.

Qu'y a-t-il donc, maître Flowerdale?

L'ONCLE FLOWERDALE.

Voici ce qu'il y a, monsieur. Ce libertin—vous a trompé; il a eu de moi—en diverses sommes trois mille livres.

MATHIEU.

Comment! mon oncle! mon oncle!

L'ONCLE FLOWERDALE.

— Mon neveu, mon neveu, vous m'avez dépouillé, — et si l'on ne vous arrête pas, vous ferez— des dupes de tous ceux qui vous approcheront.

LANCELOT.

— Mais, monsieur, supposons même qu'il vous doive — dix mille livres. Je calcule que sa fortune — s'élève au moins à trois mille livres par an.

L'ONCLE FLOWERDALE.

— Ah! monsieur, j'ai été informé trop tard de la supercherie — par laquelle il est parvenu à vous tromper : — il a fait un testament qu'il a remis à votre excellent ami — ici présent, à maître Girouette. Eh bien, dans ce testament — il n'y a que des gasconnades et des mensonges.

LANCELOT.

Eh quoi! il n'a pas toutes ces seigneuries, toutes ces terres, tous ces navires.

L'ONCLE FLOWERDALE.

Il n'a pas une obole, pas un demi-penny.

LANCELOT.

Je vous prie de nous dire la vérité, soyez franc, jeune Flowerdale.

MATHIEU.

Mon oncle, ici présent, est furieux; il est disposé à me faire du tort.

Montrant le père Flowerdale.

Mais voici mon valet, un honnête garçon, pardieu! et de bonne foi; il sait que tout est vrai.

LE PÈRE FLOWERDALE.

Moi, nullement, monsieur. Je suis trop vieux pour mentir; ce que je sais, c'est que vous avez forgé un testament, à chaque ligne duquel vous vous êtes étudié à mentionner un avoir imaginaire.

GIROUETTE, à Mathieu.

Où sont donc, je te prie, les amis honnêtes que tu peux citer?

LE PÈRE FLOWERDALE.

Ma foi, nulle part, monsieur; il n'en a pas un seul.

GIROUETTE.

Miséricorde! nous sommes joués, je crois.

LANCELOT.

Je suis dupé, et l'enfant, qui était ma principale espérance, est perdue.

MATHIEU.

— Vous n'êtes pas dupé, et elle n'est pas perdue. — On me calomnie, par le ciel! on me calomnie! — Voyez-vous, mon oncle, que voici, est un usurier; il voudrait me perdre; — mais j'obtiendrai justice. Servez-moi seulement de caution, c'est tout ce que je vous demande. — Vous, frère Civette, et vous, maître Girouette, offrez-moi — seulement votre caution ; qu'on me paie — l'argent de la dot ; et nous monterons à cheval ; — et vous verrez par vos yeux — comme mes pauvres tenants vont me faire fête. — Servez-moi seulement de caution ; faites seulement cela.

A son oncle.

— Je suppose, avide moucheron, que leur caution vous suffira.

L'ONCLE.

Oui, monsieur ; je n'en demande pas une meilleure.

LANCELOT, à Mathieu.

— Non, monsieur, vous n'aurez ni ma caution, ni la sienne, — ni celle de mon fils Civette ; je ne veux pas être filouté, moi. — Shériff, emmenez votre prisonnier ; je ne veux plus avoir rien de commun avec lui. — Que son oncle fasse de faux dés avec ses faux os ; — je ne veux plus avoir affaire à lui. Bafoué, dupé et outragé ! — Allons, ma fille, si tard qu'il soit, ceci tombe à propos : — tu ne vivras pas avec lui dans l'enfer de la mendicité !

LUCE.

— Il est mon mari, et le ciel sait — avec quelle répugnance je suis allée à l'église ; — mais vous m'avez obligée, vous m'avez forcée à cette union. — Le saint prêtre vient tout à l'heure de prononcer ces paroles : — « Tu n'abandonneras pas ton époux dans la détresse. » — Maintenant, mon devoir est de l'assister, et non de partir avec vous.

LANCELOT.

— Assister un fourbe ! sous peine de ma malédiction, abandonne-le.

LUCE.

— Aujourd'hui même vous me l'avez fait épouser, sous peine de votre malédiction ! — Je vous en prie, n'accablez pas mon âme désolée ; — Dieu sait combien mon cœur saigne de sa détresse.

LANCELOT.

Ah! maître Girouette! — Je dois avouer que je l'ai forcée à ce mariage, — abusé que j'étais par ce faux testament.

GIROUETTE.

Ah! il m'a trompé, moi aussi.

LANCELOT.

— Elle aurait pu vivre comme Délia, dans un heureux état de virginité.

DÉLIA.

— Résignez-vous, mon père. Ce malheur arrive trop tard.

LANCELOT.

— Et dire qu'elle m'a adjuré, qu'elle m'a supplié à genoux, — s'il fallait qu'elle goûtât la triste existence du mariage, — de lui donner pour époux sir Arthur Greenshield !

ARTHUR.

— Et vous n'avez fait qu'aggraver son malheur et le mien.

LANCELOT, à sir Arthur.

— Oh! vous pouvez encore la prendre, prenez-la.

ARTHUR.

Moi! non pas !

LANCELOT.

Ou bien vous, maître Olivier, acceptez mon enfant, et la moitié de ma fortune est à vous.

OLIVIER.

Non, monsieur, ze ne violerai point les lois.

LUCE.

Ne craignez rien; je ne vous importunerai pas.

DÉLIA.

Pourtant, ma sœur, n'allez pas, dans cette exaltation, courir tête baissée à votre ruine. Vous pouvez l'aimer, sans le suivre.

FRANCIS.
Allons, sœur, qu'il aille au diable! laissez-le partir.
GIROUETTE.
Oui, ma foi, mistress Luce, abandonnez-le.
LUCE.
— Vous déraisonnez tous trois. Laissez-moi. — Je jure de rester avec lui dans toute sa détresse.
OLIVIER.
— Mais, pour peu qu'il ait les zambes libres, — z'ai peur qu'il ne reste pas avec vous, lui.
ARTHUR.
Oui, mais il est maintenant en trop bonnes mains pour pouvoir se sauver.
LANCELOT, à Luce.
—Femme, vous voyez combien nous sommes lésés, vous et moi; — et vous pouvez encore réparer tout le mal, si vous le voulez. — Mais, si vous persistez à le suivre, — ne vous montrez plus devant moi, ne tournez plus les yeux vers moi, — ne m'appelez plus votre père; n'attendez plus de moi une obole; — car toute votre dot, je la donne aujourd'hui même — à votre sœur Francis.
FRANCIS, à Civette.
Qu'en dites-vous, Tom? Je vais avoir une bonne part; — et puis, je serai une bonne femme, et une bonne femme — est une bonne chose, je puis le dire.
CIVETTE.
Assez, Francis. Je serais fâché, foi de gentilhomme, de voir ta sœur tomber dans la misère.
LANCELOT, à Luce.
Eh bien, êtes-vous toujours décidée?
LUCE.
Oui, je suis décidée.
LANCELOT.
Venez donc avec nous. Ou maintenant, ou jamais!

SCÈNE X.

LUCE, montrant son mari.

— Je pars avec lui. Allez, vous, à vos fêtes; — moi, qui suis accablée de douleur, je vais pleurer.

LANCELOT.

— Retire-toi de ma vue pour toujours…Allons, messieurs, — rentrons, je vous marierai à des filles qui vaudront mieux que celle-ci… — Délia, au nom de ma bénédiction, ne lui parle plus. — Vile bagasse! si empressée de se jeter dans la misère!

L'ONCLE FLOWERDALE.

Shériff, chargez-vous du prisonnier.

MATHIEU.

— Pardieu, vous m'avez traité bien durement — le jour de ma noce.

Tous sortent, excepté LUCE, MATHIEU, LE PÈRE FLOWERDALE, L'ONCLE FLOWERDALE, LE SHÉRIFF et les exempts.

LUCE, à l'oncle Flowerdale.

— Ah! maître Flowerdale, écoutez-moi… — Attendez un moment, mon bon monsieur le shériff… — Sinon pour lui, du moins par pitié pour moi, — mon bon monsieur, ne fermez pas l'oreille à ma prière; — ma voix faiblit, car les femmes n'ont pas la parole forte.

Elle se jette aux genoux de l'oncle.

MATHIEU, à son oncle.

Vous voyez, elle se jette à vos genoux.

L'ONCLE FLOWERDALE.

— Belle enfant, pour vous, je vous aime de tout mon cœur. — Je suis désolé, âme charmante, que tu aies eu le malheur — de t'unir à ce jeune pervers. — Va rejoindre ton père; ne pense plus à cet homme — que l'enfer a marqué pour être l'enfant de l'opprobre.

LUCE.

— N'imputez ses désordres, monsieur, qu'à sa jeunesse,

— et croyez que l'heure du repentir a sonné pour lui. — Hélas! quel bénéfice, quel profit y a-t-il pour vous — à emprisonner celui qui n'a plus rien? — Où il n'y a plus rien, le roi perd ses droits. — Oh! ayez pitié de lui comme Dieu aura pitié de vous.

L'ONCLE FLOWERDALE.

— Madame, je ne connais que trop bien son caractère. — Pour le corriger, il n'y a pas d'autre moyen — que de l'enchaîner à la misère.

LUCE.

Supposons qu'il ait payé ce qu'il vous doit; il est libre alors!

L'ONCLE FLOWERDALE.

— Oui, belle vierge, je n'ai plus rien à faire, dès qu'il s'est acquitté. — Mais cela lui est aussi impossible — que d'escalader les Pyramides. — Shériff, emmenez votre prisonnier. Adieu, madame.

LUCE.

— Oh! ne partez pas encore, mon bon monsieur Flowerdale; — acceptez, comme garantie de cette dette, ma parole, ma signature.

MATHIEU.

— Oui, au nom du ciel, mon oncle, et ma signature par-dessus le marché.

LUCE.

—Mon Dieu! j'ai toujours payé ce que je devais, — et je puis travailler. Hélas! il ne peut rien faire, lui! — Moi, j'ai des amis qui, peut-être, auront pitié de moi; — ses amis les plus proches, à lui, cherchent son malheur. — Tout ce que je pourrai mendier, gagner, recueillir, sera pour vous... — Oh! ne vous détournez pas. Il me semble, en voyant ce visage si vénérable, — qu'un homme, ayant une telle expérience des vicissitudes de ce monde, — devrait avoir un peu de compassion pour la douleur d'une femme. — Au nom de mon désespoir, au nom de son père, qui est votre frère, — au nom de votre âme qui espère la joie céleste, — ayez pitié de moi, ne perdez pas deux âmes.

L'ONCLE FLOWERDALE.

— Relevez-vous, belle vierge. Non par égard pour lui, — mais par pitié pour ton malheureux choix, — je le rends à la liberté. Monsieur le shériff, je vous remercie. — Gardes, voici votre pourboire.....

A Luce.

— Tiens, mon enfant, accepte cet argent, voici cent anges d'or ; — mais, pour être sûr qu'il ne les gaspillera pas, — je te les confie, Christophe ; tiens, emploie-les avec ménagement, — mais aie soin qu'elle ne manque de rien. — Séchez vos yeux, ma nièce ; ne vous affligez pas trop — pour un homme qui a passé sa vie dans le désordre. — S'il vous traite bien, il se fera des amis ; — s'il vous maltraite, une fin honteuse l'attend.

Il sort.

MATHIEU.

— Que la peste t'étouffe, vieux fornicateur !..... — Allons, Christophe, l'argent ! allons, mon bon Christophe !

LE PÈRE FLOWERDALE.

Ah ! ma foi, monsieur, vous m'excuserez.

MATHIEU.

Et pourquoi vous pardonnerais-je, monsieur ? Donne-moi l'argent, vieux coquin, ou je t'y forcerai.....

LUCE, à Mathieu.

De grâce, retenez-vous.

Au père Flowerdale.

Donne-lui l'argent, mon honnête ami.

LE PÈRE FLOWERDALE.

De tout mon cœur, si vous y consentez.

Il remet l'argent à Mathieu.

MATHIEU.

— Si elle y consent! Sangdieu! il faudra bien qu'elle y consente, — bon gré, malgré!... Cette pleurnicheuse me suivre! fi donc! — Retourne auprès de ton père, ce crasseux, ce rustre; — obtiens de lui ta dot, ou ne parais jamais devant moi.

LE PÈRE FLOWERDALE.

— Monsieur, elle a abandonné son père et tous ses amis pour vous.

MATHIEU.

— Va te faire pendre, ainsi que ton père et tous ses amis.

LE PÈRE FLOWERDALE.

— Au moins, défaites-vous de quelque chose en sa faveur, pour qu'elle se procure un gîte.

MATHIEU.

Oui, je veux bien me défaire d'elle et de toi; mais, si je me défais d'un seul de ses anges, je veux être pendu au premier poteau. J'aimerais mieux en faire ce que j'ai fait d'un millier de leurs pareils, les jeter sur un coup de dé.

LE PÈRE FLOWERDALE.

— Eh bien, sache la vérité, enfant dégénéré; — tu avais un père qui aurait rougi de toi.

MATHIEU.

— Mon père était un âne; un vieil âne.

LE PÈRE FLOWERDALE.

— Ton père! impudent coquin!... — Eh quoi! vous vous mettez en garde! eh bien, je me battrai avec vous.

LUCE.

— Mon bon monsieur, laissez-le dire.

LE PÈRE FLOWERDALE.

— Si cette femme éplorée ne se pendait pas à moi, — je t'apprendrais ce qu'il en coûte d'offenser ton père. — Va au diable, mendie, souffre de la faim! Joue aux dés, et, quand tu auras tout perdu, — sois pris de désespoir et pends-toi.

LUCE.

Oh! ne le maudissez pas.

LE PÈRE FLOWERDALE.

— Je ne le maudis pas; mais prier pour lui serait chose vaine. — Je suis désolé qu'il porte le nom de son père.

MATHIEU.

— C'est bon, vieux coquin; je te retrouverai. — Maraud, décampe, je ne te retournerai pas ta livrée — par-dessus tes oreilles, parce que tu l'as payée, — mais ne te sers plus de mon nom, maraud, — tu m'entends! Fais-y attention, — ne te sers plus de mon nom, je te le conseille.

LE PÈRE FLOWERDALE.

— Rendez-moi les vingt livres que je vous ai prêtées, — ou donnez-moi une garantie de leur remboursement.

MATHIEU.

— Je ne te rendrai pas un penny, — et, pour une garantie, je ne t'en donnerai pas. — Petiote, ne me suivez pas; faites-y attention, ne me suivez pas. — Si vous me suivez, mendiante, je vous casse le nez.

LUCE.

Hélas! que vais-je devenir?

MATHIEU.

— Eh bien, fais-toi putain; c'est un bon métier; — et peut-être qu'ainsi je te verrai de temps en temps.

LUCE.

— Hélas! pourquoi suis-je venue au monde?

LE PÈRE FLOWERDALE.

— Chère madame, ne pleurez pas; je m'attacherai à vous.

LUCE.

— Mon Dieu! je ne sais plus que faire, mon ami. — Mon père et ma famille m'ont repoussée; — et moi, malheureuse fille abandonnée, — je ne sais plus où aller ni que dire.

LE PÈRE FLOWERDALE.

— Je suis navré dans l'âme de voir les larmes — flétrir ainsi les roses cramoisies de ses joues. — Madame, prenez courage, ne vous abandonnez pas à une stérile douleur; — j'ai dans cette ville un petit bien, — qui vaut, je pense, une centaine de livres; — il est à votre disposition, comme tout ce que je possède. — Je vais vous procurer immédiatement un déguisement, — et vous placer en service dans cette ville; — vous connaîtrez tout ce qui se passera, sans être vous-même connue. — Allons, ne vous affligez plus d'un mal irrémédiable; — ne versez plus de larmes pour un homme plus que perverti.

LUCE.

Je vous rends grâces, monsieur.

Ils sortent.

SCÈNE XI

[Chez sir Lancelot.]

Entrent SIR LANCELOT, FRANCIS, DÉLIA, SIR ARTHUR, OLIVIER, CIVETTE et GIROUETTE.

OLIVIER.

— Oui, on m'a zoué bien des sales tours, — mais zamais on ne m'en a zoué un aussi infect.

LANCELOT.

— Fils Civette, Francis, ma fille, excusez-moi; — vous voyez de quelle profonde douleur je suis accablé — par la faute de cette malheureuse enfant, votre sœur Luce. — Mais il m'arrive ce qui est arrivé à tant de familles; — les enfants les plus chéris sont ceux qui causent le plus de tourment.

SCÈNE XI.

CIVETTE.

— C'est vrai, père. La chose est arrivée ainsi; — mais quel remède? prenez votre courage à deux mains, et n'y pensez plus. — Nous voici, votre fille Francis et moi; eh bien, — nous vous donnerons des enfants, je ne dirai pas — aussi sages, mais aussi jolis — que l'était Luce, si légitime — que fût sa réputation de jolie fille. Mais, mon père, la chose est convenue, vous viendrez?

LANCELOT.

Oui, fils Civette, je viendrai.

CIVETTE.

Et vous, maître Olivier?

OLIVIER.

Oui, car z'ai été tellement vexé à cette noce-ci, que ze veux voir si ze serai plus heureux à la vôtre.

CIVETTE.

Et vous, sir Arthur?

ARTHUR.

Oui, monsieur, quoique j'aie le cœur bien gros, je veux bien être de votre fête nuptiale.

CIVETTE.

Et vous y serez le bienvenu, le bienvenu tout de bon; allons, Francis, êtes-vous prête?

FRANCIS.

Doux Jésus! comme ces maris sont pressés!... De grâce, mon père, priez Dieu de me bénir.

LANCELOT.

Que Dieu te bénisse, comme je le fais. Que Dieu te donne la sagesse et vous envoie à tous deux la joie! Je le souhaite avec des yeux humides.

FRANCIS.

Mais, mon père, est-ce que ma sœur Délia ne viendra pas avec nous? Elle excelle à faire la cuisine et a cent petits talents de ménagère.

LANCELOT.

Oui, certes, elle partira avec vous... Délia, préparez-vous.

DÉLIA.

Je suis prête, monsieur. J'irai d'abord à Greenwich, de là chez ma cousine Chesterfield, et ensuite à Londres.

CIVETTE.

C'est bien, chère sœur Délia, c'est bien; mais ne nous faites pas faux bond; donnez des ordres aux cuisiniers et aux marmitons; car je ne voudrais pas que ma chère Francis se salît les doigts.

FRANCIS.

Non, sur ma parole, je ne le voudrais pas non plus. Moi, une femme de qualité, et, qui plus est, une femme mariée, être associée à des cuisiniers et à des gâte-sauces! fi donc!

CIVETTE.

Eh! je n'entends pas non plus que tu le sois, ma bien-aimée; tu le vois bien... Adieu, vous tous!... Dieu vous bénisse, maître Girouette! Nous accorderez-vous, vous aussi, votre compagnie?

GIROUETTE.

De tout mon cœur, car j'aime la bonne chère.

CIVETTE.

Allons, que Dieu soit avec vous tous!... Venez, Francis.

FRANCIS.

Dieu soit avec vous, mon père! Dieu soit avec vous, sir Arthur, maître Olivier, maître Girouette, ma sœur! Dieu soit avec vous tous!

GIROUETTE.

Eh bien, qu'avez-vous, sir Arthur? vous êtes bien morne, maître Olivier, qu'avez-vous, mon cher? Un peu de gaîté, sir Lancelot.

LANCELOT.

Oui, elle est partie tout de bon, la pauvre fille, elle est

perdue. Mais quand les enfants n'en font qu'à leur tête, il faut qu'il leur en cuise.

ARTHUR.

Mais, monsieur, c'est vous qui êtes la principale cause de ses malheurs; il est donc juste que vous les répariez.

GIROUETTE.

En vérité, il le faut, sir Lancelot, il le faut.

LANCELOT.

Il le faut! qui pourrait donc m'y contraindre, maître Girouette? Je puis faire ce que je veux, j'espère.

GIROUETTE.

J'en conviens, vous pouvez faire ce vous voulez.

OLIVIER.

— Oui, mais, si vous êtes bien avisé, vous ferez bien — de ne point zeter sur le pavé, pour une mésante boutade —une des plus zolies donzelles qu'on puisse voir — dans un zour d'été. Ze vais vous dire ce que ze vais faire; — ze vais fouiller la ville dans tous les sens pour voir si — ze puis avoir des nouvelles de Luce, — et essayer de l'enlever à ce coquin, car ze suis — sûr qu'il la conduira à sa perte. — Et sur ce, adieu! Nous nous retrouverons cez votre zendre Civette.

LANCELOT.

— Merci, monsieur. Je prends votre avis en très-bonne part.

ARTHUR.

— Je l'aime tant que, pour la retrouver, — pour assurer son bonheur, je donnerais le plus pur de mon sang.

Il sort avec Olivier.

LANCELOT.

Ah! maître Girouette, — quel malheur que j'aie soustrait ma fille — à maître Olivier, à ce bon chevalier, — pour la livrer à un homme qui n'a rien de bon dans l'âme!

GIROUETTE.

— C'est un malheur. Mais quel remède?

LANCELOT.

—Quel remède? Je crois en avoir trouvé un. — Le jeune Flowerdale est, pour sûr, en prison.

GIROUETTE.

Pour sûr? rien n'est sûr.

LANCELOT.

Peut-être aussi son oncle l'a-t-il relâché.

GIROUETTE.

C'est bien possible; il l'a sans doute relâché.

LANCELOT.

S'il est encore en prison, j'obtiendrai un mandat—pour reprendre ma fille jusqu'à ce qu'il soit jugé; — car je lui intenterai un procès en escroquerie.

GIROUETTE.

— Vous le pouvez, et vous pouvez le perdre ainsi.

LANCELOT.

— Mais ce n'est pas sûr; je puis être déçu, — et la sentence peut lui être favorable.

GIROUETTE.

C'est encore possible; prenez-y donc garde.

LANCELOT.

— Qu'il soit en prison ou en liberté, n'importe. — Je veux en tout cas lui intenter un procès; — et c'est vous, maître Girouette, qui déposerez la plainte.

Ils sortent.

SCÈNE XII

[Londres. Une rue.]

Entre MATHIEU FLOWERDALE.

MATHIEU.

— La peste soit du diable, et que le diable emporte les dés! — Que les dés et le diable aillent à tous les diables! — De mes cent anges d'or, — il ne me reste plus un denier. — Peste soit du jeu! Que vais-je faire? — Je ne puis plus emprunter sur mon crédit. — Parmi mes connaissances, hommes faits ou jeunes gens, — il n'en est pas une à qui je n'aie plus ou moins emprunté. — Je voudrais savoir où je pourrais prendre une bourse bien garnie, — sans me faire pincer. Par le ciel, je vais tenter l'aventure. — Pardieu, voici ma sœur Délia. — Je vais la voler, ma foi.

Entrent DÉLIA et ARTICHAUD.

DÉLIA.

— Je t'en prie, Artichaud, ne va pas si vite. — Le temps est chaud, et je suis un peu lasse.

ARTICHAUD.

Voyons, mistress Délia, je vous promets que votre guide ne vous fatiguera point; nous marcherons d'un pas extrêmement modéré.

MATHIEU.

La bourse ou la vie!

ARTICHAUD.

Seigneur Dieu! au voleur! au voleur!

Il se sauve.

MATHIEU, à Délia.

— Allons, allons, votre bourse, madame, votre bourse!

DÉLIA.

— J'ai entendu souvent cette voix-là! — Eh quoi! mon frère Flowerdale devenu un voleur!

MATHIEU.

— Oui, morbleu, et j'en rends grâces à votre père. — Allons, ma sœur, allons, votre argent! — Je dois mener l'existence à laquelle le monde me réduit; — ce n'est pas un crime de voler, quand personne ne donne plus rien.

DÉLIA.

— O Dieu! toute grâce est-elle donc bannie de ton cœur? — Songe à l'infamie qui s'attache à un pareil acte.

MATHIEU.

— Ne me parlez pas d'infamie. Allons, donnez-moi votre bourse; — je vais vous garrotter, ma sœur, pour plus de sûreté.

DÉLIA.

— Non, ne me garrotte pas. Tiens, voici tout ce que j'ai; — et puisse cet argent racheter ta faute!

Entrent OLIVIER, SIR ARTHUR *et* ARTICHAUD.

ARTICHAUD, criant.

Au voleur! au voleur! au voleur!

OLIVIER.

Au voleur! Où vois-tu des voleurs, mon ser?... Quoi! mistress Délia! c'est vous sans doute qu'on a volée?

DÉLIA.

Non, maître Olivier. C'est maître Flowerdale qui a voulu me faire une farce.

OLIVIER.

Comment! Flowerdale, ce misérable! Drôle, ze vous rencontre à propos; en garde!

MATHIEU.

Monsieur, je ne veux pas avoir affaire à vous, je suis trop occupé.

SCÈNE XII.

DÉLIA.

Allez! frère Flowerdale, je vous prête tout cet argent.

MATHIEU.

Merci, sœur.

OLIVIER, à Délia.

Je veux qu'il vous arrive malheur, si vous prêtez une obole à ce drôle. Puisque vous ne savez pas garder votre arzent, ze le garderai, moi!

ARTHUR.

Il est fâcheux de secourir de la sorte — un homme qui se fait gloire de ses continuelles vilenies.

DÉLIA.

— Frère, vous voyez comme tout le monde vous censure. — Adieu! je prie le ciel de vous réformer.

OLIVIER.

— Venez! ze vais vous accompagner; ze saurais vous protézer — contre vingt misérables de son espèce. — Adieu, coquin, et puisses-tu au plus vite être pendu, — comme tu dois l'être! Venez, sir Arthur.

Tous sortent excepté Mathieu.

MATHIEU.

— Peste soit de ce misérable marchand de draps! — Ce gars du Devonshire est un porc des pieds à la tête. — Ses mains sont faites seulement pour soulever des ballots. — Il a le cœur aussi grossier que le visage. — Il est aussi éloigné des caractères magnanimes — que je le suis de servir les cochons et de boire avec les animaux, — comme j'y suis presque réduit en ce moment. Mais quel remède? — Quand l'argent, les ressources, les amis, tout vous manque, — adieu l'existence! Tout est fini.

Il sort.

SCÈNE XIII

[Londres. Chez Civette.]

Entrent LE PÈRE FLOWERDALE, LUCE, déguisée en fille flamande, CIVETTE et FRANCIS, devenue sa femme.

CIVETTE.
Merci, ma foi, bon Christophe! Je te rends grâces de m'avoir présenté cette servante. Elle me plaît fort. Comment la trouves-tu, Francis?

FRANCIS.
Sérieusement, Tom, tout à fait à mon goût. Elle a un si gentil parler. Comment vous appelez-vous, je vous prie?

LUCE.
Morguienne, je m'appelle Tanikin.

FRANCIS.
Un joli nom, sur ma parole. O Tanikin, vous excellez aux coiffures nouvelles.

LUCE.
Je fais d'une tête tout ce que je veux.

CIVETTE.
De quel pays est-elle, Christophe?

LE PÈRE FLOWERDALE.
C'est une flamande, monsieur.

CIVETTE.
C'est donc une étrangère?

LE PÈRE FLOWERDALE.
Oui, monsieur.

CIVETTE.
Introduis-la, Christophe, et montre-lui ma maison.

LE PÈRE FLOWERDALE.
Oui, monsieur. Venez, Tanikin.

FRANCIS.

Ah! Tom, vous ne m'avez pas encore baisée d'aujourd'hui... Tom!

CIVETTE.

Non, Francis. Nous ne devons pas nous embrasser devant les gens.

Il l'embrasse.

Dieu bénisse ma petite Francis!

Entrent Délia et Artichaud.

Ah! voilà ma sœur Délia! soyez la bienvenue, bonne sœur.

FRANCIS.

Soyez la bienvenue, bonne sœur. Comment trouvez-vous ma coiffure?

DÉLIA.

Charmante, ma sœur.

CIVETTE.

Je suis bien aise que vous soyez venue, sœur Délia. Vous allez faire préparer le souper. Nos gens vont être ici bientôt.

ARTICHAUD.

Oui, mais si la chance ne nous avait pas favorisés, elle ne serait pas encore ici. Ce filou de Flowerdale a failli nous rosser; sans maître Olivier, nous étions volés.

DÉLIA.

Silence, maraud! assez!

LE PÈRE FLOWERDALE.

Volés! par qui?

ARTICHAUD.

Par Flowerdale, morbleu! il s'est fait voleur.

CIVETTE.

Ma foi, voilà qui n'est pas bien. Mais, Dieu soit loué! vous voilà saine et sauve. Voulez-vous venir, sœur?

LE PÈRE FLOWERDALE, bas, à Artichaud.

Un mot, mon brave. Est-il bien vrai que Flowerdale, celui qui a été mon maître, vous ait volés? Je t'en prie, dis-moi la vérité.

ARTICHAUD, bas, au père Flowerdale.

Oui, ma foi, c'est ce même Flowerdale qui a été ton maître.

LE PÈRE FLOWERDALE, bas, à Artichaud.

Tiens, voici un écu de France. Ne parle plus de ceci.

ARTICHAUD.

Non, je n'en soufflerai plus mot.

A part.

Je flaire ici quelque coquinerie. — Dans chaque bourse que prend Flowerdale, ce drôle prend la moitié. — Il me donne ceci pour que je garde le secret.

Bas, au père Flowerdale.

Je ne dirai rien.

LE PÈRE FLOWERDALE.

Grand merci.

FRANCIS.

Voyez donc, ma sœur. J'ai une nouvelle servante, une flamande; elle parle si gentiment, que ça vous fait du bien au cœur.

CIVETTE.

Comment la trouvez-vous, ma sœur?

DÉLIA.

Elle me plaît fort.

CIVETTE.

Allons, chère sœur, voulez-vous venir donner vos instructions pour le souper? Nos hôtes vont être ici dans un moment.

DÉLIA.

Oui, mon frère, allez devant, je vous suis.

Tous sortent excepté Délia et Luce.

Écoute, petite flamande, un mot.

LUCE.

Que me voulez-vous?

DÉLIA.

— Sœur Luce, ce n'est pas en déguisant votre voix — et votre personne que vous parviendrez à me donner le change. — Je vous reconnais. Qu'est-ce que ceci veut dire, je vous prie?

LUCE.

— Puisque vous m'avez reconnue, sœur, gardez-moi le secret. — Si j'ai pris ce déguisement, — c'est pour vivre quelque temps ignorée — de mon père et de mes amis; — je veux voir ainsi quelle action le temps exercera — sur la vie désordonnée de maître Flowerdale.

DÉLIA.

— Oh! il est pire qu'un méchant. Je t'en prie, abandonne-le — et ne pense plus à lui.

LUCE.

— Ne me donnez pas un pareil conseil. — Quand il serait pire que les pires, — un unique bon moment peut réparer tout le mal — de sa vie passée. — Donc, chère sœur, ne me dénoncez pas. — Si jamais son cœur se repent, ce ne sera jamais trop tard.

DÉLIA.

— Soit! Puisqu'aucun conseil ne peut altérer votre résolution, — je ne vous dénoncerai pas. Vous vous aveuglez volontairement.

LUCE.

— Merci, Délia... Il faut maintenant que je plaise — à ma sœur Francis; et celle-là n'est ni juste ni sensée.

Elles sortent.

SCÈNE XIV

[Londres. Une place sur laquelle est située la maison de Civette.]

Entre MATHIEU FLOWERDALE.

MATHIEU.

— Il marche toujours, celui qui ne connaît pas la fin de son voyage. — J'ai franchi les limites extrêmes de l'expédient. — Je n'ai plus qu'à m'aller pendre. — Depuis hier deux heures, j'ai vécu — d'un pain d'épices que j'ai eu à un enterrement ; je n'ai trouvé — à boire que dans un cabaret, au milieu de portefaix, seuls capables — de supporter un homme qui, comme moi, n'a pas un denier... — Mais qui vient ici ? — Les deux escrocs qui m'ont gagné tout mon argent ! — Je vais voir s'ils consentiront à m'en prêter.

Entrent DICK et RALPH.

— Eh bien, maître Richard, comment vous portez-vous — Comment vas-tu, Ralph ? Palsembleu ! messieurs, les affaires — vont mal pour moi. Auriez-vous la bonté de me prêter — un ange à vous deux ? Vous savez que vous — m'en avez gagné cent l'autre jour.

RALPH.

— Comment, un ange ! que Dieu nous damne, si nous n'avons pas tout reperdu — jusqu'au dernier penny, une heure après que tu étais parti !

MATHIEU.

— Je vous en prie, prêtez-moi seulement de quoi souper. — Je vous rembourserai, foi de gentleman.

RALPH.

— Sur ma parole, nous n'avons pas un farthing, pas un

liard. — Je m'étonne, maître Flowerdale, — que vous vous ruiniez aussi étourdiment. — Eh quoi! vous perdriez en une heure plus d'argent — qu'un honnête homme n'en dépense en un an. — Par pudeur! adonnez-vous à quelque honnête métier, — et ne vivez pas ainsi comme un vagabond.

Sortent Dick et Ralph.

MATHIEU.

— Un vagabond, en effet! Et vous n'en êtes que plus coquins!... — Eux qui ont été les premiers à me dépouiller, ils me donnent des conseils à présent! — Ces démons-là m'ont réduit à l'état où je suis, — et ils sont les premiers à m'outrager! — Non loin d'ici demeure une gourgandine — que j'ai, tout le premier, habillée de satin. — Elle n'a pas une dent dans la bouche, — qui ne m'ait coûté au moins vingt livres sterling. — Maintenant que je n'ai plus d'argent, je vais lui faire visite. — C'est ici, je crois, que demeure la donzelle.

Il frappe vivement à la porte d'une maison.

— Holà! mistress Abricot est-elle chez elle?

Paraît sur le seuil un RUFFIAN.

LE RUFFIAN.

— Quel est l'impertinent drôle qui frappe si hardiment? — Ah! c'est vous, vieux prodigue! vous voilà donc! — Un gaillard qui s'est fait filou de par la ville. — Ma maîtresse vous a vu, et elle vous fait dire par moi — que vous ayez à déguerpir au plus vite; — sinon, vous recevrez d'elle un compliment de bienvenue — qui ne vous plaira guère. Vous ferez donc bien de détaler.

Le ruffian referme la porte et disparaît.

MATHIEU.

— Oui, voilà ce qui devait arriver! Étant pauvre, — tu devais être ainsi traité par une vile putain fardée. — Soit!

puisque cette maudite engeance me maltraite ainsi, — je vais voir comment me traiteront les honnêtes gens.

Passe un VIEUX BOURGEOIS.

Monsieur, je vous conjure d'avoir compassion d'un homme dont la condition a été beaucoup meilleure qu'elle ne semble l'être aujourd'hui. Si je pouvais seulement obtenir de vous de quoi retourner chez mes parents, je vous garderais toute ma gratitude, jusqu'au jour où je pourrais reconnaître dignement un tel service.

LE VIEUX BOURGEOIS.

— Fi, fi, jeune homme! voilà une conduite fort blâmable. — Nous n'avons que trop de ces gueux-là par la cité. — Mais, comme je ne vous ai pas encore vu faire ce métier, — et que je ne vous ai point remarqué pour être un mendiant vulgaire, — tenez, voici un ange pour payer les frais — de votre voyage; retournez dans votre famille; ne vous fiez pas à ceci. — De si tristes commencements ont souvent de plus tristes fins.

Il sort.

MATHIEU.

— De plus tristes fins! Bah! si l'apparition d'un ange d'or — est le pis qui m'arrive, je ne m'en inquiète guère. — Maintenant, après un si heureux début, — je prétends ne pas laisser une bourse de six pence m'échapper. — Par la messe, voici encore quelqu'un!

Entre UNE BOURGEOISE, précédée d'un valet portant une torche.

Dieu vous bénisse, belle dame! Si vous daignez, gentille femme, jeter les yeux sur la détresse d'un pauvre gentilhomme, un jeune cadet, je ne doute pas que Dieu ne vous rende triplement ce que vous lui aurez donné... Un homme qui jusqu'ici n'a jamais demandé un penny, un demi penny, un farthing!

SCÈNE XIV.

LA BOURGEOISE.

Arrête, Alexandre... Sur ma parole, c'est un homme fort distingué! Quel dommage!... Tiens, mon ami, voici tout l'argent que j'ai sur moi, un couple de shillings, et que Dieu te bénisse!

MATHIEU.

Que Dieu vous récompense, charmante dame! Si vous avez une maison amie, un pavillon de jardin, où vous puissiez employer comme votre ami un pauvre gentleman, je suis à vos ordres pour tout service secret.

LA BOURGEOISE.

Merci, mon bon ami... Je t'en prie, laisse-moi voir l'argent que je t'ai donné. Il y a un des deux shillings qui est en cuivre; rends-les moi, et voici à la place une demi-couronne en or.

Mathieu lui rend l'argent.

Arrière, drôle!... Pour tout service secret! pour qui donc me prends-tu? Ce serait un acte pie que de te faire fouetter. Maintenant que j'ai mon argent, je te verrais pendre avant de te donner un penny... Pour tout service secret!... Marchons, mon bon Alexandre.

La bourgeoise et le valet sortent.

MATHIEU.

Pas de chance! Je m'aperçois qu'on ne réussit pas — à être déshonnête!... En voici d'autres qui arrivent. Dieu me pardonne! — Sir Arthur et maître Olivier! pardieu, je vais leur parler. — Salut, sir Arthur! salut, maître Olivier!

OLIVIER.

C'est vous, maraud! allons, mettrez-vous l'épée à la main, faquin?

MATHIEU.

Non, maître Olivier; je ne veux pas me battre avec vous. — Mon Dieu, ce n'était point de ma part mauvaise intention;

— ce n'était qu'une intrigue pour obtenir la fille de sir Lancelot. — Pardieu! je ne vous ai jamais voulu de mal.

OLIVIER.

Et où est ta femme, ta noble femme, misérable? Où est-elle, senapan? Hein!

MATHIEU.

Sur ma parole, maître Olivier, elle est malade, très-malade. Le ciel m'en soit témoin, je ne sais que faire pour elle, la chère femme!

OLIVIER.

Dis-moi la vérité; est-elle malade? Dis-moi la vérité, ze te le conseille.

MATHIEU.

Oui, sur ma foi, je vous dis la vérité, maître Olivier... Si seulement vous vouliez me rendre le petit service de me prêter quarante shillings!... Que Dieu me damne, si je ne vous les rends pas aussitôt que mes moyens me le permettront!... Foi de gentleman!

OLIVIER.

Tu dis donc que ta femme est malade. Tiens, voici quarante sillings... Donne-les à ta femme, aie soin de les lui donner, ou ze t'étrille, comme tu n'as zamais été étrillé depuis sept ans! Fais-y attention.

ARTHUR.

En vérité, maître Olivier, vous avez tort de lui donner cela pour sa femme. Il ne pense pas à elle.

OLIVIER.

C'est bon! si ze m'aperçois qu'il m'a zoué!...

MATHIEU.

Je vous dis la vérité, sir Arthur, foi de gentleman.

OLIVIER.

C'est bon. Adieu, maraud. Venez, sir Arthur.

Olivier et sir Arthur sortent.

SCÈNE XIV.

MATHIEU.

— Pardieu, voilà qui est excellent! — Cinq anges d'or enlevés en une heure! — Pour peu que ce commerce continue de prospérer, je n'en chercherai point d'autre. — Sois le bienvenu, doux or. Adieu, misère!

Entrent LE PÈRE FLOWERDALE et L'ONCLE FLOWERDALE.

L'ONCLE FLOWERDALE.

— Voyez donc, Christophe, si vous pouvez trouver la maison.

MATHIEU.

— Qui est là? mon oncle, et mon valet Christophe!... — Par la messe, ce sont bien eux. — Comment allez-vous, mon oncle? Comment vas-tu, Christophe? — Sur ma parole, mon oncle, vous devriez bien me prêter — de l'argent. — La pauvre chère dame, — ma femme, est si malade!... Que Dieu me soit en aide! — On m'a volé les cent anges — que vous m'aviez donnés. Ils ont disparu.

L'ONCLE FLOWERDALE.

Je crois qu'en effet ils ont disparu... Allons, Christophe, marchons.

MATHIEU.

Voyons, mon oncle; écoutez-moi, mon bon oncle.

L'ONCLE FLOWERDALE.

Arrière, hypocrite! Je ne veux pas t'entendre... Allons, laissez-le, Christophe.

MATHIEU.

Christophe! honnête Christophe!

LE PÈRE FLOWERDALE.

Monsieur, je n'ai rien à vous dire.

L'ONCLE FLOWERDALE.

— Ouvrir la porte à mon neveu! tu feras mieux — de la lui fermer au nez, car c'est un méchant vaurien.

MATHIEU.

Vous êtes un vieil imposteur, un vieil imposteur!

Le père et l'oncle entrent dans la maison de Civette, en fermant vivement la porte.

Entre LUCE.

LUCE, à Mathieu, déguisant sa voix.

Qu'y a-t-il? qui êtes-vous, jeune homme?

MATHIEU.

Par le ciel! une fille flamande! On dit que ce sont de bonnes créatures. Par le ciel, je vais la mettre à l'épreuve.

LUCE.

Qui êtes-vous, jeune homme? Pourquoi ne parlez-vous pas?

MATHIEU.

Sur ma parole, mon cher cœur, je suis un pauvre gentleman qui implore, ne vous en déplaise, la libéralité de votre bourse.

LE PÈRE FLOWERDALE paraît au fond du théâtre et écoute.

LUCE.

Ah! mon Dieu! un si jeune cavalier!

MATHIEU.

Un cavalier, ma chère, qui est presque un gueux!

LUCE.

N'êtes-vous pas marié? où est votre femme? Voici tout ce que je possède, prenez-le.

MATHIEU.

Eh quoi! de l'or, jeune fille! Ceci est magnifique.

LE PÈRE FLOWERDALE, à part.

S'il n'est pas complétement perverti, il se repentira à présent.

SCÈNE XIV.

LUCE.

Pourquoi ne me répondez-vous pas? Où est votre femme?

MATHIEU.

Morte, morte, elle est morte! C'est elle qui m'a ruiné. Elle a dépensé tout ce que j'avais; elle entretenait des drôles sous mon nez pour me braver.

LUCE.

La traitiez-vous bien?

MATHIEU.

Si je la traitais bien! Il n'y a jamais eu en Angleterre une femme de qualité mieux traitée. Je ne pouvais lui donner de carrosse. Sa nourriture me coûtait par mois quarante livres sterling. Mais elle est morte, et tous mes soucis sont ensevelis dans sa tombe.

LUCE.

En vérité!

LE PÈRE FLOWERDALE, à part.

Il est devenu plus infernal que jamais.

MATHIEU, à Luce.

Tu es au service de maître Civette, qui loge là, n'est-ce pas?

LUCE.

Oui.

MATHIEU.

— Eh bien, il n'y a pas dans cette maison-là une pièce d'argenterie — qui ne m'appartienne, Dieu m'en soit témoin! — Si j'avais une fille telle que toi, — j'aurais pour elle plus d'attentions — qu'aucun homme en Angleterre... Il faudrait seulement qu'elle eût quelque bien.

VOIX, dans l'intérieur de la maison.

Holà! Tanikin!

LUCE.

Arrêtez, on m'appelle... Je vais revenir dans un moment.

Elle entre dans la maison.

MATHIEU.

— Je gage que cette flamande est éprise de moi. — Ne serait-ce pas admirable de lui faire voler — toute l'argenterie de Civette, et de m'enfuir avec?

LE PÈRE FLOWERDALE.

— Ce serait infâme. O maître Flowerdale, — n'avez-vous ni crainte de Dieu, ni conscience?... — Que prétendez-vous faire en adoptant cet ignoble genre de vie?

MATHIEU.

— Ce que je prétends faire? Je prétends vivre.

LE PÈRE FLOWERDALE.

— Vivre de la sorte? fi donc! — Vous auriez l'existence d'un lâche.

MATHIEU.

D'un lâche! Et comment cela, je vous prie?

LE PÈRE FLOWERDALE.

—En effet, vous emprunteriez six pence à un enfant. —

MATHIEU.

Morbleu, quelle lâcheté y a-t-il à cela? J'oserais les emprunter à un homme, oui, à l'homme le plus vigoureux de toute l'Angleterre, s'il voulait me les prêter. J'emprunterais n'importe comment; c'est aux prêteurs à se faire rembourser, n'importe comment. On sait bien que je m'acquitterais cent fois pour une, si je le pouvais.

LE PÈRE FLOWERDALE.

— Tous ceux qui vous prêtent font un marché de dupe; — et qu'est-ce que cet emprunt-là, sinon un vol? — Délia pourrait vous faire pendre maintenant, si, — par égard pour sa sœur, elle ne vous prenait en pitié. — Allez-vous-en, si vous ne voulez pas, en vous attardant ici, — tomber entre les mains de gens que vous n'attendez guère.

MATHIEU.

— Quand tous les démons de l'enfer seraient ici, — j'y resterai jusqu'au retour de cette fille flamande.

Sort le père Flowerdale.

SCÈNE XIV.

Entrent SIR LANCELOT, MAITRE GIROUETTE et ARTICHAUD.

LANCELOT.

Où est la porte? est-ce que nous ne l'avons pas passée, Artichaud?

ARTICHAUD.

Par la messe, voici quelqu'un. Je vais l'interroger...

A Mathieu.

Un mot, monsieur... Eh quoi! êtes-vous si fier?... Un mot : quel est le chemin pour aller chez maître Civette? Quoi! vous ne voulez pas répondre!... — Oh! mon Dieu! c'est ce filou de Flowerdale.

LANCELOT.

— Par quel miracle ce mauvais coquin se trouve-t-il ici? — O misérable escroc, coupeur de bourses, bandit, — quel est le fossé, coquin, qui a servi de tombe à ma fille? — Oh! l'imposteur! faire ainsi son testament!... — Prendre ainsi le faux air — d'un ange qui va mourir, — d'un saint expirant! — Je vais vous montrer ce que c'est qu'un beau-père, monsieur, — et vous apprendre à fabriquer des testaments!... Parle, drôle, où est ma fille? — Empoisonnée, je suis sûr, ou assommée!... — Et tromper ainsi ce bon monsieur Girouette — avec un faux testament! et par cette imposture — me faire prendre les plus funestes résolutions! — Puis, jouer ainsi cet excellent gars du Devonshire! — Allons, qu'on l'emmène en prison!

MATHIEU.

— En prison! et pourquoi donc, monsieur? Je m'y refuse.

Entrent MAITRE GIROUETTE, MISTRESS FRANCIS, CIVETTE, OLIVIER, SIR ARTHUR, LE PÈRE FLOWERDALE, L'ONCLE FLOWERDALE et DÉLIA.

LANCELOT.

Ah! voici son oncle. — Vous êtes les bienvenus, messieurs, bienvenus, tous. — Cet homme, messieurs, est un filou et un meurtrier. — Car je sais pertinemment que ma fille a disparu ; — malgré toutes les recherches, elle n'a pu être retrouvée... Misérable!

L'ONCLE FLOWERDALE.

— Quoiqu'il me soit parent, sa vie est infâme. — Donc, au nom du ciel, faites de lui ce que vous voudrez.

LANCELOT.

Eh bien! qu'on le mène en prison.

MATHIEU.

— Et pourquoi en prison, monsieur? Je ne vous dois rien.

LANCELOT.

En ce cas, fais reparaître ma fille... Qu'on l'emmène!

MATHIEU.

Allez vous-même chercher votre fille. De quoi m'accusez-vous?

LANCELOT.

D'un meurtre. Allons, qu'on l'emmène!

MATHIEU.

— J'ai assassiné votre fille? Autant dire que j'ai assassiné vos chiens. — Voyons, mon oncle, vous me servirez de caution, j'en suis sûr.

L'ONCLE FLOWERDALE.

— Non, quand, pour que tu sois prisonnier, — je devrais être geôlier!

LANCELOT.

Allons, qu'on l'emmène.

Entre LUCE, toujours déguisée.

LUCE.

— Ciel! ou voulez-vous mener ce jeune homme? — Qu'a-t-il donc fait?

SCÈNE XIV.

GIROUETTE.

Fillette, il a tué sa femme.

LUCE.

Sa femme! ce serait mal, mais ce n'est pas prouvé.

LANCELOT.

Ne vous accrochez pas à lui, donzelle; si vous vous entêtez, je vous fais enfermer avec lui.

LUCE.

Emmenez-moi partout où vous l'emmènerez. — Il m'a dit qu'il m'aimait de tout son cœur.

FRANCIS.

— Quoi! l'on emmène ma servante en prison! Tom, le souffrirez-vous?

CIVETTE.

— Non. Pardon, mon père, cette fille n'est point une vagabonde. — Elle est la femme de chambre de ma femme, et aussi honnête — que le front du plus honnête homme.

LANCELOT.

— Allons donc! vous êtes des dupes tous les deux. — Je gage, mon gendre, que c'est une supercherie. — C'est quelque fine coureuse qui vous a été présentée, — sans doute pour vous voler votre argenterie et vos bijoux. — Je vais vous faire mener en prison, catin!

LUCE, rejetant son déguisement.

— Je ne suis pas une catin, ni une étrangère! — Et ni lui, ni moi, nous n'irons en prison... — Me reconnaissez-vous, maintenant? Allons, ne restez pas ébahis. — Mon père, je sais que je vous ai offensé; — et, quoique le devoir m'invite à plier le genou — devant vous avec la plus respectueuse soumission, — c'est de ce côté que je me tourne, pour mettre aux pieds de mon époux — mon amour, mon respect et mon obéissance.

Elle s'agenouille aux pieds de Mathieu.

LANCELOT.

— Enfant dénaturée, tu t'agenouilles devant un pareil misérable!

LUCE.

— Ah! maître Flowerdale, si l'excès de la douleur — ne vous a pas rendu muet, — parlez à celle qui est votre femme fidèle. — Est-ce le mépris qui enchaîne ainsi votre langue? — Ne vous détournez pas... Je ne suis pas une Éthiopienne, — une coquette Cressida, une inconstante Hélène; — je suis une créature dont votre perte fait la détresse. — Pourquoi te détournes-tu toujours de moi? Oh! c'est que tu es, — je le crains, le plus misérable entre les malheureux.

MATHIEU.

— Je le suis en effet, ô femme merveilleuse entre toutes les femmes! — Ta chasteté et ta vertu ont mis — en moi une nouvelle âme toute rouge de confusion, — car ma honte est visible à l'incarnat de mes joues.

LANCELOT, à Mathieu.

— Arrière, hypocrite!

A Luce.

Je te l'ordonne, ne te fie plus à lui.

LUCE.

— Que je ne me fie plus à lui! Par mes espérances de béatitude future, — je suis sûre qu'il n'est pas de douleur comparable à la sienne.

LANCELOT.

— Eh bien, soit; puisque tu étais faite pour la misère, — suis ta fortune. Je ne te connais plus.

OLIVIER.

Ze veux être battu comme plâtre, si elle ne m'a pas fait pleurer.

LE PÈRE FLOWERDALE.

— S'il lui reste quelque sentiment du bien, il se repentira maintenant.

SCÈNE XIV.

ARTHUR.

Cela m'émeut jusqu'au fond du cœur.

GIROUETTE.

Ma foi, il faut que je pleure; je ne puis m'en empêcher.

L'ONCLE FLOWERDALE.

Il faudrait être un monstre pour faire le malheur d'une pareille femme.

MATHIEU.

— Rassurez-vous. J'espère me montrer digne d'une telle indulgence — en rachetant ma réputation perdue. — Messieurs, croyez-moi, je vous en conjure; — j'espère vous faire voir un changement — qui trompera votre attente.

OLIVIER.

Ze veux être pendu, si ze ne le crois point.

LANCELOT.

Comment! vous le croyez!

GIROUETTE.

Par le ciel! je le crois.

LANCELOT.

Croyez-vous qu'il sera jamais touché de la grâce?

GIROUETTE.

Je conviens que ce ne sera pas sans peine.

OLIVIER.

Eh bien, ze vous assure qu'il est sanzé. Monsieur Flowerdale, dans l'espoir que vous êtes revenu au bien, voici quarante livres que ze vous offre pour votre entrée en ménaze. Allons, mon ser, ne rouzissez pas, prenez, prenez. Soyez un bon époux, aimez votre femme, et, s'il faut quarante livres de plus, vous les aurez, ze vous le zure.

ARTHUR, à Mathieu.

— Mes ressources sont peu de chose; mais, si vous voulez m'écouter, — je vous donnerai les meilleurs conseils. —Quant à votre femme, je lui donne ce diamant... —Puisse ce diamant vous porter bonheur toute votre vie!

MATHIEU.

— Merci, mon cher sir Arthur... Maître Olivier, — vous êtes mon ancien ennemi, et je n'en suis que plus tenu — de vous restituer ce que m'offre votre générosité.

OLIVIER.

— Allons, l'ami, ne me parlez plus de restitution. — Z'ai là quarante livres encore; prenez-les. Morbleu! ze n'azirais pas autrement, quand tout Londres me ferait des remontrances... Allez! ne me croyez pas assez niais pour gaspiller mon arzent! Z'ai encore cent livres à dépenser pour une bonne libation. Z'espère que votre oncle et votre beau-père vont suivre mon exemple.

L'ONCLE FLOWERDALE.

— Vous avez deviné juste. S'il veut quitter ce genre de vie, il sera mon héritier.

LANCELOT.

Mais de moi il n'aura pas un denier. — Un filou! un fourbe! un misérable qui a tué son père — désolé, quand ce brave homme — avait affronté les formidables dangers de la mer — pour le faire vivre et l'entretenir magnifiquement!

GIROUETTE.

Comment! il a tué son père!

LANCELOT.

Oui, monsieur, par le chagrin que lui a causé une si infâme conduite.

LE PÈRE FLOWERDALE.

Monsieur, vous avez été mal informé.

LANCELOT.

Allons donc, vieux coquin, c'est toi-même qui me l'as dit.

LE PÈRE FLOWERDALE.

En ce cas, j'ai calomnié maître Mathieu. — En réparation de ma faute, — voici vingt nobles d'or que je lui offre.

MATHIEU.

— Non, Christophe. Je t'ai fait plus de tort que tu ne m'en as fait. — Ce que tu m'offres par affection, je te le rends par affection.

FRANCIS, à Luce.

Ha! ha! vous avez donc joué à cache-cache avec Tom!... — Que vais-je lui donner pour son ménage? — Sœur Délia, si je lui donnais mon éventail?

DÉLIA.

Vous ferez bien de consulter votre mari.

FRANCIS.

Qu'en dis-tu, Tom?

CIVETTE.

Oui, donne-le lui, Francis; je t'en achèterai un neuf, avec un manche plus long.

FRANCIS.

Un éventail rouge, Tom.

CIVETTE.

Oui, à plumes rouges.

FRANCIS, à Luce.

Tenez, sœur; voici mon éventail pour votre trousseau; acceptez-le; il vous sera commode.

LUCE.

Merci, ma sœur.

GIROUETTE.

Tout est pour le mieux; voici quarante shillings pour le ménage de la charmante Luce, et je lui en promets quarante autres, morbleu! Allons, sir Lancelot, il faut que je vous réconcilie.

LANCELOT.

— Je m'y refuse. Tout ceci est une comédie. — Il mangera tout, quand ce serait un million.

LE PÈRE FLOWERDALE, à Lancelot.

Monsieur, quelle est la dot de votre fille?

LANCELOT.

Si elle avait épousé un honnête homme, sa dot aurait été d'au moins mille livres.

LE PÈRE FLOWERDALE.

— Payez-lui cette somme, et je m'engage — à lui assurer pour son douaire une somme triple.

LANCELOT.

Vous vous y engagez, monsieur! et qui êtes-vous donc?

LE PÈRE FLOWERDALE.

— Un homme, j'ose le dire, dont la parole vaut à Londres — tout autant que la vôtre.

LANCELOT.

N'étais-tu pas dernièrement le valet de ce prodigue?

LE PÈRE FLOWERDALE.

— Regardez-moi, maintenant que mon emplâtre est enlevé... — Ne restez pas ébahi, mon cher, de cette métamorphose.

LANCELOT.

Maître Flowerdale!

MATHIEU.

— Mon père! oh! la honte m'empêche de lever les yeux sur lui! — Cher père, pardonnez-moi mes folies passées.

LE PÈRE FLOWERDALE.

— Oui, mon fils! oui, mon fils! je me réjouis de ton changement, — et j'applaudis à l'heureux choix de cette vertueuse femme, — que le ciel t'a envoyée pour sauver ton âme.

LUCE.

— Une joie nouvelle s'ajoute à ma joie. Que le Très-Haut soit loué!

GIROUETTE.

— Monsieur Flowerdale, cher monsieur Flowerdale,

soyez le bienvenu du sépulcre. — On disait ici que vous étiez mort, on le disait, ma foi.

LE PÈRE FLOWERDALE.

— J'ai fait moi-même répandre ce bruit, — pour mieux voir les faits et gestes de mon fils, — qu'il est désormais inutile de rappeler.

A Mathieu.

— Mauvais sujet, tâchez de ne pas retomber dans la même maladie. — Pour celui qui, une fois guéri de cette fièvre — de débauche, de blasphème, d'ivrognerie et de vanité, — éprouve une rechute, — la maladie devient mortelle et dure jusqu'à ce qu'il succombe. — Il meurt en proie au délire, comme dans une inflammation.

MATHIEU.

— Le ciel aidant, je fuirai mon passé comme l'enfer.

L'ONCLE FLOWERDALE.

— Faites comme vous dites, mon neveu, et tout sera bien.

LANCELOT.

— Soit! Dans l'espérance que vous deviendrez un honnête homme, — je vous rends ma faveur.

L'ONCLE FLOWERDALE.

Flowerdale, mon frère, — je vous souhaite la bienvenue de tout mon cœur. Je vois que votre vigilance — a amené tous ces actes à cette conclusion, — et je m'en réjouis. Allons, rentrons, et que la fête commence!

OLIVIER, à Lancelot.

— Arrêtez un moment! Vous aviez promis de nous offrir — une compensation, à sir Arthur et à moi.

Montrant Délia.

Voici la plus saze — de vos filles. Voyons qui de nous deux elle acceptera pour époux.

LANCELOT.

— Pardieu, vous avez mon agrément ; tâchez d'avoir le sien.

OLIVIER, à Délia.

— Que répondez-vous donc, damoiselle ?

DÉLIA.

Monsieur, je suis à vous.

OLIVIER.

— Eh bien, qu'on envoie quérir un vicaire, et ze vais — immédiatement expédier le mariaze.

DÉLIA.

— Pardon, monsieur, je veux dire que je suis à vous, — par l'affection et l'estime que je vous porte, — mais non pas l'amour d'une épouse. Il ne sera pas dit — que Délia a été enterrée autrement que vierge.

ARTHUR.

— Ne vous condamnez pas pour toujours, — vertueuse beauté ; vous étiez née pour l'amour.

OLIVIER.

— Vous dites vrai, sir Arthur ; elle était née pour l'amour, — comme sa mère... Mais veuillez nous indiquer — les raisons pour lesquelles vous ne voulez pas vous marier.

DÉLIA.

— Ce n'est pas que je condamne la vie conjugale ; — car c'est sans doute une chose sainte que le mariage. — Mais je redoute — les soucis et les peines de la femme mariée, — et les tracas que causent les enfants. — Voilà pourquoi j'ai fait vœu à la face du ciel de vivre seule sur terre. — Quant aux maris, si bons qu'ils soient, je n'en veux aucun.

OLIVIER.

— Eh bien donc, ze resterai garçon. — Ze ne me soucie

pas d'avoir une femme — qui ne se soucie pas de moi. Allons-nous dîner?

LE PÈRE FLOWERDALE.

Demain, je vous invite tous à Mark Lane. — Ce soir nous allons banqueter chez maître Civette, — et boire chacun une pleine rasade à la santé de tous.

FIN DU PRODIGUE DE LONDRES.

LA
PURITAINE

ou

LA VEUVE DE WATLING STREET

Jouée par les enfants de Saint-Paul.

ÉCRITE PAR W. S.

LONDRES
—
1607

PERSONNAGES :

GEORGE PYEBOARD, homme de lettres.
LE CAPITAINE FUTILE, aventurier.
SIR GODFREY, beau-frère de Lady Plus.
MAITRE EDMOND, fils de Lady Plus.
SIR OLIVIER DELABOUSE, amoureux de Lady Plus.
SIR JOHN BEAUDENIER, amoureux de Moll.
SIR ANDRÉ DELAVERGE, amoureux de Frances.
LE CAPORAL JURON.
PIERRE ESCARMOUCHE, vieux soldat.
NICOLAS SAINT-ANTLINGS,
SIMON SAINTE-MARIE OVERIES (5), } domestiques au service de Lady Plus.
FRAGILITÉ.
LE SHÉRIFF DE LONDRES
BUSARD, } sergents du shériff.
CORBIN,
DOGUIN, exempt.
UN GRAND SEIGNEUR.
UN GENTLEMAN.
OFFICIERS.

LADY PLUS, veuve d'un gentleman de la Cité.
FRANCES, } ses filles.
MOLL,

La scène est à Londres.

SCÈNE I

[Un jardin.]

Entrent LADY PLUS, FRANCES et MOLL, SIR GODFREY et EDMOND, tous vêtus de deuil. Lady Plus se tord les mains et éclate en sanglots, étant censée revenir de l'enterrement de son mari.

LADY PLUS.

Oh! pourquoi suis-je venue au monde? pourquoi suis-je venue au monde?

SIR GODFREY.

Voyons, ma bonne sœur, chère sœur, bien-aimée sœur, du courage! Montrez-vous une femme, maintenant ou jamais.

LADY PLUS.

Oh! j'ai perdu le mari le plus cher; j'ai enterré le plus aimable mari qui ait jamais reposé près d'une femme.

SIR GODFREY.

Oui, rendez-lui justice; c'était en effet un honnête homme, vertueux, discret, sage... C'était mon frère, sans doute, sans doute.

LADY PLUS.

Oh! je ne l'oublierai jamais! jamais! C'était un homme si bien doué pour une femme... Oh!

SIR GODFREY.

Voyons, ma bonne sœur, je pourrais pleurer autant

qu'aucune femme. Mais, hélas! nos larmes ne sauraient le rappeler à la vie. Vous êtes, il me semble, fort instruite, ma sœur, et vous savez que la mort est aussi commune que l'humanité qui nous est commune à tous... On peut être emporté en lâchant de l'eau... Tenez, est-ce que le savant ministre, maître Pigman, ne nous disait pas tout à l'heure que toute chair est fragile, que nous sommes nés pour mourir, que l'homme n'a qu'un temps, et cent autres maximes du même genre, toutes profondes, toutes élevées, toutes dignes d'un rare compère, d'un savant émérite comme lui? Par exemple (il y a abondance d'exemples), est-ce que sir Humphrey Bubble n'est pas mort l'autre jour? Eh bien, sa veuve s'est montrée gaillarde; elle n'a pas pleuré plus d'une demi-heure... Fi! fi!... Puis, ç'a été le tour du vieux monsieur Fulsome, l'usurier; encore une veuve bien sage! elle n'a pas pleuré du tout.

LADY PLUS.

Oh! ne me rangez pas parmi ces méchantes femmes; j'avais un époux qui éclipsait tous ceux-là.

SIR GODFREY.

Oui, sans doute, il les éclipsait tous.

LADY PLUS, à Edmond.

Tu restes là à nous voir tous pleurer, et tu ne verses pas une larme pour la mort de ton père! O fils impie! héritier impie que tu es!

EDMOND.

Baste! ma mère, je ne dois pas pleurer, j'en suis sûr. Je ne suis plus, j'espère, un enfant, pour faire rire tous mes anciens camarades d'école. On se moquerait de moi, si je m'attendrissais. De grâce, qu'une de mes sœurs pleure pour moi aujourd'hui; je rirai autant pour elle une autre fois.

LADY PLUS.

O sacrilége! hors de ma vue, maudit rejeton! Tu me fais

plus de mal que la mort de mon mari. O fils unique pervers! Tu as eu pour père un honnête homme... qui consentait à tromper tout le monde pour t'enrichir, et tu lui refuses un peu d'eau salée!... Un homme qui a su si habilement supplanter le légitime héritier de ce domaine! Tu n'as pas pour lui plus d'égards!... Debout tous les matins entre quatre et cinq heures, toujours ponctuel à Westminster-Hall chaque jour de terme, avec toutes ses paperasses et tous ses grimoires, pour toi, méchant Absalon... O cher époux!

EDMOND.

Pleurer! allons donc! Je jure que je suis bien aise de le voir logé à l'église. Car, maintenant qu'il a disparu, je dépenserai tout à mon aise.

FRANCES.

Chère mère, cessez, je vous en prie! La moitié de vos larmes suffirait. Il est temps que vous imposiez une trêve à vos yeux! Laissez-moi pleurer à présent.

LADY PLUS.

Oh! un si cher chevalier! un si adorable mari! je l'ai perdu! je l'ai perdu!... Si le corps sur lequel tombe la pluie est béni, il aura eu, lui, une véritable ondée.

SIR GODFREY.

Sœur, reprenez courage! Nous sommes tous mortels nous-mêmes... Je viens à vous cordialement; toutes mes paroles sont des paroles de consolation, écoutez-moi!... Mon frère vous a laissée dans l'aisance; vous êtes riche.

LADY PLUS.

Oh!

SIR GODFREY.

Je dis que vous êtes riche; en outre, vous êtes belle.

LADY PLUS.

Oh!

SIR GODFREY.

Allez, vous êtes belle; vous ne pouvez pas mettre ça sous

le boisseau. La beauté doit briller. Vous n'êtes pas avancée en âge au point de ne pouvoir plus être recherchée ; vous pouvez parfaitement convenir à un autre mari. Le monde est plein de beaux galants... Il y en a un choix suffisant, ma sœur... Car, je le demande, à quoi sont bons tous nos chevaliers, sinon à épouser les riches veuves, les veuves des citoyens opulents, les belles dames cossues ? Allez, consolez-vous, vous dis-je, laissez là les sanglots et les larmes... Pourtant mon frère était un bon homme... Je ne voudrais pas que le diable me vît à présent... Allons, reprenez courage... Voilà vos filles qui sont bien dotées et qui, à leur heure, seront également demandées par de bons maris... Ainsi toutes ces larmes-là seront bien vite séchées, et une vie meilleure que jamais... Eh bien, femme, vous n'allez pas toujours pleurer ?... Il est mort, il est enterré... Pourtant, moi non plus, je ne puis m'empêcher de pleurer sur lui.

LADY PLUS.

Me remarier ! non ! Puissé-je alors être enterrée vive ! Puisse le chœur de l'église que je foulerais pour accomplir un tel dessein, devenir mon tombeau ! Et puissent les prières nuptiales du prêtre se transformer d'un souffle en oraisons funèbres ! Oh ! sur un million de millions d'hommes, je ne trouverais jamais un pareil mari. Il était incomparable, incomparable. Pas d'ardeur égale à la sienne ! Rien n'était trop cher pour moi... Je ne pouvais pas parler d'une chose que je ne l'obtinsse... Et puis, j'avais la clef de tout, je gardais tout, je recevais tout, j'avais l'argent dans ma bourse, je dépensais ce que je voulais, je sortais quand je voulais, je rentrais quand je voulais, et je faisais tout ce que je voulais (6). Oh ! mon doux mari ! je ne trouverai jamais ton pareil.

SIR GODFREY.

Sœur, ne dites pas ça ; mon frère était un honnête

homme, c'est vrai, mais vous pouvez encore tomber sur un homme aussi honnête, ou bien un homme aussi honnête peut encore tomber sur vous; ce dernier tour est le plus heureux.

LADY PLUS, s'agenouillant.

— Jamais! oh! si vous m'aimez, n'insistez pas. — Oh! que je sois la risée du monde, — le sujet des propos de table — du dernier groom et du dernier valet, si jamais à l'avenir — j'écoute les propositions charnelles d'un homme!

MOLL, s'agenouillant.

— Il faut que je m'agenouille aussi... pour la forme.

FRANCES.

— Et moi, qu'aucun homme n'a encore effleurée, — dans la profondeur d'une solennelle affliction, je jure — de ne jamais me marier, et de ne jamais risquer une perte aussi cruelle — que semble l'être celle d'un époux aimé.

MOLL.

— J'aimais bien mon père, moi aussi; mais pour dire, — voire pour jurer que je ne me marierai pas à cause de sa mort, — certes je devrais parler un trop mauvais latin. —Autant vaudrait jurer que je n'irai jamais au lit. — Bah! les femmes doivent se consacrer aux vivants, et non aux morts.

LADY PLUS, tirant de son sein le portrait de son mari.

— Chère image de mon mari, oh! que je t'embrasse! — Comme ce portrait lui ressemble! cette petite peinture — ravive mes larmes; je sens mes chagrins se renouveler, — en la revoyant.

SIR GODFREY.

Sœur...

LADY PLUS.

Laissez-moi! — Avec lui, toute vertu s'est transformée en argile... — Oh! mon doux mari! oh!

FRANCES.

Cher père !

Lady Plus et Frances sortent.

MOLL.

Voilà bien des gémissements en vérité ! Je crois que ma mère pleure pour toutes les femmes qui ont jamais enterré des maris ; car, si, de temps immémorial, toutes les larmes des veuves en Angleterre avaient été mises en bouteille, je ne crois pas que le tout eût rempli un cruchon de trois demi-pences. Hélas ! il faut bien peu d'eau pour mouiller un mouchoir, et cette bave-là disparaît bien vite au lavoir de Saint-Thomas. En vérité, je sais, aussi bien qu'un autre, avoir une douleur convenable ; mais, pour une larme que je donne à un père mort, je pourrais aisément accorder vingt baisers à un mari vivant.

Elle sort.

SIR GODFREY.

Bon ; va ton chemin, vieux sir Godfrey ; tu as le droit d'être fier ; tu as une excellente belle-sœur. Quelle constance ! quelle douleur ! de quel avril débordent les yeux de la pauvre âme ! Ah ! si mon frère pouvait voir cela ! il verrait alors quelle femme aimante il a laissée derrière lui. Ma foi, si je n'étais pas honteux de faire connaître mes sentiments aux voisins du jardin d'à côté, j'éclaterais en lamentations.

Il sort.

EDMOND.

Bon débarras ! mon père est couché sous terre ; son cercueil et lui forment un parfait pâté de viande, que les vers vont entamer prochainement. Adieu, vieux papa, adieu ! Désormais on ne me fera plus plier ; je m'aperçois qu'un fils unique peut être facilement dupe ; je prendrai mes mesures pour ne pas l'être... Ah ! elle voudrait me voir pleurer pour lui ; morbleu, et pourquoi ?... Parce qu'il a évincé l'héritier légitime de ces terres, lequel était un imbécile, et me les a léguées, à moi, son fils aîné. Et à cause de cela, je devrais pleurer sa mort!... Ha! ha!... Mais, tout le monde sait ça, autant il avait eu de plaisir à me faire, autant il avait pour devoir de me faire une fortune. Je connais la loi sur ce point; pas un attorney ne me mettrait dedans... Aussi bien, mon oncle est un vieil âne, un admirable sot; je ferai tourner la broche à ma guise; je ne veux plus être tenu en tutelle; je sais suffisamment ce que je puis faire, par l'exemple de mon père. J'ai le droit pour moi à présent. Ah! je connais ma force maintenant, et je serai assez fort pour tenir tête à ma mère, je vous le garantis.

Il sort.

SCÈNE II

[Une rue.]

Entrent GEORGE PYEBOARD et PIERRE ESCARMOUCHE.

GEORGE.

Que faire maintenant, mon vieux guerrier? Toi qui avais coutume d'être ardent comme un tourne-broche, preste comme un maître d'armes et chatouilleux comme un maître d'école, te voilà réduit au silence comme un sectaire! La guerre est maintenant assise comme un juge de paix, à ne rien faire. Où sont vos mousquets, vos couleuvrines et vos pistolets? dans Longlane, en gage, en gage. Maintenant il ne nous reste plus, pour fusils, que les clefs forées, et, pour fusiliers, que les maquereaux, ces sentinelles de la paix, toujours prêtes à donner le signal par des hem! des hum! et par des accès de toux vénériens (7). Seulement vous êtes exposés à ce que vos pièces éclatent sur vous; il y a assez de filles pour y mettre le feu.

ESCARMOUCHE.

Tout ce que je puis dire, c'est qu'assurément ça va mal pour moi; car, depuis la fin des guerres, j'ai dépensé de ma poche plus de cent écus. Je suis soldat depuis quarante ans, et je m'aperçois aujourd'hui qu'un vieux soldat et un vieux courtisan ont une même destinée; on les rejette tous deux comme de vieux clous...

GEORGE.

Bons tout au plus à ferrer le soulier d'un mendiant.

ESCARMOUCHE.

Je ne conteste pas que la guerre ne soit une sangsue. Mais, sur ma conscience (un soldat garde toujours un peu de sa conscience; elle a beau être criblée de trous, comme une vieille cible; n'importe, il s'en sert encore pour jurer par elle...) sur ma conscience donc, je déclare qu'une paix d'une certaine nature, quelque douce qu'elle paraisse, renferme plus d'oppressions secrètes, plus de maux violents qu'une guerre déclarée.

GEORGE.

C'est vrai; et, pour ma part, je suis un pauvre gentleman, un étudiant; j'ai été immatriculé à l'université, j'y ai usé six robes, j'y ai vu des imbéciles et des savants, des enfants de la cité et des enfants de la campagne; j'y ai respecté l'ordre; j'y ai arpenté le quadrangle nu tête, mangé mon ordinaire de bon appétit, et bataillé avec discrétion; enfin, après avoir fait bien des tours et des escapades pour tenir mon esprit en haleine (ma cervelle n'ayant jamais pu endurer l'inaction), je fus expulsé de l'université, uniquement pour avoir volé un fromage au collège de Jésus (8).

ESCARMOUCHE.

Est-il possible?

GEORGE.

Oh! il y avait un Welche (Dieu lui pardonne!) qui poursuivit l'affaire à outrance et n'eut pas de cesse que je n'eusse tourné mon bâton de route vers Londres. Quand j'arrivai dans la cité, tous mes amis étaient dans la fosse, tous partis pour la tombe... Il est vrai de dire que j'en avais laissé fort peu... Ainsi réduit aux ressources de mon esprit, j'ai dû faire mon chemin dans le monde, en me lançant au milieu des jeunes héritiers, des imbéciles, des dupes et des fils aînés des grandes dames, en exploitant le néant, en tirant ma nourriture du pavé; et depuis lors ma bedaine n'a cessé d'être l'obligée de ma cervelle. Mais, pour revenir à vous, mon vieil Escarmouche, je suis de votre avis; et pour ma part je souhaiterais qu'il y eût du trouble dans le monde; car je n'ai rien au monde que mon esprit, lequel est, je crois, aussi enragé qu'il peut l'être. En confirmation de votre thèse, je dis qu'une honnête guerre vaut mieux qu'une paix corruptrice. Voyez ma profession. La multiplicité des savants couvés et nourris dans le calme plat de la paix, les fait ressembler aux poissons : ils se dévorent les uns les autres. La vulgarité de l'instruction a influé sur les mœurs, de telle sorte que la religion s'égare dans la fantaisie et se discrédite à force d'être discutée par de tant de bouches infimes. Moi-même, qui suis clerc et gradué, tout le profit que je tire de mon instruction, c'est la pédanterie de mon langage, c'est la faculté de désigner savamment ce qui me manque et de pouvoir m'appeler mendiant en grec et en latin. Donc, pour ne pas user de flatterie envers la paix, j'ose dire que c'est une mère féconde, mais une mauvaise nourrice : c'est une incessante productrice d'enfants qui doivent être des voleurs ou des richards, des coquins ou des mendiants.

ESCARMOUCHE.

Ah! plût au ciel que je fusse né coquin, au lieu de naître mendiant! Car, à dire vrai, j'ai été mis au monde quand mon père n'avait pas un penny dans sa bourse.

GEORGE.

Bah! ne t'alarme pas, vieil Escarmouche. Que ceci te rassure : *Facilis descensus Averni*, le chemin de la coquinerie est bien facile; tu pourras être un coquin quand tu voudras. La paix est une bonne fille pour toutes les autres professions, et une fieffée drôlesse pour nous. Traitons-la en conséquence, et ingénions-nous pour faire fortune en dépit d'elle. En effet, la justice vit de querelles, le courtisan de doucereux bonjours, et chaque état prospère par quelque imperfection. Pourquoi alors ne prospérerions-nous pas nous-mêmes par des artifices, par des ruses, par des supercheries? Puisque notre cervelle est notre unique patrimoine, dépensons-la avec jugement, non comme un fils de famille extravagant, mais comme un bachelier sobre et discret, qui jamais ne dépasse les limites de sa pension. Quant à nos ressources, les voici. Je prendrai, moi, le rôle de diseur de bonne aventure, oui, de diseur de bonne aventure.

ESCARMOUCHE.

Parfait!

GEORGE.

Et vous, celui de devin, d'enchanteur.

ESCARMOUCHE.

D'enchanteur!

GEORGE.

Laissez-moi faire, je vous instruirai, et je vous apprendrai à tromper tous les regards, hormis ceux du diable.

ESCARMOUCHE.

Oh! oui! car le diable est, de tous les êtres, celui que j'ai le moins envie de tromper.

GEORGE.

Ne craignez rien, je réponds de tout... Par ce moyen nous nous aiderons l'un l'autre auprès des patients; car il est dans la nature de ce siècle de multiplier les créatures que la rouerie peut exploiter.

ESCARMOUCHE.

Oui, toujours de nouveaux fous, toujours de fraîches dupes! Oh! prodigieux!

GEORGE.

Parfait! parfait! excellent!

ESCARMOUCHE.

Mais qu'entendez-vous par enchantement?

GEORGE.

Ma mémoire me suggère heureusement un admirable sujet à tondre. Cette veuve, que j'ai vue tout récemment, dans son jardin, pleurer la mort de son mari! Assurément c'est une âme larmoyante, et, à l'heure qu'il est, la moitié de sa douleur a dû lui couler des yeux. Un stratagème habilement mené pourrait réussir sur elle. C'est décidé, je lui réserve mon premier essai.

ESCARMOUCHE.

Vous avez ma voix, George.

GEORGE.

C'est une bécasse pour son frère, une imbécile pour son fils et une guenon pour sa fille cadette. Je les ai entendus tous l'un après l'autre, et je vais combiner mon plan d'après leurs paroles. Toi, mon vieux Pierre Escarmouche, tu seras mon second dans tous les stratagèmes.

ESCARMOUCHE.

Comptez sur moi, George; seulement il faut que vous m'appreniez à enchanter.

GEORGE.

Peuh! je ferai ton éducation, Pierre.

Entre le CAPITAINE FUTILE ; il traverse la scène entouré de gardes.

— Eh bien! qui est-ce donc?

ESCARMOUCHE.

O George! ce spectacle me tue. — C'est mon frère d'armes, le capitaine Futile.

GEORGE.

Le capitaine Futile!

ESCARMOUCHE.

Appréhendé pour quelque acte de félonie plus ou moins grave. Il était sur le pavé... Il faisait nuit... Il manquait d'argent... Je ne puis que rendre hommage à sa résolution : il n'a pas voulu mettre en gage son justaucorps de buffle... Ah! je voudrais que nous fussions en force pour planter nos tentes à la porte des usuriers et pour tuer ces misérables, dès qu'ils mettraient le nez au guichet.

GEORGE.

En effet, ce sont nos vieux ennemis; ils détiennent notre argent entre leurs mains et nous font pendre pour le leur avoir volé. Mais venez, allons jusqu'à la prison; nous saurons la nature de son crime, et il peut être sûr que nous ferons pour lui tout ce que nous pourrons. Je le soutiendrai toujours. Un coquin charitable vaut mieux qu'un chrétien doucereux.

Ils sortent.

SCÈNE III

[Une place devant une église.]

Entrent, d'un côté, le caporal JURON, et, de l'autre, trois domestiques au service de LADY PLUS, NICOLAS SAINT-ANTLINGS, SIMON SAINTE-MARIE-OVERIES, et FRAGILITÉ, tous trois vêtus de sordides habits de deuil et ayant un livre de prières à leur ceinture, comme venant de l'église.

NICOLAS.

Eh quoi! le caporal Juron! je suis fâché d'une rencontre qui nous rapproche autant de vous. Vous êtes l'homme dont la société nous est le plus défendue. Nous ne devons pas jurer, je puis le dire, et vous êtes le juron incarné.

SIMON.

Oui, caporal, je voudrais que vous eussiez la bonté de déguerpir; nous ne pouvons vous tolérer; nous ne devons pas être vus dans votre compagnie.

FRAGILITÉ.

Il n'y a pas un de nous, je puis vous le dire, qui ne serait solidement fustigé pour avoir juré.

JURON.

Ah çà! voyons, mes trois gâte-sauce puritains, carnivores du vendredi saint, une poignée de main.

TOUS, refusant la poignée de main.

Oh!

JURON.

Ah çà! Nicolas Saint-Antlings, Simon Sainte-Marie Overies, êtes-vous possédés du diable, pour ne pas jurer mieux que ça? Chenapans à demi-baptisés, marauds sans marraine, le premier commandement vous apprend-il à être fiers, et le second à être sots? Vous êtes de fiers sots de ne pas rendre hommage à un homme de marque comme moi.

FRAGILITÉ.

Tirez donc de cet homme un marc! On ne pourrait pas seulement extraire de lui un noble.

JURON.

Un caporal, un capitaine, un brave qui d'un souffle serait capable de vous faire tous sauter en l'air avec les livres que vous avez à la ceinture!

NICOLAS.

On ne nous a pas enseigné à croire ça, monsieur, car nous savons que le souffle de l'homme est faible.

Le caporal souffle sur Fragilité.

FRAGILITÉ.

Pouah!... Tu te trompes, Nicolas; car il a l'haleine rudement forte. Il dit qu'il nous ferait sauter tous; pour ma part, il me ferait sauter aisément à trois cents pieds en l'air. Je garantis que, si le vent était bon, on pourrait le sentir depuis le haut de Newgate jusqu'aux plombs de Ludgate.

JURON.

Drôle! méchant rat de cave!

NICOLAS.

Oui, vous pouvez dire tout ce que vous voudrez, pourvu que vous ne juriez pas.

JURON.

Je jure par le...

NICOLAS.

Arrêtez, arrêtez, bon caporal; car, si vous jurez une seule fois, nous allons tomber immédiatement en syncope.

JURON.

Il faut que je jure, et je jurerai. Maroufles tremblottants, mon capitaine est en prison, et, par l'aiguillette de la braguette de cuir de Vulcain!...

NICOLAS.

O Simon, qu'est-ce que ce serment-là?

FRAGILITÉ.

Si par hasard il le rompt, les braies du pauvre diable lui tomberont sur les talons, car Vénus ne lui permet qu'une aiguillette à sa culotte.

JURON.

Quand je devrais, mes gaillards, enfoncer les portes de la prison et broyer la cervelle au geôlier avec le tronc pour les pauvres, je mettrai en liberté mon honnête et cher capitaine Futile.

NICOLAS.

Eh quoi, le capitaine Futile! le fils de ma vieille tante! mon cher cousin en Cappadoce!

SCÈNE III.

JURON.

Oui, glas d'église, sainte épluchure, religieux dehors! Si tu étais seulement touché de la grâce, tu lui rendrais visite, tu le secourrais, tu jurerais de le tirer de prison.

NICOLAS.

Croyez-moi, caporal, en vérité, là, voici la première nouvelle que j'en ai.

JURON.

Eh bien, tiens-toi-le pour dit, marmouset. Quand tes gages d'une année devraient y passer, ne laisse pas périr un capitaine.

SIMON.

Mais, s'il est du nombre des méchants, il doit périr.

NICOLAS.

Eh bien, caporal, je vais avec vous faire visite à mon cousin. Si je puis lui rendre service, je le ferai. Mais je n'ai rien pour lui... Simon, et vous, Fragilité, ayez la bonté de faire un petit mensonge pour moi au chevalier sir Godfrey, mon vieux maître.

JURON.

Un mensonge! vous pouvez donc mentir!

FRAGILITÉ.

Oh! oui, nous pouvons mentir, mais nous ne devons pas jurer.

SIMON.

Effectivement, nous pouvons faire un faux pas avec la femme de notre voisin, mais nous ne devons pas jurer l'avoir fait.

JURON.

Oh! la bonne gueuse de religion!

NICOLAS.

Ah! Simon, je viens d'imaginer une excellente excuse qui passera admirablement. Dites que je suis allé à un jeûne.

SIMON.

A un jeûne, c'est parfait.

NICOLAS.

Oui, dites à un jeûne, en compagnie de maître Ventreplein, le ministre.

SIMON.

Maître Ventreplein! un bien honnête homme, celui-là! Il doit bien nourrir son troupeau, car il se connaît en bonne nourriture.

FRAGILITÉ.

Oh! oui, je l'ai vu manger tout un porc et se rabattre ensuite sur des pieds de cochon.

Tous sortent.

SCÈNE IV

[La prison de la maréchaussée.]

Entre le CAPITAINE FUTILE.

GEORGE, du dehors.

Ouvrez, s'il vous plaît.

ESCARMOUCHE, du dehors.

Ouvrez, je vous prie.

LE CAPITAINE.

Qui ça peut-il être? Je reconnais presque ces voix.

Le guichetier ouvre. Entrent GEORGE PYEBOARD et ESCARMOUCHE.

Oh! mes amis, vous êtes les bienvenus dans cette chambre nauséabonde. Vous venez de quitter le grand air. Est-ce qu'il n'y a pas ici un étrange fumet?

GEORGE.

Comme toutes les prisons, ce lieu garde l'odeur des divers misérables qui l'ont quitté en y laissant leur senteur.

Pardieu, capitaine, je suis sincèrement affligé de ce qui t'arrive..

LE CAPITAINE.

Ma foi, George, je te remercie. Mais bah! ce qui doit être, doit être.

ESCARMOUCHE.

Capitaine, pourquoi êtes-vous à l'ombre? Est-ce grave? Quel est votre délit?

LE CAPITAINE.

En vérité, mon délit est ordinaire, commun même, un délit de grand chemin ; et je crains que ma peine ne soit tout aussi ordinaire et tout aussi commune, la hart!

GEORGE.

Ah! ne fais pas de prophétie si noire. Il faudra que je joue de malheur, si je ne te sauve pas la vie.

LE CAPITAINE.

Que je vive ou que je meure, tu es un honnête George. Je vais vous dire..... L'argent ne coulait plus dans mes poches, comme dans le temps, car aujourd'hui le courant va du côté des maquereaux et des flatteurs..... J'ai fait une sortie, et je suis tombé par hasard sur un gros intendant, dont je croyais la bourse aussi replète que la personne. Le gueux n'avait sur lui qu'une misérable épargne de deux shillings. N'importe! j'ai été découvert, poursuivi et pris. Et, je le sais, la loi a été si inflexible pour tant de soldats désespérés et sans feu ni lieu, que j'ai grand'peur de danser pour ça au bout de la corde.

ESCARMOUCHE.

Je suis doublement fâché pour vous, capitaine, d'abord que votre butin ait été si petit, et ensuite que votre danger soit si grand.

LE CAPITAINE.

Bah! Le pire à craindre n'est que la mort..... Avez-vous une pipe sur vous?

ESCARMOUCHE.

Je crois que j'en ai une quelque part sur moi.

Escarmouche passe sa pipe au capitaine, qui l'allume.

LE CAPITAINE.

Voilà un visiteur comme il faut!

GEORGE.

— Allons, il faut que j'imagine quelque heureuse machination. — O ma cervelle, toi qui as toujours servi ton maître, à l'œuvre!

LE CAPORAL JURON, du dehors.

Guichetier, un tour de clef! ouvrez-nous!

NICOLAS, du dehors.

Oui, oui, maître guichetier, donnez-nous, je vous prie, un échantillon de votre office.

LE CAPITAINE.

Comment! encore des visites!

Entrent le CAPORAL JURON *et* NICOLAS.

Eh quoi! le caporal Juron!

GEORGE ET ESCARMOUCHE, saluant.

Caporal!

JURON.

Vous en prison, honnête capitaine! Ça ne doit pas être.

NICOLAS, au capitaine.

Comment allez-vous, cousin capitaine?

LE CAPITAINE, à part.

Que diable vient faire ici ce niais empesé?

NICOLAS.

Vous voyez, parent, j'ai pris la liberté grande de me présenter pour voir comment vous allez. J'ai appris que vous étiez en sûreté, et je suis bien aise que la chose ne soit pas pire.

LE CAPITAINE, à part.

Voilà une double torture, à présent... Ce dévot imbécile m'agace plus que mon emprisonnement.

Bas au caporal.

Quelle idée avez-vous eue, caporal, de le remorquer jusqu'ici ?

LE CAPORAL, bas au capitaine.

Qui? lui! Il va te secourir et te tirer du besoin. Je l'y forcerai bien.

LE CAPITAINE, bas au caporal.

Fi! que de paroles perdues! Lui! me tirer du besoin! J'attendrai de la pitié d'un usurier le jour où mon billet sera protesté, de l'indulgence d'un juge le jour où je n'aurai plus le sou, j'attendrai de la charité du diable même, avant d'attendre du bien d'un puritain. J'espérerai un secours de cet homme quand Lucifer sera restauré dans les honneurs de sa race et rappelé au ciel.

NICOLAS, à part.

Je gage que mon parent parle de moi, car mon oreille gauche me tinte effroyablement.

GEORGE, bas au capitaine.

Capitaine, quel est cet être-là ? Il a l'air d'un singe par en haut, et d'une grue par en bas.

LE CAPITAINE, bas à George.

Peuh! un imbécile! un cousin à moi. Je puis remercier Dieu de ce parent-là!

GEORGE, bas au capitaine.

Eh! il n'en sera que plus facile à attraper. Tu changeras d'habit avec lui, et tu le laisseras ici, et ainsi...

LE CAPITAINE, bas à George.

Allons donc! je viens justement de le dépeindre à mon caporal; il se damnerait plutôt que de me rendre un pareil service.

GEORGE, bas au capitaine.

Eh! je sais un stratagème bien plus adroit et bien plus joli que celui-là, si le drôle consent à être sociable...

Il s'entretient à part avec le capitaine.

LE CAPITAINE.

Ah! maître malin!

NICOLAS.

Tiens, mon cousin m'adresse la parole ; je vais renouveler connaissance avec lui, j'espère.

ESCARMOUCHE.

Voyez donc ! quelles ridicules contorsions font ses rides !

GEORGE.

Eh bien, capitaine, que dites-vous de ce stratagème? Il est heureux, n'est-ce pas?

LE CAPITAINE.

Parlez bas, George ; les rats des prisons ont l'oreille plus fine que ceux des greniers.

George continue de causer à voix basse avec le capitaine et le caporal.

NICOLAS, au capitaine.

Cousin, s'il est en mon pouvoir, comme on dit, de.....

LE CAPITAINE, bas à George.

En vérité, cela me réjouirait excessivement ; mais n'insistez pas, le drôle se fera pendre plutôt que de s'y prêter.

LE CAPORAL, à part.

Malepeste ! je saurai bien l'y forcer.

GEORGE, bas au capitaine.

Bah ! tâtez toujours ce rustre ; ouvrez-vous-en à lui tout nettement.

LE CAPITAINE, bas à George.

Oui, pour que son bavardage me perde ! Le drôle débagoulera nos projets à son maître. Si j'étais seulement aussi sûr de sa discrétion que je suis sûr de son refus !

SCÈNE IV.

NICOLAS, au capitaine.

Je serais bien charmé, cousin, si mes services, comme on dit, pouvaient.....

Il s'arrête court.

GEORGE, bas au capitaine.

Eh! vous le voyez, voilà déjà qu'il vous offre bêtement ses services.

LE CAPITAINE, bas à George.

Oui, voilà le diable! que ne me les offre-t-il avec esprit!

NICOLAS.

En vérité, là, tout de bon, cousin.....

LE CAPITAINE, à Nicolas.

Voilà quelque temps que j'observe tes grimaces. As-tu vraiment l'intention de m'être utile, comme me le feraient croire ces sourires béats, ces mines charitables que vous affectez tous, vous autres puritains? En ce cas, je te demande de voler ce soir, à la tombée de la nuit, la chaîne de ton maître.

NICOLAS.

Oh! je vais m'évanouir!

GEORGE.

Caporal, il se dérobe déjà!

LE CAPITAINE.

Je sais qu'elle vaut trois cents écus; et, avec la moitié de cette somme, je puis racheter une existence qui est maintenant détenue en gage par la justice. Si tu refuses de faire cette chose fort aisée, et qui n'est nullement dangereuse, sous prétexte que tu as auprès de ton maître une bonne réputation, c'est la preuve palpable que tu n'attaches aucun prix à mon existence, et que les offres de services, balbutiées confusément par toi, sont des protestations faites uniquement du bout des lèvres, des engagements mort-nés, de futiles murmures. Eh bien, consens-tu? Puis-je espérer mon salut de ta réponse?

NICOLAS.

Moi, voler la chaîne de mon maître! Non, il ne sera pas dit que Nicolas Saint-Antlings a commis un larcin.

LE CAPITAINE.

Eh bien, ne vous l'avais-je pas dit? Tout puritain qu'il est, il veut rester honnête homme (9).

NICOLAS.

Allons, cousin, vous savez qu'il est écrit : *Tu ne voleras point*.

LE CAPITAINE.

Imbécile, il est écrit aussi : *Tu aimeras ton prochain, et tu l'assisteras dans la détresse*.

NICOLAS.

Ma foi, je crois que vous dites vrai : en quel chapitre est cela, cousin?

LE CAPITAINE.

Eh! au premier chapitre de la Charité, second verset.

NICOLAS.

Au premier chapitre de la Charité, dit-il! voilà une bonne plaisanterie! ce chapitre-là n'est pas dans mon livre.

LE CAPITAINE.

Non, je sais qu'il en a été déchiré, et voilà pourquoi la charité tient si peu de place dans ton cœur.

GEORGE, prenant Nicolas à part.

Allons, je dois vous le dire, vous êtes un parent trop ingrat, en vérité. Le capitaine vous aime si tendrement, il vous aime comme la prunelle de ses yeux, et vous êtes à ce point impitoyable. Fi! fi!

NICOLAS, à part, à George.

Je vous en prie, ne me demandez pas de me faire pendre; tout, excepté cela! S'il ne s'était agi que de dérober, je l'aurais fait, mais je ne dois pas voler ; car la parole littérale, c'est : *Tu ne voleras point*. Et vous voulez que je vole !

GEORGE, à part, à Nicolas.

Non, ma foi, ce serait trop, là, vraiment. Mais consentirais-tu à escamoter la chaîne de ton maître?

NICOLAS, à part, à George.

Pour ça, oui.

GEORGE, à part, à Nicolas.

Eh! voilà qui suffit, mon immense. Le capitaine se contentera de ça, ou il n'obtiendra rien. Laisse-moi lui parler à présent.

Haut, au capitaine.

Capitaine, je me suis entendu avec votre cousin dans un coin ; c'est, sur ma parole, un brave garçon. Dame, vous n'aurez pas tout ce que vous demandez ; il vous faudra en rabattre un peu : il ne consent pas absolument, comme vous le voudriez, à voler la chaîne, mais, pour vous faire plaisir, il veut bien l'escamoter.

NICOLAS.

Ah! pour ça, oui, cousin.

LE CAPITAINE.

Eh bien, puisqu'il ne veut pas faire davantage, à ce que je vois, il faut bien que je me contente de ça.

LE CAPORAL, à part.

Voilà une étrange fourberie !

GEORGE, à Nicolas.

Voyons, je vais vous édifier, l'ami. Comme nous ne voulons faire ici qu'une charitable plaisanterie, le chevalier ne perdra pas sa chaîne; elle sera seulement égarée pour un jour ou deux.

NICOLAS.

Ah! voilà qui est parfait, n'est-ce pas, parent ?

GEORGE.

Car, d'après mon plan ultérieur, nous avons plus d'avantage à la faire disparaître momentanément qu'à nous l'approprier tout à fait; c'est ce que je vous expliquerai... Dès que tu auras la chaîne, tu la porteras par une porte de derrière dans le jardin, tu l'accrocheras bien secrètement dans le massif de romarin, pour quelque temps seulement; et, grâce à cet inoffensif stratagème, je réussirai à élargir de prison le capitaine. Le chevalier, ton maître, obtiendra son pardon et le délivrera, le capitaine restituera à ton maître la chaîne, et il y aura des deux parts un prodigieux échange de remerciements.

NICOLAS.

Ce serait magnifique, en vérité. Mais faites-moi savoir comment vous obtiendrez ça.

GEORGE.

Oui, il est fort nécessaire que tu le saches, puisque tu dois être employé comme acteur.

NICOLAS.

Comme acteur! Oh! non! un acteur est un comédien! Et notre ministre, je puis vous le dire, déblatère formidablement contre les comédiens, parce qu'une fois ils l'ont représenté ivre sur la scène, horriblement ivre, comme il l'est parfois.

LE CAPORAL.

Par la messe! je ne puis l'en blâmer, pauvre gargouille d'église!

GEORGE.

Eh bien donc, tu seras employé comme agent.

NICOLAS.

Oui, c'est ça, c'est ça.

GEORGE.

Écoute-moi donc : quand le vieux chevalier, ton maître,

aura ragé tout son soûl pour la perte de sa chaîne, dis-lui que tu as en prison un cousin d'une science tellement rare qu'il se fait servir par le diable lui-même comme par un laquais français, et l'oblige à courir nu-tête près du ventre de son cheval, quand il en a un ; ajoute que, quand la chaîne serait enfouie sous une mine de houille, il la ferait retrouver par le diable avec la dextérité la plus irlandaise, sans qu'il soit besoin de bêche ni de pioche ; dis-lui ça seulement, suis toutes les instructions que tu recevras de moi, et tu seras un véritable parent.

LE CAPORAL.

Un être immense de délicatesse.

ESCARMOUCHE.

Un honnête teneur de livres.

LE CAPITAINE.

Et mon trois fois exquis cousin.

NICOLAS.

Eh bien, à la grâce de Dieu ! Je veux bien dérober la chaîne subtilement, et l'accrocher dans le massif de romarin ; mais ma résolution est bien prise, cousin ; je ne consentirais pas à voler, pas même, il me semble, pour mon propre père.

ESCARMOUCHE.

Pour ça, capitaine, sa résolution est bonne.

GEORGE.

Excellente. Il commence à être un brave garçon, ma foi.

LE CAPORAL.

Oui, en vérité.

NICOLAS.

Vous voyez, cousin, je consens à vous rendre n'importe quel service, pourvu toujours que je ne me compromette pas.

LE CAPITAINE.

Merci bien. Adieu. Je reconnaîtrai cela.

Nicolas sort.

LE CAPORAL.

C'est une bonne chose pour toi, capitaine, que tu aies pour cousin un âne aussi fieffé.

LE CAPITAINE.

— Ah! c'est un fameux imbécile, n'est-ce pas, caporal?... — Mais, Edmond, tu parles d'art magique, d'évocations? — Que vas-tu donc faire?

GEORGE.

Bah! ne vous inquiétez pas de ça; — confiez-vous à moi et à mes instructions. — Maintenant, capitaine, ne doute plus de ta délivrance; elle s'effectuera, mon cher, avec profit pour toi, et tu auras gagné à être emprisonné, — si mes calculs ne me trompent pas. A l'œuvre, génie de la ruse! — J'ai pour but maints résultats lointains et subtils, — que je finirai, je n'en doute pas, par atteindre. — Je vais livrer à la veuve un adroit assaut... — Capitaine, sois gai.

LE CAPITAINE.

Qui, moi? Je porte gaiement le justaucorps de buffle.

GEORGE.

Oh! je saurai multiplier les stratagèmes, en sorte qu'ils se fortifient les uns par les autres... Caporal Juron!

LE CAPORAL.

Voilà, immense!

GEORGE.

Et toi, vieux Pierre Escarmouche, j'ai pour vous deux un emploi urgent.

ESCARMOUCHE.

Indiquez-le, George.

LE CAPORAL.

Quel qu'il soit, nous le remplirons.

GEORGE.

Je vous charge tous deux de soutenir une querelle devant la porte de la veuve, et de croiser l'épée à la pointe du crépuscule. Ferraillez un peu, ferraillez, ferraillez.

LE CAPORAL.

Peuh! — fiez-vous à nous, nous ferons sonner à nos lames le carillon de midi, — quand ce serait après souper.

GEORGE.

Je m'en rapporte à vous. — De cette étincelle fallacieuse je m'engage à faire jaillir une étrange illusion... Capitaine, pour favoriser mes desseins et pour rendre plus prestigieuses mes paroles à la veuve, je mettrai un beau costume de satin uni, que j'ai eu l'autre soir d'un jeune viveur; car de nos jours les paroles passent inaperçues, si elles n'émanent pas d'un beau costume, comme celui dont m'ont pourvu les destins et mon génie. Certes, capitaine, si je ne t'aimais pas profondément, je ne voudrais pas être vu à deux cents pas d'une prison, car je proteste qu'en ce moment je suis grandement menacé par les dettes criardes. Je dois de l'argent à diverses hôtesses, et tu sais que ces drôlesses-là sont vite aux trousses d'un mortel.

LE CAPITAINE.

C'est vrai, George.

GEORGE.

Salut, capitaine!.. Caporal, enseigne, partons...

Au capitaine.

Tu apprendras du nouveau la prochaine fois que nous te reverrons.

LE CAPORAL.

Du nouveau! oui, par la grande ourse du ciel, tu en apprendras.

LE CAPITAINE.

Suffit. Adieu, mes amis. — Cette prison est comme un enfer dont les spectres se sépareraient.

Ils sortent.

SCÈNE V

[Un appartement chez Lady Plus.]

Entre MOLL.

MOLL.

Ne pas me marier ! Renoncer au mariage !.. Eh ! toutes les femmes le savent, il est certes aussi honorable de se marier que de coucher avec un homme. Et moi, pour mieux narguer le vœu de ma sœur, j'ai déjà choisi un amoureux, un beau galant, un chevalier de la dernière plume ; il dit qu'il me mettra en carrosse, qu'il m'habillera à la mode, qu'il m'allouera de l'argent pour jouer aux dés, et maintes autres protestations aimables qu'il scelle sur mes lèvres. En effet, son père, fort asthmatique, est un campagnard prodigieusement riche, un monstrueux fermier ; il peut donc s'amouracher à loisir ; et, ma foi, je me risque sur lui. Les femmes ont mille moyens de se tirer d'affaire. S'il est intelligent et aimable, comme il promet de l'être, eh bien, je l'aimerai et je le traiterai gentiment ; si c'est un âne, eh bien, dans le délai d'un quart d'heure, je puis le métamorphoser en bœuf... Voici mon confident qui revient.

Entre FRAGILITÉ.

FRAGILITÉ.

Oh ! mademoiselle Moll ! mademoiselle Moll !

MOLL.

Eh bien ! qu'y a-t-il ?

FRAGILITÉ.

Le chevalier, votre amoureux, sir John Beaudenier !

SCÈNE V.

MOLL.

Sir John Beaudenier! où donc? où donc?

FRAGILITÉ.

Il se promène dans la galerie.

MOLL.

Ma mère l'a-t-elle vu?

FRAGILITÉ.

Oh! non! elle est en train de geindre dans la cuisine.

MOLL.

Amène-le tout doucement, bon Fragilité! Je vais faire au devant de lui la moitié du chemin.

FRAGILITÉ.

Juste comme pour une rencontre de carrousel; mais j'espère bien qu'il ne rompra pas de lance cette fois-ci.

Entre SIR JOHN BEAUDENIER.

MOLL.

Il est heureux que ma mère ne l'ait pas vu...

S'élançant au devant de sir John.

Oh! soyez le bienvenu, bon sir John.

SIR JOHN.

En vérité, je vous rends grâces. Mais vous devez attendre que je vous embrasse. C'est partout la mode, sur ma parole, et je ne suis pas un nouveau venu à la cour.

MOLL.

Aux destins ne plaise que je contrarie la mode!

SIR JOHN.

Donc, pour ne rien perdre des douceurs des cérémonies nouvelles, je commence par reculer, puis, revenant sur mes pas, je rends ainsi hommage à vos lèvres, et enfin je les accoste.

Il l'embrasse sur les lèvres.

MOLL.

Ma foi! très-poli et très-émouvant! Vous vous en acquittez à merveille, messire... Oh! voici ma mère! ma mère!... Sauvons-nous dans la galerie.

Moll et sir John sortent

Entrent LADY PLUS et SIR GODFREY.

SIR GODFREY.

Voyons, ma sœur, obéissez à la raison ; ne faites pas la folle ; ne vous mettez pas en travers de votre jour ; on vous fait des offres somptueuses, de larges propositions ; ne repoussez pas votre fortune. Qui se présente pour vous faire la cour? je vous le demande. Ce n'est pas un petit sot, c'est un riche chevalier de la cité, sir Olivier de la Bouse ; ce n'est pas un sot, je le répète ; en outre, à ce que j'ai ouï dire à vos servantes, (et vos servantes me disent tout, et je leur en sais gré), vos deux filles ont des galants, oui, de dignes galants encore ; l'un, un sémillant homme de qualité, sir André Delaverge, qui fait vaguement la cour à votre aînée: l'autre, le fils d'un opulent fermier, un beau jeune chevalier de la campagne; on l'appelle sir John Beaudenier. Un excellent nom, ma foi! Quand il aura besoin d'argent, il pourra battre monnaie avec ce nom-là!... Que de bénédictions, ma sœur!

LADY PLUS.

Ne me tente pas, Satan.

SIR GODFREY.

Satan ! Est-ce que j'ai l'air de Satan? J'espère bien que le diable n'est pas aussi vénérable que moi.

LADY PLUS.

Vous blessez mes sentiments, mon frère, quand vous me parlez d'un galant... Oh! je ne puis le supporter; je bois du poison rien qu'à en entendre parler.

Entre SIMON.

Eh bien, Simon, où est mon fils Edmond?

SCÈNE V.   337

SIMON.

A vrai dire, madame, il est occupé d'un vain exercice, il s'évertue au jeu de paume.

LADY PLUS.

Au jeu de paume! Oh! maintenant que son père n'est plus, je n'aurai plus sur lui aucune autorité. Oh! méchant Edmond! Proportions gardées, je pourrais bien appliquer à son avenir la prédiction des chroniques : De même qu'Henry de Monmouth gagna tout et qu'Henry de Windsor perdit tout (10), de même Edmond de Bristol, qui était le père, amassa tout, et Edmond de Londres, qui est le fils, dissipera tout.

SIR GODFREY.

Paix, ma sœur! nous le réformerons ; il y a encore de l'espoir, si faible qu'il soit.

Entre FRAGILITÉ.

FRAGILITÉ.

En vérité, madame, il y a à la porte deux ou trois archers qui seraient bien aises de parler à votre excellence.

LADY PLUS.

Des archers?

SIR GODFREY.

Je gage que c'est le fléchier de votre mari.

LADY PLUS.

Oh! fais-les entrer ; ils me rapportent des objets qui lui ont appartenu ; sans doute je les aurai oubliés...

Entrent SIR André Delaverge, SIR Olivier de la Bouse, et SIR John Beaudenier.

Ah çà, maraud, où sont ces archers?

FRAGILITÉ.

Eh bien, est-ce que vous ne les voyez pas devant vous?

ne sont-ce pas des archers, puisqu'en leur qualité d'amoureux, ils lancent les flèches de Cupidon?

LADY PLUS.

Tais-toi, méchant maroufle!

SIR OLIVIER.

Veuillez nous excuser, madame, nous venons ici animés d'une honorable affection.

SIR ANDRÉ ET SIR JOHN.

Oui, madame.

SIR OLIVIER.

Pour vous.

SIR ANDRÉ ET SIR JOHN.

Et pour vos filles.

LADY PLUS.

Oh! pourquoi en agissez-vous ainsi avec moi, messieurs? Je ne veux même pas vous voir en face. Quand les larmes, à peine tombées de mes yeux, sont à peine essuyées de mes joues, quand le corps de mon cher mari est à peine froid comme le tombeau, quelle raison avez-vous d'en agir ainsi avec moi? Je ne suis pas de ces veuves qui enterrent un époux le soir, et s'en assurent un autre avant le lendemain matin. Retirez-vous, je vous prie, et contentez-vous de cette réponse, bons chevaliers, si vous êtes d'aimables chevaliers : j'ai fait vœu de ne jamais me marier, et mes filles aussi.

SIR JOHN, à part.

Oui, vous et votre fille aînée! mais votre cadette est une bonne enfant.

SIR OLIVIER.

Madame, voilà une réponse cruelle; ce qui me rassure, c'est que c'est la première; et il faut être un amoureux bien malappris pour se laisser rebuter par une réponse farouche.

SCÈNE V.

SIR ANDRÉ.

Où sont vos filles, madame? J'espère qu'elles nous donneront de meilleurs encouragements.

LADY PLUS.

En vérité, elles vous répondront comme moi, croyez-moi ; elles vous feront littéralement la même réponse que moi ; vraiment, là.

SIR JOHN, à part.

Motus! Moll est une bonne fille, elle ; je sais ce qu'elle fera.

SIR OLIVIER.

Eh bien, madame, nous prenons congé de vous pour cette fois, espérant être plus heureux un autre jour.

LADY PLUS.

Oh! jamais! jamais! Quand je vivrais mille ans, si vous êtes de bons chevaliers, n'espérez plus ; ce serait en vain, bien en vain. Renoncez à vos prétentions ; et quand vous vous en serez bien dépouillés, revenez me voir.

Sortent sir John et sir André.

FRAGILITÉ, à part.

Qu'ils reviennent quand ils se seront bien dépouillés? En effet, le meilleur moyen de faire sa cour à une veuve, c'est de se dépouiller... pour se mettre au lit avec elle.

SIR OLIVIER, bas, à sir Godfrey.

Sir André, voici vingt angelots de plus ; travaillez ferme pour moi ; il y a encore quelque chance.

SIR GODFREY.

Ne craignez rien, sir Olivier ; je tiendrai bon pour vous ; rapportez-vous-en à moi.

Sort sir Olivier.

Entre GEORGE PYEBOARD.

GEORGE.

Pardon, madame la douairière.

LADY PLUS.

Quoi! un autre amoureux, maintenant!

GEORGE.

Un amoureux, non, je vous le jure. Quand vous voudriez, madame, vous donner à moi, je ne voudrais pas m'embarrasser de vous.

LADY PLUS.

Vraiment, monsieur? Vous n'en êtes que mieux venu, monsieur.

GEORGE.

Ah! le ciel me préserve d'épouser une veuve, à moins d'être sûr de l'enterrer au plus vite!

LADY PLUS.

Excellente franchise. Eh bien, monsieur, quelle affaire vous amène?

GEORGE.

Une affaire fort importante... Si je pouvais vous parler en particulier?

LADY PLUS.

Fort importante!
  A sir Godfrey.
Mon frère, veuillez vous retirer.
  A Fragilité.
Et vous aussi, monsieur.

FRAGILITÉ, à part.

Je rirais fort, si ce gaillard, avec son franc parler, les désarçonnait tous et sautait lui-même en selle. J'ai déjà vu des farces aussi extravagantes.

Il sort.

LADY PLUS.

Eh bien, monsieur? nous sommes seuls.

Entrent MOLL et FRANCES.

Mes filles, éloignez-vous.

GEORGE.

Oh! non! je vous en prie, laissez-les rester; car ce que j'ai à dire leur importe autant qu'à vous.

LADY PLUS, à ses filles.

En ce cas, vous pouvez rester.

GEORGE.

— Accordez-moi, je vous prie, une attention sérieuse. — Car ce que j'ai à vous dire est plein de gravité et de danger.

LADY PLUS.

De danger!

GEORGE.

— Oui, si mes paroles passent inaperçues et restent sans effet. — Autrement, paix et bonheur!... Attention, je vous prie. — Veuve, je suis complétement étranger au pays que vous habitez; je n'ai jamais connu votre mari, le père de ces jeunes filles, mais je sais pertinemment par certaines intelligences spirituelles qu'il est dans le purgatoire.

LADY PLUS.

Dans le purgatoire! Bah! ce mot-là mérite qu'on crache dessus. Je m'étonne qu'un homme de sobre langage, comme vous semblez l'être, ait la folie de croire qu'il y a un lieu pareil.

GEORGE.

Eh bien, madame, je parle avec tout mon sang-froid, je vous assure qu'il y a un purgatoire; et je sais que votre mari y réside, et qu'il y restera probablement jusqu'à la dissolution du monde, jusqu'au feu de joie suprême et universel, jusqu'au moment où la terre se sera fondue dans le néant et où les mers auront échaudé toute la gent à nageoires. Oui, il y demeurera jusqu'alors, à moins que vous ne changiez de détermination, vous et vos deux filles; c'est-à-dire, à moins que vous et votre fille aînée, vous ne renonciez au célibat, et que votre fille cadette ne renonce à son projet de mariage prochain.

MOLL, à part.

Comment sait-il ça? est-ce qu'un diable le lui aurait dit?

LADY PLUS.

Il est étrange qu'il connaisse nos pensées.

A Moll.

Ah çà, ma fille, vous aviez donc l'intention de vous marier prochainement?

GEORGE.

Vous le voyez, elle dit oui, puisqu'elle ne dit rien... Croyez-en ce que vous voudrez, je suis un étranger pour vous; et pourtant, vous le voyez, je connais vos déterminations, lesquelles ne peuvent m'être révélées que métaphysiquement et par des intelligences surnaturelles.

LADY PLUS.

Voilà qui me confond.

FRANCES.

Connaître ainsi nos secrets!

MOLL, à part.

Je pensais à me marier furtivement... Que n'a-t-il perdu la langue avant de divulguer cela!

LADY PLUS.

Mais, monsieur, mon mari était un trop honnête homme pour être aujourd'hui dans un purgatoire.

GEORGE.

Oh! ne chargez pas votre conscience de faussetés; — ce serait une pure folie de vouloir dorer aujourd'hui — ce qui n'a jusqu'ici passé que pour du cuivre. Des louanges décernées ici — ne sauraient le délier là-bas; confessez la vérité: — je sais qu'il a acquis sa fortune par une âpre rapacité, — oh! bien âpre, bien âpre!

LADY PLUS, à part.

Voilà qui est le plus étrange de tout. Comment sait-il ça?

GEORGE.

Il dévorait jusqu'à la moëlle les niais et les fils de famille naïfs, — et il s'abreuvait de la sueur des pauvres, — à mesure que le labeur la faisait ruisseler de leur front. — Il extorquait de l'argent par les moyens les plus iniques; — la crasse même de ses ongles était mal acquise, — et ne lui appartenait pas... Oh !..., — Je gémis d'en parler, je frémis rien que d'y songer, — je frémis!

LADY PLUS, à part.

Moi aussi je tremble, maintenant que j'y pense.

Haut,

Monsieur, je suis grandement fâchée que vous, un étranger, vous outragiez si profondément mon défunt mari.

GEORGE.

Oh !

LADY PLUS.

Un homme si assidu à l'église, qui se levait avant ses domestiques, et, dans sa ferveur religieuse, courait sans jarretières, déboutonné, voire, sauf votre respect, déculotté, à la prière du matin !...

GEORGE.

Ouf !

LADY PLUS.

Qui dînait en toute hâte les jours fériés, et, quand j'avais des invités de distinction, me faisait honte et se levait de table pour être bien placé au sermon de l'après-midi.

GEORGE.

Voilà le diable! Voilà le diable, en vérité! Il eût regardé comme un acte pie de tuer un homme, pourvu qu'il l'eût fait au banc d'œuvre, ou de ruiner son voisin, pourvu qu'il l'eût fait tout près du prédicateur... Oh! un sermon est un beau petit manteau d'une heure de long qui cache la partie supérieure d'un hypocrite... L'église ! oui, il était l'église incarnée, et sa conscience était aussi dure que la chaire.

LADY PLUS.

Il m'est impossible d'en supporter davantage.

GEORGE.

Et à moi, veuve, il m'est impossible de flatter.

LADY PLUS.

Est-ce là tout ce que vous avez à me dire?

GEORGE.

Non, madame. Ceci n'est que la préface. — Vous pouvez croire toutes mes assertions; toutes sont frappées au coin de la vérité. — Si votre conscience se soulevait jusqu'à vos lèvres, vous confirmeriez mes paroles. Et, pour vous prouver que je connais l'avenir aussi bien que le présent, je vous annonce qu'un frère de votre mari fera bientôt une perte.

LADY PLUS.

Une perte! Que le ciel en préserve sir Godfrey, mon frère!

GEORGE.

Çà, contenez votre surprise, jusqu'à ce que je vous aie prédit à toutes vos destinées, qui seront effroyables, si elles ne sont pas heureusement prévenues. Car (c'est à vous-même et à vos filles que je m'adresse), si aujourd'hui même, devant votre porte, il n'y a pas une effusion de sang dont mourra une créature humaine, vous et votre aînée vous deviendrez folles.

LADY PLUS ET FRANCES.

Oh!

MOLL.

Heureusement que je suis exceptée!

GEORGE.

Et, avec la plus impudente prostitution, vous exposerez vos corps nus à la vue de tous les assistants.

LADY PLUS.

Nos corps nus! fi! quelle honte!

GEORGE.

Écoutez-moi donc. — Quant à votre fille cadette, elle sera frappée de mutisme. —

MOLL.

De mutisme! miséricorde! C'est de toutes les peines la pire pour une femme. J'aimerais mieux être folle, courir nue, n'importe quoi!... muette!

GEORGE.

Prêtez l'oreille. Avant que la nuit tombe sur les collines, les marais et les prairies, ma prédiction aura été soumise à l'épreuve, et dès lors je devrai être cru en conséquence.

LADY PLUS.

S'il dit vrai, nous sommes toutes déshonorées, toutes perdues.

MOLL.

Muette! Ah! je vais parler autant que je pourrai, d'ici à ce soir.

GEORGE.

Mais s'il arrive (ce que je désire fort dans votre intérêt) que les étranges destinées qui vous menacent soient prévenues par cet incident de mortelle effusion de sang dont je viens de vous parler, écoutez-moi, il y va de votre vie.

A lady Plus et à Frances.

Vous deux qui avez fait vœu de ne jamais vous marier, vous devrez chercher des maris au plus vite.

A Moll.

Et vous, la troisième, qui avez un tel désir de dépouiller la chasteté virginale, vous ne devrez plus vous occuper de mariage.

MOLL.

Double tourment!

GEORGE.

Si vous vous soustrayiez à cette injonction, vous maintiendriez votre père dans le purgatoire, et les peines que vous subiriez dans ce monde paralyseraient, à force d'horreur, les oreilles qui les entendraient raconter.

LADY PLUS.

Me marier ! Mais j'ai fait vœu de ne jamais me marier.

FRANCES.

Et moi aussi !

MOLL.

Et moi j'ai fait vœu de ne pas commettre l'ânerie de ne pas me marier. Quel contre-temps !

GEORGE.

Mesdames, tout prophète que je suis, je ne puis améliorer les destinées ; je vous les fais connaître telles qu'elles me sont révélées ; je voudrais qu'elles fussent à votre goût et conformes à vos désirs ; c'est tout le mal que je vous voudrais.

LADY PLUS.

Oh ! c'est la juste expiation de la fortune mal acquise de mon mari.

GEORGE.

Je vous engage à réfléchir et à y renoncer.

LADY PLUS.

Je vais trouver sir Godfrey, mon frère, et l'informer de ces terribles présages.

FRANCES.

En effet, ma mère, ils lui annoncent une perte.

LADY PLUS.

Oh ! oui, vraiment.

A George.

— Si une heureuse issue couronne tes paroles, — je récompenserai ta science.

GEORGE.

Il suffit, madame. C'est tout ce que je désire.

Sortent Lady Plus et Frances.

MOLL.

— Muette, et pis encore, pas mariée! — Ni parole, ni baiser! double calamité!

Elle sort.

GEORGE.

Ainsi, tout va bien jusqu'à présent. Je joue mon rôle de devin aussi bien que si j'avais une sorcière pour grand'-maman. Par un heureux hasard, étant dans le verger de mon auberge qui avoisine le jardin de la veuve, j'ai appliqué le trou de mon oreille à un trou de la muraille, et j'ai entendu ces créatures proférer les vœux et dire les paroles dont j'ai fait ainsi mon profit; et, ce qui m'encourage dans mon stratagème, c'est que je leur découvre une simplicité naturelle qui avalera aisément n'importe quelle énormité, pourvu qu'elle soit suffisamment couverte. Pour confirmer mon premier présage, j'ai chargé Pierre Escarmouche, le vieux soldat, de blesser à la jambe le caporal Juron; je m'élancerai entre eux deux, dans la bagare; et, au lieu de donner au caporal un cordial pour le réconforter, je lui verserai dans la bouche un narcotique qui le fera passer pour mort; puis, le vieux soldat étant arrêté et sur le point d'être mené à l'exécution, j'interviendrai et je m'engagerai à guérir l'homme mort, sous peine de subir moi-même le supplice du condamné; le caporal s'éveillera à la minute précise où l'action du narcotique sera épuisée, et ainsi je m'assurerai l'admiration générale, et, fort d'un tel prestige, je ferai valoir mon adresse quand j'en trouverai l'occasion. Si cet imbécile de Nicolas fait de la chaîne exactement ce que je lui ai dit, mon plan aura réussi, le capitaine sera délivré, et mon esprit sera à jamais vanté par les étudiants et par les soldats.

Il sort.

SCÈNE VI

[Le jardin de Lady Plus.]

Entre NICOLAS-SAINT-ANTLINGS, portant la chaîne.

NICOLAS.

Oh! j'ai trouvé, pour enlever la chaîne, une excellente occasion ; mon maître venait de la retirer pour essayer un nouveau pourpoint, et moi, je l'ai subtilisée petit à petit, fort puritainement! Quand il s'apercevra de la disparition, nous allons bien rire. A l'œuvre, mon cousin le sorcier ! Le monde verra que je tiens fidèlement parole, car je vais accrocher cette chaîne entre le ciel et la terre, parmi les branches de romarin.

Il sort.

SCÈNE VII

[Une place devant la maison de Lady Plus.]

Entrent SIMON SAINTE-MARIE-OVERIES et FRAGILITÉ.

FRAGILITÉ.

Diantre, Simon! Madame renvoie tous ses galants et leur met la puce à l'oreille.

SIMON.

Fragilité, elle agit en femme honnête, chaste et vertueuse ; car les veuves ne doivent pas se vautrer dans le bourbier de l'iniquité.

FRAGILITÉ.

Pourtant, Simon, il y a bien des veuves qui s'obstinent à le faire, quoi qu'il leur en advienne.

SIMON.

C'est qu'en réalité, mon cher, leur chair impure désire une conjonction copulative... Mais, Fragilité, quels étrangers y a-t-il à la maison?

FRAGILITÉ.

Personne, Simon; si ce n'est maître Filou, le tailleur; il est là-haut, chez sir Godfrey, à lui vanter un pourpoint, et il faut que je trotte tout à l'heure pour aller chercher maître Eau de Savon, le barbier.

SIMON.

Maître Eau de Savon est un brave homme qui lave parfaitement les péchés de la barbe.

Entre ESCARMOUCHE.

ESCARMOUCHE.

Eh bien, créatures, quelle heure est-il?

FRAGILITÉ.

Ah çà, nous prenez-vous pour un jaquemart d'horloge?

ESCARMOUCHE.

Encore une fois, quelle heure est-il?

SIMON.

En vérité, là, nous ne connaissons que l'heure de notre conscience; nous savons que toutes les horloges mondaines vont mal, et qu'elles sont réglées par des sacristains ivres.

ESCARMOUCHE.

Eh bien, quelle heure est-il à votre conscience?... Oh! interrompons-nous; voici venir le caporal.

Entre le CAPORAL JURON.

Hum! hum! quelle heure est-il?

LE CAPORAL.

Quelle heure? Eh bien, il est passé dix-sept heures.

FRAGILITÉ, à part.

Passé dix-sept heures! Ah! il a trouvé à qui parler maintenant; le caporal Juron va lui tenir tête.

ESCARMOUCHE, au caporal.

Ah çà! railles-tu? et te moques-tu de moi? Je suis un soldat... Passé dix-sept heures!

LE CAPORAL.

Oui. Tu ne te fâches pas contre les chiffres, n'est-ce pas? Eh bien, je vais te le prouver; douze heures et une heure font bien treize heures, j'espère; et deux heures font quatorze heures; et trois heures font quinze heures; et quatre heures font seize heures; et cinq heures font dix-sept heures. Donc, il est passé dix-sept heures... Dans une cause aussi juste, je prendrai le parti du cadran!

ESCARMOUCHE.

En ce cas, je dis qu'il est passé cinq heures.

LE CAPORAL.

Je jurerais, moi, qu'il est passé dix-sept heures. Connais-tu pas tes chiffres? Faut-il t'apprendre à compter?

ESCARMOUCHE, dégaînant.

M'apprendre à compter, à moi, dans la rue!

LE CAPORAL, dégaînant.

Oui, et en pleine place publique.

Escarmouche et le caporal ferraillent.

SIMON.

A la garde! par ici les piques! A la garde!

Il sort en courant.

FRAGILITÉ.

Au jeu que jouent ces gens-là, il faut faire atout de pique..

Entre GEORGE PYEBOARD.

Morbleu, voilà le valet maître... A la garde! à la garde! par ici les piques!

SCÈNE VII.

LE CAPORAL, à Escarmouche.

Ah! misérable! tu m'as ouvert une veine à la jambe.

GEORGE, intervenant.

Qu'y a-t-il? fi! fi! redressez, redressez ces épées!

LE CAPORAL.

Par le bleu firmament! il n'était pas dans mon rôle, George, d'être blessé à la jambe.

GEORGE.

Oh! silence maintenant!... J'ai ici un cordial pour te réconforter..

Entre un OFFICIER *et des gardes.*

L'OFFICIER.

Tombez sur eux! tombez sur eux! mettez la main sur ces misérables!

ESCARMOUCHE.

Mettre la main sur moi!

GEORGE.

Je ne veux pas qu'on me voie au milieu d'eux maintenant.

Il se cache.

LE CAPORAL.

— Je suis blessé : ce sont des chirurgiens qui devraient
— mettre la main sur moi, et non ces brusques soudards.

L'OFFICIER.

— Eh bien, emmenez-le pour le faire panser.

On emporte le caporal.

— Ce soldat mutin viendra avec moi en prison.

ESCARMOUCHE.

— En prison! où est George?

L'OFFICIER.

Emmenez-le.

L'officier et les gardes sortent emmenant Escarmouche.

352 LA PURITAINE OU LA VEUVE DE WATLING STREET.

GEORGE, sortant de sa cachette.

Ainsi, — tout s'arrange comme je le désire. La veuve, ébahie, — va désormais m'enraciner dans sa confiance, — et sera émerveillée de la vertu de mes paroles ; — car l'événement conjure le présage qui menaçait ses filles et elle — de folie et de mutisme, et leur cause une joie — mêlée d'admiration. Ces êtres chétifs, — le soldat et le caporal, n'étaient faits — que pour me servir d'instruments. — Maintenant, à mon patient! voici sa potion.

Il sort.

SCÈNE VIII

[Un appartement chez Lady Plus.]

Entrent LADY PLUS, ses filles MOLL et FRANCES, puis FRAGILITÉ.

LADY PLUS.

— O bonheur prodigieux, inespéré! — O événement fortuné! Je crois que nos existences — ont été bénies au berceau. Nous sommes délivrées — de ces prédictions humiliantes et brutales — par cette équipée sanglante. Va, Fragilité, cours, et informe-toi — si l'homme qui a reçu une blessure ici, devant ma porte, — est encore vivant ou s'il est mort.

FRAGILITÉ.

Madame, il a été transporté chez le supérieur; mais, s'il n'avait pas d'argent en entrant là, je garantis qu'il est mort à l'heure qu'il est.

Il sort.

FRANCES.

Certes, cet homme est un rare devin ; il n'a pas regardé nos mains, il n'a vu aucune marque sur nous... C'est assurément un prodigieux gaillard.

SCÈNE VIII.

MOLL.

Je suis bien aise d'avoir encore l'usage de ma langue. C'est toujours cela. Je trouverai bien moyen de me marier, et bientôt, j'espère.

LADY PLUS.

Oh! où est mon frère sir Godfrey? Je voudrais qu'il fût ici, je lui raconterais avec quelle sûreté prophétique cet habile garçon a tout prédit.

Entre SIR GODFREY, furieux.

SIR GODFREY.

Ah! ma chaîne, ma chaîne! j'ai perdu ma chaîne! Où sont ces misérables valets?

LADY PLUS.

Oh! il a perdu sa chaîne.

SIR GODFREY.

Ma chaîne! ma chaîne!

LADY PLUS.

Frère, de la patience! Écoutez-moi. Vous savez, je vous ai dit qu'un homme fort expert m'avait dit que vous feriez une perte, et ainsi il a prophétisé la vérité.

SIR GODFREY.

Fi! c'est un misérable d'avoir prophétisé la perte de ma chaîne! Elle valait plus de trois cents écus. Et puis, elle avait appartenu à mon père, au père de mon père, à l'arrière-grand-père de mon grand-père. J'aurais autant aimé perdre mon cou que la chaîne qui y était suspendue. Oh! ma chaîne! ma chaîne!

LADY PLUS.

Oh! frère, qui donc est à l'abri des accidents? Il est fort heureux que celui-ci ne soit pas plus considérable.

SIR GODFREY.

Plus considérable! O ma charitable sœur, vous auriez

donc voulu que j'eusse perdu davantage? Ma plus belle robe de chambre avec sa dentelle d'or! Mon haut-de-chausses de fête et ma jaquette garnie de perles!... Plus considérable!

LADY PLUS.

Oh! frère, vous pouvez lire...

SIR GODFREY.

Mais je ne puis pas lire où est ma chaîne. Quels sont les étrangers qui sont venus ici? Vous laissez entrer des étrangers, des filous, des happe-chair. Comment se fait-il que ma chaîne ait disparu? Il n'y avait personne avec moi là-haut que mon tailleur, et mon tailleur ne volerait pas, j'espère.

MOLL.

Non! il aurait peur des chaînes!

Entre FRAGILITÉ.

LADY PLUS.

Eh bien, maraud, quelles nouvelles?

FRAGILITÉ.

Oh! madame, il peut bien s'appeler un caporal, maintenant, car il n'a pas plus de chance de vivre qu'un chapon qui râle.

LADY PLUS, à part.

Tant mieux!

SIR GODFREY.

Morbleu, qu'est-ce que cela à côté de ma chaîne perdue?... Où est ma chaîne, drôle?

FRAGILITÉ.

Votre chaîne, monsieur?

SIR GODFREY.

Ma chaîne est perdue, misérable!

FRAGILITÉ.

Je voudrais voir pendu à la chaîne celui qui l'a prise.

SCÈNE VIII.

Hélas! monsieur, je n'ai pas vu votre chaîne depuis le moment où elle-même était pendue à votre cou.

SIR GODFREY.

Assez, valet. Elle avait trois mille anneaux; je les ai souvent comptés dans mes prières... Bien des fois, bien des fois... Trois mille anneaux!

FRAGILITÉ.

S'il en est ainsi, monsieur, rassurez-vous; votre chaîne ne peut certainement pas être perdue.

SIR GODFREY.

Pourquoi? pourquoi?

FRAGILITÉ.

Parce qu'il est impossible de dissimuler une chaîne qui est trois mille fois percée à jour.

SIR GODFREY.

Sornette!

Entre NICOLAS.

Ah çà, long Nicolas, où est ma chaîne?

NICOLAS.

Eh bien, à votre cou, n'est-ce pas, monsieur?

SIR GODFREY.

A mon cou, valet? ma chaîne est perdue; elle a été filoutée; je suis volé.

LADY PLUS.

Allons, mon frère, montrez-vous un homme.

NICOLAS.

Que la chaîne soit volée ou perdue, s'il avait un peu de patience, madame, je pourrais le mettre en rapport avec un homme fort habile, un parent à moi, qui la lui ferait retrouver en un clin d'œil.

SIR GODFREY.

Vraiment? Eh bien, j'aurai de la patience. Parle, où demeure-t-il?

NICOLAS.

Dame, monsieur, il demeure pour le moment où il voudrait bien ne pas demeurer, s'il pouvait faire autrement, à la maréchaussée, monsieur. Mais, une fois mis en liberté, c'est un homme rare; il a voyagé dans le monde entier; il a été dans les vingt-sept provinces. Ah! monsieur, il vous ferait retrouver votre chaîne, quand elle aurait été emportée au galop à mille milles de la ville.

SIR GODFREY.

L'admirable gaillard ! Pourquoi est-il à l'ombre?

NICOLAS.

Pour une vétille : l'autre soir il a volé deux shillings à un intendant, ce que n'importe qui aurait fait, et il est enfermé pour ça.

SIR GODFREY.

Je le ferai gracier. — Une misère! Il aura son pardon, — et de plus une large récompense. Je vais m'en occuper. — Je n'ai qu'à voir les magistrats; ils feront beaucoup pour m'obliger. — Je vais m'en occuper tout de suite. Bonne sœur, pardonnez-moi. — Tout s'arrangera, j'espère, et tournera bien. — Je me suis senti calmé, rien qu'à entendre parler de cet enchanteur.

Ils sortent.

SCÈNE IX

[Londres. Une rue.]

Entrent BUSARD *et* CORBIN, *accompagnés du garde* DOGUIN.

BUSARD.

L'hôtesse de l'auberge où il loge ne veut plus lui faire crédit; elle m'a payé pour l'arrêter. Si vous voulez m'accompagner (car j'ignore de quelle nature est cet étudiant, s'il est violent ou leste), vous partagerez avec moi, sergent Corbin. J'ai le bel écu pour l'arrêter.

CORBIN.

Ma foi, je veux bien partager avec vous, sergent, moins pour l'amour de l'argent, que par haine contre cet homme de lettres. Dame, sergent, vous savez, il est tout simple que nous haïssions les gens de lettres, parce qu'ils s'obstinent à exposer sur les tréteaux et sur les scènes nos travers, nos ruses et nos menées.

BUSARD.

Oui, et avec quelle acrimonie! En vérité, je me suis toujours demandé comment ces gueux-là pouvaient si bien voir dans nos cœurs, quand nos pourpoints sont boutonnés d'acier.

CORBIN.

Oui, et si hermétiquement. Oh! ce sont des gens dangereux. Ils ont l'esprit plus scrutateur que le coup d'œil d'un constable.

BUSARD.

Chut! chut! chut!... Garde Doguin! garde Doguin!

DOGUIN.

Quoi donc, sergent?

BUSARD.

Est-il toujours dans la boutique de l'apothicaire?

DOGUIN.

Oui, oui.

BUSARD.

Aux aguets! aux aguets!

CORBIN.

Le meilleur de l'affaire, sergent, c'est que, si c'est un véritable homme de lettres, il n'a pas d'armes sur lui, je crois.

BUSARD.

Non, non, il n'a pas d'armes sur lui.

CORBIN.

Par la messe! je suis bien aise de ça; ça me donne plus de courage. Ah! il aura beau raidir le cou; si une fois je l'empoigne, rapportez-vous en à moi pour l'entraîner. Désignez-moi les hommes les mieux découplés qui aient jamais bâtonné un sergent; du moment qu'ils sont sans armes, je n'ai pas mon pareil pour les appréhender. J'ai fait mes preuves, je puis vous le dire.

DOGUIN.

Sergent Busard! sergent Busard!

BUSARD.

Eh bien!

DOGUIN.

Il vient de sortir seul.

BUSARD.

Silence! silence! pas trop d'appétit! Laissons-le frétiller un peu, laissons-le frétiller un peu. Nous le pincerons à l'improviste. J'ai fait la pêche dans mon temps.

CORBIN.

Oui, et vous avez attrapé plus d'un imbécile, sergent.

Entre GEORGE PYEBOARD.

GEORGE, à part.

Je viens de quitter Nicolas. La chaîne est en place, — et le vieux chevalier a fait éclater sa rage. — La veuve m'admire grandement — pour mon magique savoir; je suis noyé dans les délices, — car désormais rien ne saurait déranger mon plan. — Et maintenant il faut que j'aille en prison voir le capitaine, et là...

BUSARD, s'élançant.

Je vous arrête, monsieur.

GEORGE.

Oh! je disais plus vrai que je ne pensais, il faut que j'aille en prison tout de bon.

SCÈNE IX.

BUSARD.

On dit que vous êtes un homme de lettres... Ah çà, monsieur... Garde Doguin, veillez sur ses armes... Nous vous apprendrons à déblatérer contre les sergents, à les mettre en scène, à égratigner leurs vices.

GEORGE.

Ah! traitez-moi comme un gentleman... Je ne suis guère moins.

BUSARD.

Vous un gentleman! voilà, en vérité, une bonne plaisanterie. Est-ce qu'un lettré peut être un gentleman, quand les gentlemen ne veulent pas être lettrés? Voyez les fils des bourgeois opulents; lettrés ou non, ils sont gentlemen de par le métier de leurs pères... Un homme de lettres, gentleman!

GEORGE.

Oui, que la fortune m'accable de tous ses coups, elle n'entamera pas ma qualité de gentleman, *accidens inseparabile* de mon sang.

CORBIN.

N'importe, vous vous êtes rudement encanaillé, je vous le garantis.

BUSARD.

Allez devant, garde Doguin, et enregistrez l'action au greffe.

Sort Doguin.

GEORGE.

Je vous en prie, ne me rudoyez pas, j'irai où vous voudrez.

BUSARD.

Oh! il est dompté; lâchez-le, sergent.

GEORGE.

De grâce, à la requête de qui suis-je arrêté?

BUSARD.

Eh! à la requête de l'hôtesse chez qui vous demeurez,

mistress Cunniburrow. Pour logement et nourriture, la somme s'élève à quatre livres cinq shillings et cinq pence.

GEORGE, à part.

— Je connais trop bien le chiffre, mais je comptais — sur un jour à venir... N'importe, telle est mon étoile, — et il faut que je m'y soumette, si mauvaise qu'elle soit. — Je le déclare maintenant, mon plan est renversé tout de bon ; — il faut que le capitaine se résigne. — Voilà le fruit de la supercherie.

BUSARD.

Allons, en marche !

GEORGE.

Je vous en prie, donnez-moi seulement le temps de rattacher ma jarretière, et je suis à vous.

BUSARD.

Soit, mais payez-nous pour nous faire attendre ; croyez-vous que ce n'est pas fatiguant de rester ainsi en arrêt ?

GEORGE, à part, faisant mine de remettre sa jarretière.

Je ne suis plus qu'un pauvre misérable ; je ne me remettrai jamais de cette maladie-là... Qu'un fer rouge leur ronge les poignets ! Ils m'ont flanqué à l'épaule une fièvre dont je ne serai débarrassé, je le crains, que quand le fossoyeur m'aura élargi avec le véritable *habeas corpus*. Oh ! si une fois je suis emprisonné, je serai écrasé sous la chicane, et je n'aurai même pas la chance de l'être rapidement ; je pourrai être écrasé quarante ans durant, jusqu'à ce que je devienne un mince vieillard à travers lequel on verra, comme à travers une grille... Toutes mes ressources sont anéanties ! Que faire ? Mon esprit m'a-t-il servi si longtemps, pour me faire faux bond (comme un maraud émérite), quand j'ai le plus besoin de lui ? Il n'y a donc pas moyen de soustraire ma pauvre carcasse à ces busards-là ?... Oui... j'ai heureusement un papier sur moi !... Oui, ma foi... Essayons... Ça peut réussir... L'extrémité est la pierre de touche de l'esprit.

BUSARD.

Morbleu! combien d'aunes ont donc tes jarretières, que tu es si long à les rattacher? En marche, monsieur!

GEORGE.

En vérité, sergent, je vous jure que vous ne pouviez pas m'arrêter à un plus mauvais moment, car, pour l'instant, je n'ai pas sur moi une seule médaille ayant cours.

BUSARD.

Corbleu! comment aurons-nous nos honoraires alors?

CORBIN.

Il nous faut des honoraires, l'ami.

GEORGE.

En vérité, j'aurais désiré, dans votre propre intérêt, être arrêté par vous une demi-heure plus tard; car, je le déclare, si vous ne m'aviez pas empêché, j'allais en grande liesse recevoir cinq livres sterling d'un gentleman pour le plan d'une mascarade que voici indiqué sur ce papier. Mais maintenant, marchons... Il faut me résigner. C'est une perte sèche à ajouter au bilan de mon malheur.

BUSARD.

Eh! à quelle distance demeure ce gentleman?

CORBIN, à part.

Bien dit, sergent. Il est bon de battre monnaie.

BUSARD, à George.

Parlez. Si ce n'est pas loin...

GEORGE.

Nous venons justement de passer la maison; la dernière rue derrière nous.

BUSARD.

Corbleu! vous nous avez déjà fait diantrement attendre; si, quand vous aurez l'argent, vous nous promettez d'être libéral à notre égard, de doubler nos honoraires, et de nous donner un bon pourboire, eh bien, nous vous rendrons le service d'aller avec vous chez ce gentleman.

CORBIN, à part.

Bien dit encore, sergent. Insistez là-dessus.

GEORGE.

Ma foi, si ça vous va, je vous remettrai tout; pour ma part, je n'empocherai pas un penny; mon hôtesse aura quatre livres cinq shillings; elle me rabattra les cinq pence, et je vous abandonnerai les quinze shillings restant.

CORBIN.

Ah! maintenant, tu es un bon lettré.

BUSARD.

Un excellent lettré, ma foi. Il a très-bien marché depuis quelques instants. Allons, nous vous accompagnons.

Ils sortent.

SCÈNE X

[Une galerie richement décorée.]

On frappe au dehors. Entre UN DOMESTIQUE.

LE DOMESTIQUE.

Qui donc frappe ainsi à la porte? Ah! nous aurions grand besoin d'un portier.

GEORGE, du dehors.

Ce sont des amis.

Le domestique ouvre.

Paraissent GEORGE, BUSARD, CORBIN et DOGUIN.

GEORGE, continuant, au domestique.

Le gentleman, votre maître, est-il chez lui?

LE DOMESTIQUE.

Oui. Avez-vous affaire à lui?

SCÈNE X.

GEORGE.

Oui. Il n'aura qu'à me voir pour savoir ce dont il s'agit. Mais vous ne me reconnaissez donc pas?

LE DOMESTIQUE.

Non, ma foi, monsieur. Veuillez entrer, je vais lui dire que vous êtes là; veuillez vous promener ici dans la galerie jusqu'à ce qu'il vienne.

GEORGE.

Nous attendrons sa révérence.

A part.

Révérence doit être son titre, si j'en juge par les colonnes qui sont à sa porte, par la belle entrée et par le guichet; car personnellement je ne connais pas le maître de ce lieu. N'importe; c'est heureux qu'il soit chez lui. Quel qu'il soit, si ce n'est pas un citoyen trop formaliste, il peut me rendre service.

Haut.

Sergent, comment trouvez-vous cette maison? N'est-elle pas de la plus belle ordonnance?

CORBIN.

En vérité, prisonnier, c'est une maison excessivement belle.

GEORGE.

Pourtant je m'étonne que ce valet ne m'ait pas reconnu; c'est qu'il ne m'avait pas encore vu. N'importe, l'oubli du valet sera réparé par le maître... Voici une salle assez confortable, il me semble... Vous n'avez pas en prison de salles comme celle-ci.

BUSARD.

Non, ce sont des chenils en comparaison.

GEORGE.

De vrais chenils... Je puis vous l'avouer, j'ai grand espoir d'avoir ma chambre ici avant peu, voire ma nourriture; car, quand il prend les gens en gré, c'est bien le gentleman le plus généreux : vous ne pouvez guère vous imaginer à quel point. Et quelle belle galerie j'aurais là pour me promener, pour étudier, pour faire des vers!

BUSARD.

Oh! c'est fort agréable pour un homme de lettres.

GEORGE.

Voyez ces cartes, ces peintures, ces plans : comme tout est élégant et choisi!

Entre UN GENTLEMAN.

Par la messe, le voici.

A part.

Ce doit être un gentleman; j'aime fort sa barbe.

Haut.

Toute prospérité à votre révérence!

LE GENTLEMAN.

Vous êtes le très-bien venu, monsieur.

BUSARD.

Un salut familier.

CORBIN.

Par la messe! il paraît que le gentleman fait grand cas de lui.

GEORGE, à part, au gentleman.

Je vous en supplie, monsieur, protégez-moi, ou je suis perdu.

Haut.

J'ai ici votre mascarade, monsieur; voyez, monsieur.

A part.

Tout d'abord je conjure votre révérence de me pardonner mon impertinence; la nécessité me rend plus hardi que je ne voudrais l'être... Je suis un pauvre gentleman, un homme de lettres; et, pour comble de malheur, je suis tombé dans les mains d'officiers impitoyables; j'ai été arrêté pour des dettes que, si minimes qu'elles soient, je suis incapable de payer, n'ayant ni terres, ni argent, ni ami; en sorte que, si je glisse dans le gouffre dévorant de la prison, je suis destiné probablement à succomber et à être écrasé jusqu'aux os par les taxes et par les extorsions. Ah! si jamais la pitié eut de l'influence sur les sentiments d'un gentleman, je vous supplie de vouloir bien favoriser l'évasion dont j'ai déjà médité le plan.

LE GENTLEMAN.

Poursuivez.

BUSARD, à Corbin.

Je garantis qu'il lui plaît singulièrement.

GEORGE, à part, au gentleman.

Dans le vertige de ma détresse, tout ahuri, ne sachant que faire, j'ai eu, après maints efforts d'esprit, l'idée de tirer parti de ce papier; et, pour jeter de la poudre aux yeux de ces ignares, je leur ai dit que j'avais écrit dessus le plan d'une mascarade, et que, s'ils ne m'avaient pas arrêté, j'allais chez un gentleman en recevoir le prix. Eux, alléchés par cette parole et espérant tirer de moi de l'argent, ont offert de m'accompagner jusque chez lui. Mon unique chance, monsieur, était de frapper hardiment à votre porte, que mes conjectures me signalaient comme la plus belle et la plus hospitalière, et je présume avoir trouvé juste ce que je cherchais, intelligence et pitié. Que votre révérence daigne seulement se prêter à l'exécution de mon plan, en autorisant un de ses gens à me faire sortir par une porte de derrière, et je vous en serai à jamais reconnaissant.

LE GENTLEMAN.

Un plan excellent, ma foi!

BUSARD.

Un plan excellent, dit-il; il l'aime prodigieusement.

LE GENTLEMAN.

Sur ma parole, je n'en connais pas de meilleur.

CORBIN.

Entendez-vous, sergent? Il jure qu'il n'en connaît pas de meilleur.

BUSARD.

Oh! il n'y a pas à dire, c'est un homme de lettres supérieur, spécialement pour une mascarade.

LE GENTLEMAN.

Donnez-moi votre papier, votre plan; jamais de ma vie je n'ai été plus charmé. Fort spirituel, excessivement spirituel, admirablement combiné! Venez, monsieur, venez recevoir votre argent.

Il sort.

GEORGE.

Je suis votre bonne Révérence.
Aux sergents.
Vous avez entendu comme il l'apprécie.

BUSARD.

Peuh! nous savions bien qu'il ne pouvait faire autrement... Va ton chemin, tu es un gaillard fièrement spirituel, là, vraiment; tu nous le raconteras à la taverne tout à l'heure, n'est-ce pas?

GEORGE.

Oui, oui, certainement... Tenez, sergents, voilà des cartes et de jolis bibelots; occupez-vous à les regarder en attendant; j'aurai bien vite compté l'argent, vous savez.

BUSARD.

Va, va, petit coquin, va chercher ton quibus; je commence à t'aimer; je veux me soûler ce soir dans ta compagnie.

GEORGE, à part.

Dans ces terrestres tribulations je puis bien nommer — ce gentleman mon sauveur, — car il m'a préservé de ces trois démons affamés.

Il sort.

SCÈNE X.

BUSARD.

Morbleu! sergent, ces cartes sont assez bien peintes, mais elles ne sont pas encore de mon goût; il me semble qu'elles sont trop surchargées, et trop pleines de cercles et de conjurations; ils prétendent qu'une de ces cartes représente le monde entier, mais je n'ai pas encore pu y découvrir la prison du marché aux volailles.

BUSARD.

Je le crois bien! Comment pourriez-vous l'y trouver? Vous savez bien qu'elle est derrière un tas de maisons.

DOGUIN.

Par la messe! c'est vrai; alors nous devons regarder à l'envers de la carte... Corbleu! il n'y a rien; tout est nu.

CORBIN.

Je te garantis que ceci représente la prison, car chacun sait qu'il y a là bon nombre de gaillards nus.

BUSARD.

C'est probable, sergent; je n'avais pas encore fait cette remarque... Morbleu, sergent, et vous, garde, je vous le déclare, j'aimerais ces cartes à la folie, si nous pouvions y voir les gens sortir de chez eux. Ce serait si charmant, nous en consulterions une le matin tout en déjeunant, et nous n'aurions plus à battre le pavé toute la journée pour faire nos perquisitions.

CORBIN.

Oui, morbleu, j'en achèterais une moi-même... Mais en voilà assez sur ce sujet. Où souperons-nous ce soir, les cinq livres reçues? parlons de ça. J'ai en tête un tour qui en vaut mille. Vous deux, vous emmènerez notre homme à la taverne, tandis que, moi, j'entreprendrai l'hôtelière et je la mettrai à contribution; je sais qu'elle sera bien aise de palper de l'argent, ayant la conviction que c'est une créance bien hasardeuse et bien désespérée. Que diriez-vous si je faisais en sorte qu'elle se contentât de la moitié de la somme et que nous eussions les cinquante shillings restant à partager entre nous, mes braves?

BUSARD.

Dame, je te proclamerais le roi des sergents, et tu serais à jamais enregistré dans nos archives.

CORBIN.

Eh bien, laissez-moi faire; nous allons passer une fameuse nuit, sur ma parole.

DOGUIN.

Corbleu! je crois qu'il reçoit un surplus d'argent; il tarde si longtemps!

BUSARD.

Il tarde longtemps, en effet. Il se peut, je puis vous le dire, que, par enthousiasme, le gentleman se montre plus généreux.

CORBIN.

Ce serait splendide. Nous fouillerons notre homme.

BUSARD.

Oui, assurément, nous le fouillerons et nous l'allégerons un tantinet.

Rentre LE GENTLEMAN.

CORBIN.

Ah! voici le gentleman... Pardon, monsieur.

LE GENTLEMAN.

Bonsoir, messieurs... Auriez-vous à me parler?

BUSARD.

Non, ce n'est pas à votre révérence que nous voudrions parler; nous attendons un ami à nous, qui vient de sortir avec votre révérence.

LE GENTLEMAN.

Qui? ce n'est pas l'homme de lettres?

BUSARD.

Si fait, lui-même, n'en déplaise à votre révérence.

SCÈNE X.

LE GENTLEMAN.

Vous avait-il demandé de l'attendre? En ce cas, il vous a fait faux bond. Je vous assure qu'il est parti il y a plus d'une heure.

CORBIN.

Comment cela, monsieur?

LE GENTLEMAN.

Je lui ai payé son argent, et il est sorti, m'a dit mon valet, par la porte de derrière.

BUSARD.

Par la porte de derrière!

LE GENTLEMAN.

Eh bien, qu'y a-t-il?

BUSARD.

Il était notre prisonnier, monsieur, nous l'avions arrêté.

LE GENTLEMAN.

Allons! ce n'est pas possible. Vous, les officiers du shériff! En ce cas, vous avez eu tort. Pourquoi ne me l'avez-vous pas dit? J'aurais pu, je vous assure, l'empêcher de vous échapper. Je l'ai payé intégralement en monnaie d'Angleterre, frappée au dernier coin.

CORBIN.

Que la peste l'étouffe!

BUSARD.

Corbleu! s'est-il ainsi gaussé de nous?

DOGUIN.

Où souperons-nous ce soir, sergents?

BUSARD.

Il s'agit bien de souper, à présent! Nous ne mangerons que de la soupe pendant un mois.

Au gentleman.

Nous ne saurions imputer ce contre-temps à un manque de bonne volonté de la part de votre révérence. Vous avez fait ce que tout autre eût fait. Notre mauvaise chance a voulu que l'affaire fût manquée; mais, si jamais nous le rattrapons, la prison le charmera.

CORBIN.

Le cachot le pourrira.

DOGUIN.

Amen!

Ils sortent.

LE GENTLEMAN.

Oui, — allez cracher votre colère au dehors. Je suis fier — d'avoir pu le secourir : c'était chose bien juste; — je n'ai pas voulu qu'un homme si spirituel sortît de chez moi les mains vides. — Hélas! le pauvre diable, je ne pouvais le blâmer — de chercher à se délivrer et à s'arracher — de leurs griffes impitoyables... Je suis bien aise qu'il ait été — en mon pouvoir de rendre service à un lettré.

Il sort.

SCÈNE XI

[La prison de la maréchaussée.]

Entrent LE CAPITAINE et GEORGE PYEBOARD, tout emmitouflé.

LE CAPITAINE.

Eh bien, qui est là? qui êtes-vous?

GEORGE.

Toujours l'homme que je dois être, capitaine.

LE CAPITAINE.

George Pyeboard! honnête George? Pourquoi es-tu venu ainsi le visage à demi-voilé?

GEORGE.

Ah! capitaine, j'ai bien cru que nous ne ririons plus, que nous ne passerions plus ensemble une heure joyeuse.

SCÈNE XI.

LE CAPITAINE.

Pourquoi? pourquoi?

GEORGE.

— Au moment où je venais te donner mes instructions et t'apprendre — l'heureuse nouvelle de ta prochaine délivrance, — j'ai été suivi à la piste et arrêté, capitaine.

LE CAPITAINE.

Arrêté, George!

GEORGE.

Arrêté! devine, devine combien de limiers j'avais à mes trousses.

LE CAPITAINE.

Des limiers? ma foi, je n'en sais rien.

GEORGE.

Presque autant que George Stone, l'ours, trois à la fois, trois à la fois!

LE CAPITAINE.

Comment donc t'en es-tu débarrassé?

GEORGE.

— Le temps presse et réclame toute notre présence d'esprit. Qu'il te suffise de savoir — que j'ai échappé par miracle et que me voici sain et sauf. — Je te conterai cela dans un autre moment, et nous noierons — nos yeux dans le rire. Capitaine, mon plan — a pour but ton bonheur; car, avant que la journée — soit avancée jusqu'à la ceinture, tu seras libre. — Le caporal est dans son premier sommeil, la chaîne est cachée, — ton cousin t'a nommé, et le vieux chevalier — travaille sur ses jarrets goutteux à ta délivrance. — Tout ce qui reste à faire, capitaine, dépend de toi; il faut que tu évoques.

LE CAPITAINE.

Que j'évoque! Les évocations au diable! Est-ce que je sais évoquer?

GEORGE.

Les évocations au diable! Sur ma parole, je ne voudrais pas que tu eusses affaire au diable dans tes évocations... Tiens, regarde, j'ai apporté un cercle tout tracé pour toi.

LE CAPITAINE.

Morbleu! es-tu dans ton bon sens? Sais-tu ce que tu dis? Tu parles à un capitaine d'évocations! As-tu jamais vu un capitaine évoquer? Tu appelles ça un cercle? il est beaucoup trop vaste, ce me semble; s'il avait été plus étroit, alors je saurais ce que je dois en faire.

GEORGE.

Eh! le premier imbécile venu sait ça, capitaine. Je vous parle sans détour, capitaine, si vous voulez rester ici et être pendu aux prochaines assises, vous le pouvez.

LE CAPITAINE.

Non, ma foi, George. Allons, allons, adonnons-nous aux évocations.

GEORGE.

Vous désirez votre délivrance? Eh bien, je me suis ingénié pour l'obtenir, et j'ai mis tout en œuvre pour l'assurer; je veux, en outre, garnir votre bourse d'écus, et vous préparer un meilleur avenir, vous êtes un pauvre capitaine; je veux faire de vous désormais un commandant des riches imbéciles : c'est la carrière la plus féconde, vraiment, que la paix vous ouvre, beaucoup plus sûre que l'exploitation des grands chemins, des bruyères et des garennes, et cependant bien plus lucrative. Car les plus grands voleurs ne sont jamais pendus, jamais pendus. Pourquoi? parce qu'ils sont habiles, et filoutent en chambre. Ils savent châtier les niais et leur soutirer en une nuit plus d'argent que votre escroquerie hongre n'en enlèvera en une année de course. Ce qui confirme le vieux dicton de nos grand'mères : *Celui-là est le plus sensé, qui se tient le plus chaudement,* c'est-à-dire, celui qui vole près d'un bon feu.

LE CAPITAINE.

Bonne explication, ma foi, George. Tu as parfaitement épluché ce dicton.

GEORGE.

Capitaine, ce n'est pas le moment de tergiverser ni de lambiner. Le vieux chevalier sera ici tout à l'heure. Je vous instruirai, je vous dirigerai, je vous dirai le secret du tour : ce n'est rien.

LE CAPITAINE.

Corbacque! George, je ne sais pas ce que ça veut dire, évoquer. Je serai pendu avant de pouvoir évoquer.

GEORGE.

Bah! ne me dites pas ça, capitaine; ce qui est sûr, c'est que vous ne pourrez plus évoquer après que vous serez pendu... Écoutez bien, l'opération est délicate, mon cher. Vous commencez par étendre votre cercle sur le sol; puis, après une petite cérémonie magique, pour laquelle je vous remettrai une baguette d'écuyer argentée tout exprès, vous entrez dans le cercle, en proférant un mot bien sonore, et en trépignant fortement... Par exemple, est-ce que vous n'avez jamais remarqué la démarche frémissante d'un comédien qui déchaîne une tempête avec sa langue et la foudre avec ses talons?

LE CAPITAINE.

Oh! oui, oui, oui; souvent, souvent.

GEORGE.

Eh bien, imitez-le. Il faudra bien peu de chose pour jeter de la poudre aux yeux du vieux chevalier. Car notez bien que jamais il n'osera s'aventurer dans la chambre; tout au plus, peut-être, regardera-t-il par le trou de la serrure, pour voir comment marche l'opération.

LE CAPITAINE.

Soit, je puis bien jouer ce rôle-là quand je voudrai; mais, au bout du compte, George, je ne parviendrai qu'à me couvrir de confusion. Je puis bien proférer des paroles sonores, trépigner, prendre des airs effarés; mais, s'il regarde par le trou de la serrure, à cette seule idée, je vais éclater de rire et tout gâter. Oui, je te l'avoue, George, dès que j'ai certaines idées en tête, je suis pris d'un tel fou rire que, quand le diable lui-même serait là, je rirais à sa barbe.

GEORGE.

Bah! c'est un enfantillage. Pour réprimer cet accès, il suffirait de songer à quelque désastre, à quelque triste accident, comme, par exemple, la mort de ton père à la campagne.

LE CAPITAINE.

Diantre! cette pensée-là donnerait à mon hilarité une telle frénésie que je ne pourrais plus cesser de rire.

GEORGE.

Eh bien, alors songe qu'on va te pendre.

LE CAPITAINE.

Morbleu! l'idée est bonne. Maintenant, je ferai la chose à merveille, je te le garantis; n'aie plus d'inquiétude. Mais comment faire, George, pour trouver des mots foudroyants et des noms horribles?

GEORGE.

Bah! capitaine, une invocation en charabias quelconque fera on ne peut mieux l'affaire, pourvu que tu la hurles congrument. Ou bien tu peux aller à la boutique d'un apothicaire, et apprendre tous les mots inscrits sur les boîtes.

LE CAPITAINE.

Ma foi, tu dis vrai, George, il y a là des mots assez étranges pour faire la fortune de cent charlatans, si pauvres qu'ils soient en commençant. Mais voici encore une chose à craindre : si, par suite de cette évocation fallacieuse, un diable véritable allait surgir tout de bon?

SCÈNE XI.

GEORGE.

Un diable véritable, capitaine! Il n'en a jamais existé un seul. Sur ma parole, celui qui a cette fonction-là est un coquin aussi faux que notre dernier marguillier.

LE CAPITAINE.

En ce cas, George, il a la conscience suffisamment fausse.

CRIS DES PRISONNIERS, dans l'intérieur de la prison.

Bons gentlemen qui passez, secourez-nous... Bons gentlemen qui passez! Bon sir Godfrey!

Entrent SIR GODFREY, maître EDMOND PLUS, et NICOLAS.

GEORGE.

Le voici! le voici!

NICOLAS, montrant le capitaine à sir Godfrey.

Maître, voilà mon cousin, là, en justaucorps de buffle.

Montrant sir Godfrey au capitaine.

Cousin, voilà mon maître, là, en chapeau de taffetas; faites-lui, je vous prie, un profond salut.

Sir Godfrey et le capitaine se saluent.

SIR GODFREY, au capitaine.

Eh bien, mon ami...

Il s'entretient à part avec le capitaine.

GEORGE, saluant Edmond.

Pourrais-je avoir communication de votre nom, monsieur?

EDMOND.

Je m'appelle maître Edmond.

GEORGE.

Maître Edmond! Seriez-vous welche, monsieur?

EDMOND.

Welche! et pourquoi?

GEORGE.

Parce que maître est votre prénom, et Edmond votre nom de famille.

EDMOND.

Oh! j'ai encore un autre nom. Je m'appelle maître Edmond Plus.

GEORGE.

Oh! je vous demande pardon, monsieur.

Il s'entretient tout bas avec Edmond.

LE CAPITAINE, à sir Godfrey.

Je sais que vous êtes le bon maître de mon cousin; et, par ce motif, le meilleur de ma science est à votre service. Si vous aviez été pour moi un simple étranger, si vous n'aviez pas été mis en rapport avec moi par une connaissance commune, je me serais absolument refusé à être votre homme, d'abord à cause de l'acte du Parlement contre les enchanteurs et les sorcières, ensuite parce que je ne veux pas faire de mon art un métier vulgaire, trivial et banal.

SIR GODFREY.

En cela, je loue grandement votre circonspection, bon capitaine enchanteur; et, pour que je sois bien sûr du secret, vous opérerez chez ma sœur, je pourrais dire chez moi-même, car la maison nous appartient à tous deux par portion égale.

LE CAPITAINE.

Fort bien, monsieur... Comment puis-je qualifier votre perte, monsieur?

SIR GODFREY.

Oh! vous pouvez la qualifier de grande perte. C'est une perte considérable, monsieur, que celle d'une splendide chaîne d'or; parce qu'elle m'appartenait, ne croyez pas que j'exagère. Qu'en dis-tu, Nicolas?

NICOLAS.

Oh! c'était une délicieuse chaîne d'or, cousin, comme vous savez.

SIR GODFREY.

Comme vous savez! Est-ce que vous le saviez, capitaine?

LE CAPITAINE, à part.

Confiez donc des secrets à un imbécile!

Haut.

Monsieur, il peut dire que je le savais, en ce sens que, grâce à mon art, j'ai la faculté de tout connaître.

SIR GODFREY.

Oui, c'est fort juste.

LE CAPITAINE, à part.

Au diable tous les imbéciles!... L'explication restait collée à mes lèvres comme la poix du navire à la blouse d'un marin; j'ai eu de la peine à l'arracher.

Haut.

Par Notre-Dame, chevalier, ce serait une perte affreuse que la perte d'une chaîne aussi belle; mais, je puis vous en donner la douce assurance, pour peu qu'elle soit entre le ciel et la terre, chevalier, je vous la restituerai.

SIR GODFREY.

Prodigieux enchanteur!... Oh! oui, elle est entre le ciel et la terre, je vous le garantis; elle ne peut pas être sortie du royaume; je suis sûr qu'elle est quelque part sur la terre.

LE CAPITAINE, à part.

Oui, et plus près de nous que tu ne le crois.

SIR GODFREY.

D'abord, en effet, ma chaîne est une riche chaîne, et ce qui est riche, vous savez, ne doit point entrer au ciel.

NICOLAS.

Et puis, monsieur, quant au diable, il n'en a pas besoin, car vous savez qu'il a une fameuse chaîne à lui, celui-là.

SIR GODFREY.

Tu dis vrai, Nicolas, mais le diable s'est, de nos jours, débarrassé de sa chaîne.

LE CAPITAINE.

En résumé, chevalier, j'ai dans la puissance de mon art une telle confiance que je m'engage à ravoir votre chaîne.

SIR GODFREY.

O exquis capitaine!

LE CAPITAINE.

Dame! il m'en coûtera beaucoup de sueur... J'aimerais mieux passer par seize étuves.

SIR GODFREY.

Oui, brave homme, je te crois.

LE CAPITAINE.

Et puis une vive douleur aux reins et au foie.

NICOLAS.

Oh! ça vous démangera de ce côté-là, cousin, parce que vous n'êtes pas encore exercé à la chose.

SIR GODFREY.

En vérité, vous n'y êtes pas encore exercé, capitaine?

LE CAPITAINE, à part.

Au diable tous les imbéciles!

Haut.

Effectivement, capitaine, il n'y a pas longtemps que je m'y exerce, et conséquemment j'aurai d'autant plus de peine, vous comprenez.

SIR GODFREY.

Oh! certainement, certainement.

LE CAPITAINE, à part.

Dans quels embarras il me plonge! Si ce chevalier n'était pas un imbécile, j'aurais été déjà deux fois démasqué. Avoir un tel âne pour cousin, c'est pour un capitaine pis qu'une malédiction! Morbleu, j'ai peur qu'il ne débagoule tout avant que je commence l'opération.

A sir Godfrey.

Maintenant, monsieur, pour en venir au point essentiel,

vous voyez que je suis pincé ici par les griffes de la maréchaussée, et que je ne puis rien faire.

SIR GODFREY.

Bah! bah! je devine ta pensée; tu veux dire que tu es prisonnier; je te déclare que tu ne l'es pas.

LE CAPITAINE.

Comment cela? n'est-ce pas ici la maréchaussée?

SIR GODFREY.

Veux-tu m'écouter? J'ai ouï parler de ton rare talent d'enchanteur. — Ma chaîne était perdue; j'ai travaillé à ta délivrance, — comme tout à l'heure, à la maison, tu vas travailler pour moi. — Geôlier!

Entre LE GEOLIER.

LE GEOLIER.

Monsieur!

SIR GODFREY.

Parle, cet homme n'est-il pas libre?

LE GEOLIER.

Oui, dès qu'il le voudra, monsieur, les frais une fois payés.

SIR GODFREY.

Va, va, je les paie, moi.

LE GEOLIER.

Je remercie votre révérence.

Il sort.

LE CAPITAINE.

Ah! sur ma parole, vous êtes un cher chevalier. Bonté inattendue! Oh! rien n'est égal à un gentleman généreux.... J'évoquerai pour vous, monsieur, jusqu'à ce que l'écume sorte par mon justaucorps de buffle.

SIR GODFREY.

En ce cas, tu ne seras pas quitte avec une si chétive récompense; car, à la première vue de ma chaîne retrouvée, quarante-cinq anges d'argent apparaîtront pour toi.

LE CAPITAINE.

En vérité, ce sera une splendide apparition, une bien belle apparition... Ah çà, tous ces gens-là sont-ils de votre maison? êtes-vous sûr d'eux, messire?

SIR GODFREY.

Oui, oui... Non, non... Celui qui cause là-bas avec mon écervelé de neveu, Dieu veuille qu'il soit discret!

LE CAPITAINE.

Qui? lui! c'est un ami, un mien ami rare, un admirable homme, chevalier, le plus beau diseur de bonne aventure.

SIR GODFREY.

Oh! en effet, c'est lui qui est venu chez ma sœur et qui a prédit la perte de ma chaîne; je ne lui en veux pas, car je vois qu'il était dans ma destinée de la perdre.

A George.

Pardon, monsieur le diseur de bonne aventure, je vous ai entrevu à la maison, chez ma sœur la veuve; c'est là que vous avez prédit la perte d'une chaîne; eh bien, moi qui vous parle, je suis celui qui l'a perdue.

GEORGE.

En vérité, monsieur?

EDMOND, à sir Godfrey.

Sur ma parole, m'noncle, c'est un rare gaillard, il m'a si bien prédit ma destinée; je trouve sa prophétie si conforme à ma nature!

SIR GODFREY.

Quelle est cette destinée? Dieu veuille qu'elle soit bonne!

EDMOND.

Oh! elle est plus que bonne, m'noncle; je serai un jour, à ce qu'il affirme, un si parfait viveur que je dépenserai tout mon bien plus vite que mon père ne l'a acquis.

SCÈNE XI.

SIR GODFREY.

Voilà, en effet, une destinée.

EDMOND.

Oh! elle est tellement d'accord avec mes goûts!

SIR GODFREY.

Oui, ce sera la conclusion... La malédiction du pauvre doit-elle prévaloir au point que la fortune, acquise astucieusement par le père, sera dissipée follement par le fils? Oui, oui, oui. Ce sera la conclusion.

Le capitaine et George consultent un almanach.

GEORGE, au capitaine.

Arrête, arrête, arrête!

LE CAPITAINE.

Tourne toujours, George.

GEORGE.

Juin, juillet... Voici... *Juillet*, c'est le mois... Dimanche, le treize; hier, le quatorze; aujourd'hui, le quinze.

LE CAPITAINE.

Regarde vite le quinze... Si dans le courant de ces deux jours-ci il devait y avoir quelque violent orage, ce serait le meilleur moment; je différerais l'opération jusque-là... Un bon orage, si ça ne te fait rien!

GEORGE.

Voici le quinze... Chaude et belle journée.

LE CAPITAINE.

Peuh! je l'aimerais mieux chaude et laide!

GEORGE.

Le seize, c'est demain... La matinée généralement belle et agréable.

LE CAPITAINE.

Pas de chance!

GEORGE.

Mais vers midi, éclairs et tonnerre.

LE CAPITAINE.

Éclairs et tonnerre? Admirable! On ne peut mieux! J'évoquerai demain à midi précis, George.

GEORGE.

O almanach! sois seulement véridique demain, et je te permets de mentir tout le reste de l'année.

LE CAPITAINE, à sir Godfrey.

Monsieur, je dois implorer votre patience. Veuillez m'accorder toute cette journée, pour que je puisse m'équiper solidement... L'autre jour j'ai envoyé un esprit chercher du renfort dans le Lancashire, et j'attends son retour ce soir même. Demain matin, mon ami que voici, et moi, nous irons déjeuner chez vous.

SIR GODFREY.

Oh! vous serez les très-bien venus.

LE CAPITAINE.

Et vers midi, sans faute, je me propose d'évoquer.

SIR GODFREY.

Midi sera un moment excellent pour vous.

EDMOND.

Évoquer! vous comptez évoquer chez nous demain, monsieur!

LE CAPITAINE.

Oui, morbleu, monsieur; c'est mon intention, jeune gentleman.

EDMOND.

Sur ma parole, pour ça, je vous aimerai tant que je vivrai. Oh! c'est délicieux! Nous aurons demain une séance de sorcellerie.

NICOLAS.

Peuh! j'aurais pu moi-même vous annoncer ça.

LE CAPITAINE.

Ah! vous auriez pu lui annoncer ça. Imbécile! belitre! En vérité!

SCÈNE XI.

EDMOND, au capitaine.

Écoutez, monsieur, je désire faire avec vous plus ample connaissance. Vous gagnerez de l'argent avec moi, maintenant que je sais que vous pouvez évoquer. — Mais pourriez-vous retrouver n'importe quel objet perdu?

LE CAPITAINE.

Oh! n'importe quel objet perdu.

EDMOND.

Eh bien, tenez, monsieur, je m'adresse à vous comme à un ami et comme à un enchanteur; j'épouserais volontiers la fille d'un apothicaire, mais on m'a dit qu'elle avait perdu son pucelage à Stony Stratford. Si seulement vous pouviez par vos évocations le retrouver et tout remettre en ordre...

LE CAPITAINE.

Je m'en charge, monsieur.

EDMOND.

Sur ma parole, je vous remercie, là!

LE CAPITAINE, à sir Godfrey.

Je m'égaie un peu avec le fils de votre frère, monsieur.

SIR GODFREY.

Oh! c'est un jeune homme simple, fort simple... Venez, capitaine, et vous aussi, monsieur... Si, en attendant le déjeuner de demain, nous buvions un gallon de vin avant de nous quitter?

LE CAPITAINE ET GEORGE.

Ma foi, volontiers, monsieur.

NICOLAS, saluant le capitaine et George.

Cousin! homme de lettres!

GEORGE.

Maintenant, tu es un bon diable, et tu vaux cent Brownistes (11).

NICOLAS.

Vraiment? Je vous remercie de tout cœur, là.

Ils sortent.

SCÈNE XII.

(Le vestibule de la maison de Lady Plus.)

Entrent MOLL et SIR JOHN BEAUDENIER.

SIR JOHN.

Mais j'espère qu'une femme de qualité comme vous ne traitera pas ainsi un chevalier. Le congédier, le repousser ainsi à plaisir, ah! vous ne le voudriez pas. Croyez-vous que j'aie été fait chevalier pour rien? Non, sur ma parole, fille de lady.

MOLL.

Je vous en prie, sir John, différons un peu la chose. J'ai, autant que vous, le désir de me marier; mais après ce que m'a dit le diseur de bonne aventure!

SIR JOHN.

Peste soit du diseur de bonne aventure! Contrarier ainsi mes amours! Que n'a-t-il été pendu il y a sept ans! Savait-il dans quel état j'étais? Il y a là de quoi réduire un homme à aller se noyer dans l'étang de ses pères!

MOLL.

Et puis, sir John, il m'a dit en outre qu'une infraction à sa défense maintiendrait mon père au purgatoire.

SIR JOHN.

Au purgatoire! Bah! laissez-le là purger son cœur. Qu'avons-nous à nous occuper de lui? Il y a là assez de médecins pour examiner son onde. Qu'est-ce que ça nous fait? Comment peut-il empêcher nos amours? Qu'il aille se

SCÈNE XII.

faire pendre, maintenant qu'il est mort!... Quoi! j'ai galopé nuit et jour pour vous annoncer la joyeuse nouvelle de la mort de mon père, et maintenant...

MOLL.

La mort de votre père! Le vieux fermier est mort!

SIR JOHN.

Aussi mort, Moll, que la porte de sa grange.

MOLL.

Et maintenant vous me tiendrez parole, sir John? j'aurai mon coche et mon cocher?

SIR JOHN.

Oui, certes.

MOLL.

Et deux chevaux blancs à plumes noires pour attelage?

SIR JOHN.

Aussi.

MOLL.

Avec un laquais galonné pour courir en avant, et des livrées bariolées pour trottiner en arrière?

SIR JOHN.

Également, Moll.

MOLL.

Et j'aurai de l'argent dans ma bourse pour aller où je voudrai?

SIR JOHN.

Tout ça.

MOLL.

Eh bien, soit! Advienne que pourra! Nous allons nous engager l'un à l'autre devant les filles de la cuisine.

Sortent sir John et Moll.

Entrent Lady Plus, Frances *et* Fragilité.

LADY PLUS.

Eh bien, où est mon frère sir Godfrey? Est-ce qu'il est sorti ce matin?

FRAGILITÉ.

Oh! non, madame, il est en haut à déjeuner avec un sorcier, sauf votre honneur.

LADY PLUS.

Un sorcier! quelle manière d'homme est-ce?

FRAGILITÉ.

Oh! un homme étonnant, madame, très-fortement constitué par en haut, car il porte un justaucorps de buffle. Il dit qu'il retrouvera la chaîne de sir Godfrey, pour peu qu'elle soit suspendue entre le ciel et la terre.

LADY PLUS.

Bah! est-il possible? En ce cas, c'est un homme admirable, je le garantis. Heureuse la femme qui serait gratifiée d'un époux si savant! Quelle figure a-t-il, Fragilité? Très-brun, je gage, une barbe noire, des joues hâlées, des sourcils enfumés.

FRAGILITÉ.

Peuh! il n'est ni enfumé, ni hâlé, ni noir, ni rien de tout ça; je vous le déclare, madame, il a le teint aussi clair que chacun de nous; je crois que, si vous le voyiez une fois seulement, vous le prendriez pour un chrétien.

FRANCES.

Le teint si clair, et tant de science, c'est étonnant, ma mère.

Entrent SIR OLIVIER DELABOUSE *et* SIR ANDRÉ DELAVERGE.

SIR OLIVIER.

Dieu vous bénisse, chère dame!

SIR ANDRÉ.

Et vous, belle demoiselle!

Fragilité sort.

LADY PLUS.

Que prétendez-vous donc, messieurs? Fi! ne vous ai-je pas donné réponse?

SCÈNE XII.

SIR OLIVIER.

Chère dame!

LADY PLUS.

Allons, je ne veux pas barguigner avec vous pour un baiser. Ma fille, donnez un baiser au gentleman.

FRANCES.

Oui, ma foi.

SIR ANDRÉ.

Je suis fier d'une telle faveur.

LADY PLUS.

En vérité, là, sir Olivier, vous êtes bien coupable de revenir, quand vous connaissez la résolution dont j'ai accouché devant vous... autant qu'une veuve peut accoucher.

SIR ANDRÉ.

C'est que je caresse encore quelque espoir, madame.

LADY PLUS.

Eh bien, là, est-ce que je ne vous ai pas prié de renoncer complétement à vos instances, si vous reveniez me voir? parlez, ne l'ai-je pas fait?

SIR ANDRÉ.

Mais l'amour sincère que mon cœur vous porte...

LADY PLUS.

Allons, je vais vous couper la parole. Pourtant, sir Olivier, si cela peut vous donner un vague espoir, sachez que ma destinée m'a été révélée et que je dois me remarier.

SIR ANDRÉ.

O bonheur!

LADY PLUS.

Mais tant que je pourrai faire autrement, je ne me remarierai pas. Ah! je tiendrai bon.

Rentre FRAGILITÉ.

FRAGILITÉ.

Oh! madame! madame!

LADY PLUS.

Eh bien! pourquoi tant de hâte?

Fragilité lui parle bas à l'oreille.

SIR OLIVIER.

En vérité, mistress Frances, je vous maintiendrai galamment. Je vous produirai à la cour, je vous introduirai dans la belle compagnie de pauvres parentes à moi, des dames qui ne portent que du drap d'argent, et puis vous aurez votre singe, votre perroquet, votre mousquet, votre pis...

FRANCES.

Ce sera charmant.

LADY PLUS, à Fragilité.

Eh quoi! c'est donc ici qu'il veut évoquer? Comment faire pour me débarrasser de ces chevaliers?

A sir André et à sir Olivier.

Veuillez faire un tour dans le jardin et y cueillir un œillet ou une giroflée.

SIR ANDRÉ ET SIR OLIVIER.

De tout notre cœur, madame, et nous nous regardons comme hautement favorisés.

Tous sortent.

SIR GODFREY, derrière le théâtre.

Entre, Nicolas, et regarde. La place est-elle nette?

NICOLAS, mettant la tête à la porte.

Aussi nette que l'œil d'un charretier, monsieur.

SIR GODFREY, derrière le théâtre.

Eh bien, entrons, capitaine enchanteur.

SCÈNE XII.

Entrent SIR GODFREY, le CAPITAINE, GEORGE, EDMOND et NICOLAS.

SIR GODFREY, continuant, au capitaine.

Eh bien, comment trouvez-vous notre salle, monsieur?

LE CAPITAINE.

Oh! prodigieusement commode!

EDMOND.

Je puis vous l'affirmer, capitaine, cette salle, qui s'étend tout simplement devant vous, est la plus belle pièce de la maison de ma mère; la chambre la plus propice aux évocations, il me semble... Eh! mais vous pourriez y souhaiter la bienvenue à je ne sais combien de diables; mon père en a eu ici jusqu'à vingt à la fois.

GEORGE.

Vingt diables!

EDMOND.

Ce n'était pas des petits commis, mais bien les personnages les plus cossus qu'il pût réunir.

SIR GODFREY.

Maintenant, trêve de bavardage, et vite à la besogne! L'aiguille du cadran est sur le signe de midi. Oh! mais, écoutez donc, capitaine, un frisson me saisit.

LE CAPITAINE.

Qu'y a-t-il donc, monsieur?

SIR GODFREY.

Si le démon allait faire le diable ici et déchirer les tentures?

LE CAPITAINE.

Peuh! soyez tranquille, sir Godfrey.

EDMOND.

Oui, m'noncle, ou s'il allait vomir des flammes sur le plafond?

SIR GODFREY.

C'est juste. Il n'est couvert que d'une mince couche de plâtre, et le feu prendrait vite aux lattes. Et, si par hasard il vomit par terre, il va brûler tout le parquet.

LE CAPITAINE.

Ma vie répond de la vôtre, sir Godfrey.

SIR GODFREY.

Ma sœur a un soin tout particulier de cette salle, je puis vous le dire; conséquemment, s'il faut qu'il vomisse quelque part, priez-le de vomir dans la cheminée.

GEORGE.

Bah! sir Godfrey, soyez sûr qu'il ne sera pas assez mal élevé pour vomir et baver sur le parquet.

SIR GODFREY.

Mais, bon capitaine, je vous en prie, faites bien attention... Mettez-vous dans votre cercle; nous ne vous troublerons pas, je vous le garantis... Venez, nous allons passer dans la chambre voisine; et, pour être sûrs de tenir le diable à distance, nous barrerons la porte avec quelques ouvrages de haute piété!

EDMOND.

C'est une belle idée, m'noncle; et, pour que le parquet soit aussi sanctifié que la porte, je vais briser deux ou trois rosaires, et en semer les morceaux dans la chambre.

Grondement de tonnerre.

Oh! déjà le diable!

Tous se sauvent, excepté LE CAPITAINE *et* GEORGE, *qui se cache.*

GEORGE.

Tudieu, capitaine, marmonne quelque chose, par pudeur! Voilà qu'il éclaire et qu'il tonne, avant que tu commences. Dépêche-toi.

LE CAPITAINE.

Paix, je te prie, George... Tu vas me faire rire et tout gâter.

Nouveau coup de foudre.

SCÈNE XII.

GEORGE.

Oh! ça recommence. Vite, vite, vite, capitaine.

LE CAPITAINE.

Rhumbos-ragdayon, pur, pur, colucundrion, hois-polis.

SIR GODFREY, regardant par le trou de la serrure.

Oh! l'admirable enchanteur! il a déjà fait venir le tonnerre.

Eclair. Nouveau coup de foudre.

GEORGE.

Écoute, écoute... Encore, capitaine!

LE CAPITAINE.

Benjamino, gaspois — kay — gosgothoteron — umbrois.

SIR GODFREY, derrière la porte.

Oh! je voudrais que le diable parût vite : il n'a pas de conscience de donner tant de peine à un homme.

Nouvel éclair.

GEORGE.

Encore!

LE CAPITAINE.

Flouste kak opumpos — dragone — leloomenos — méli mélo.

GEORGE.

Bien dit, capitaine.

SIR GODFREY, derrière la porte.

Si long à venir! Oh! je regrette maintenant d'avoir fait commencer l'opération ; car je crains bien que ce furieux orage ne détruise tous les fruits de la terre et ne couche mon blé dans les champs. Oh!

LE CAPITAINE.

Gog de gog, hobgoblin, huncks, hounslow, hockley te coome park..

LADY PLUS, derrière la scène.

Oh! frère, frère, quelle tempête dans le jardin! Bien sûr, il y a de l'enchantement dans l'air.

SIR GODFREY, derrière la scène.

A la maison même, sœur.

GEORGE.

Tout à l'heure, je vais apparaître, capitaine.

LE CAPITAINE.

Nunck — Nunck Rip — Gascoines, Ips, Suagouta.

SIR GODFREY.

Il sue à grosses gouttes, le pauvre homme! Miséricorde! Miséricorde!

GEORGE.

Maintenant j'arrive.

LE CAPITAINE.

Holà! soufre! Face de suie!

GEORGE, s'avançant sur la scène.

Archisorcier, que me veux-tu?

SIR GODFREY, derrière la scène.

Oh! le diable, ma sœur! dans la salle à manger! Chantez des psaumes, ma sœur; je vous garantis que ça le tiendra à distance. Vite! vite!

GEORGE, au capitaine.

C'est ça, c'est ça... Maintenant je te rends ta liberté! Assez, capitaine, assez! Donnons-nous le temps de rire un peu... Ils frissonnent et frémissent tous en ce moment, comme s'ils avaient un tremblement de terre dans les reins.

LE CAPITAINE.

Eh bien, George, comment a été la chose? Comment a-t-elle été? M'en suis-je suffisamment bien tiré?

GEORGE.

Ma foi, capitaine, mieux qu'aucun enchanteur; car l'opération était parfaitement innocente, et pourtant leur crédulité effarée a été pleinement satisfaite. Vous êtes grandement redevable à la foudre qui éclatait juste dans ce moment-là. Les éclairs vous ont donné un fier prestige, je puis vous le dire.

LE CAPITAINE.

Je dois en convenir, George. Morbleu, si nous avions pu apporter ici subrepticement un pétard ou un pot à feu, ça aurait fait un admirable effet.

GEORGE.

Inutile! inutile! Tu n'as plus à te mettre en peine de rien, capitaine.

LE CAPITAINE.

En peine de rien? Je te garantis, George, que mes talons me font plus de mal que ceux d'un danseur morisque, un jour de Pentecôte (12).

GEORGE.

Tout est fini maintenant... Il ne reste plus qu'à révéler que la chaîne est dans le jardin, à la place où, comme tu sais, elle est cachée depuis deux jours.

LE CAPITAINE.

Mais je crains que ce renard de Nicolas n'ait déjà tout révélé.

GEORGE.

Ne crains rien, capitaine. Il faut maintenant mettre la chose à exécution. Le moment est venu. Appelle-les et prends pitié d'eux, car je crois que pour l'instant plusieurs d'entre eux sont dans un pitoyable état.

LE CAPITAINE, appelant.

Sir Godfrey! Nicolas! cousin!... Morbleu! ils sont encore sous le coup de leur émotion... George! Sir Godfrey!

SIR GODFREY, derrière la scène.

Oh! est-ce là la voix du diable? Par quel hasard sait-il mon nom?

LE CAPITAINE.

N'ayez pas peur, sir Godfrey, tout est tranquille.

SIR GODFREY, derrière la scène.

Est-il rentré sous terre ?

LE CAPITAINE.

Oui, et il vient de laisser tomber votre chaîne dans le jardin.

SIR GODFREY, derrière la scène.

Dans le jardin ! Dans notre jardin ?

LE CAPITAINE.

Dans votre jardin !

SIR GODFREY, derrière la scène.

O enchanteur exquis ! de quel côté ?

LE CAPITAINE.

Regardez bien dans un bosquet de romarin.

SIR GODFREY, derrière la scène.

Ma sœur, dans le bosquet de romarin... Venez, venez... C'est là qu'est ma chaîne, à ce qu'il dit.

LADY PLUS, derrière la scène.

O bonheur ! courons, courons.

EDMOND, appelant par le trou de la serrure.

Capitaine enchanteur !

LE CAPITAINE.

Qui m'appelle ? maître Edmond ?

EDMOND.

Oui, maître Edmond... Puis-je entrer sans danger, le croyez-vous ?

LE CAPITAINE.

Peuh ! depuis longtemps. Tout est rentré dans l'ordre. Ne craignez rien. Je vous en prie, entrez.

Entre EDMOND.

Eh bien, mon brave ?

EDMOND.

Oh ! il fait formidablement chaud dans cette salle, en

vérité. Morbleu, ma chemise est déjà collée à ma bedaine. Quelle vapeur le gueux a laissée derrière lui! Ouf! il faut aérer cette salle, messieurs, elle sent horriblement le soufre. Ouvrons les fenêtres.

GEORGE.

En vérité, maître Edmond, c'est une idée que vous vous faites.

EDMOND.

Je voudrais bien vous croire, mais pensez-vous que je ne sache pas distinguer son odeur d'une autre? N'importe; je vous sais gré de dire ça, parce que votre intention est de me rassurer, et, sur ma parole, je vous en aimerai tout le reste de mes jours.

LE CAPITAINE.

Peuh! cela n'en vaut pas la peine, monsieur. Aimez-moi après plus ample expérience.

EDMOND.

Morbleu! pendant que j'y pense, je vais voir s'il a roussi les tentures.

GEORGE, bas au capitaine.

Capitaine, pour nous amuser un peu, en attendant les autres, fais-lui croire que tu vas le rendre magiquement invisible. Il est capable, comme tu vois, d'ajouter foi à tout. Je me charge de donner force à la chose.

LE CAPITAINE, bas, à George.

Va, retire-toi à l'autre bout de la salle.

George se met à l'écart.

EDMOND, au capitaine.

Je déclare que vous êtes un homme rare... N'est-ce pas?

LE CAPITAINE.

Ah! maître Edmond, vous ne connaissez que la plus minime partie de mon pouvoir. Tenez, à cet instant même, je n'aurais qu'à agiter ma baguette trois fois au-dessus de votre tête, pour vous rendre magiquement invisible.

EDMOND.

Bah! impossible! faire que je marche sans être vu! Ma foi, j'en rirais fort... Eh bien, je réclame de vous cette obligeance, faites-le, bon capitaine enchanteur.

LE CAPITAINE.

En vérité, je ne puis guère vous refuser un si léger service, maître Edmond Plus... Tenez, monsieur, il n'y a que ceci à faire, et encore ceci, et maintenant vous êtes invisible.

EDMOND.

Suis-je invisible en effet? qui l'aurait cru?

LE CAPITAINE.

Vous voyez ce diseur de bonne aventure là-bas à l'autre bout de la chambre; allez à lui, faites de lui ce que vous voudrez, il ne vous découvrira pas.

EDMOND.

Vraiment? Eh bien, essayons.

Il bouscule violemment George Pyeboard.

GEORGE.

Ah çà, capitaine? qui donc vient de me bousculer?

LE CAPITAINE.

De vous bousculer? je n'ai vu personne.

EDMOND, riant.

Ho! ha! ha!

Bas, au capitaine.

Dites que c'était un esprit.

LE CAPITAINE, bas, à Edmond.

Faut-il?

Haut, à George.

C'est peut-être un esprit qui hante le cercle.

Edmond tire le bout du nez à George.

GEORGE.

Ah! encore mon nez! je t'en prie, exorcise-le, capitaine.

SCÈNE XII.

EDMOND.

Ma foi, voilà qui est excellent; je puis faire maintenant n'importe quelle farce sans être vu... Et à présent que j'y pense, sir Godfrey, mon oncle, m'a attaqué l'autre jour, et a fait des rapports sur moi à ma mère. Maintenant que je suis invisible, je vais lui appliquer un bon soufflet, quand il reviendra du jardin. Je puis joliment me venger de lui à présent.

Entrent SIR GODFREY, LADY PLUS, FRANCES *et* NICOLAS, *portant la chaîne.*

SIR GODFREY.

J'ai ma chaîne! Ma chaîne est retrouvée! O capitaine exquis! O admirable enchanteur!

Edmond le soufflète.

Oh! que prétendez-vous, mon neveu?

EDMOND.

Mon neveu! j'espère bien que vous ne me reconnaissez pas, mon oncle.

LADY PLUS.

Pourquoi donc avez-vous frappé votre oncle, mon fils?

EDMOND.

Çà, capitaine, ne serais-je pas invisible?

LE CAPITAINE, à part.

Quelle bonne plaisanterie, George!

A Edmond.

Non, monsieur, vous ne l'êtes plus... Ah çà, ne m'avez-vous pas vu, quand je vous ai désensorcelé?

EDMOND.

Non, sur ma parole, capitaine... En ce cas, je vous demande pardon, mon oncle. Je me croyais invisible quand je vous ai frappé.

SIR GODFREY.

Ainsi, vous le feriez volontiers, si vous n'étiez pas vu.

Allez, vous êtes un sot; et, si je n'étais pas transporté par l'excès de la joie, je vous administrerais une correction.

EDMOND.

Une correction ! fi donc ! Ne songez plus, ni vous ni ma mère, à me fouetter comme vous l'avez fait jusqu'ici.

SIR GODFREY.

Capitaine, ma joie est telle que je ne sais comment vous remercier. Laissez-moi vous embrasser. O mon cher capitaine, je suis tout étourdi de mon bonheur. Homme rare ! Elle était dans le bosquet de romarin, juste comme si quelqu'un l'avait placée là... Quelle science ! quelle science !

LADY PLUS, à part.

Allons, puisque la destinée me commande de me marier, je veux épouser un homme d'esprit, un homme de talent. Voilà un capitaine distingué, et c'est un beau titre, ma foi, que celui de femme de capitaine. La femme d'un capitaine, cela sonne fort bien... Et puis, tout le monde sait qu'un capitaine distingué est le digne camarade du plus grand seigneur; pourquoi ne serait-il pas le tendre compagnon de lit d'une dame de qualité ?... Je le veux.

Entre FRAGILITÉ.

FRAGILITÉ.

Ah ! madame ! messieurs ! voilà une bien belle procession qui passe dans la rue.

LADY PLUS.

Quelle belle procession ?

FRAGILITÉ.

Oh ! il y en a un qu'on va enterrer, et un autre qu'on va pendre.

LADY PLUS.

Triste spectacle !

GEORGE, à part.

Sur ma vie, capitaine, je gage que celui qu'on enterre est le caporal, et que celui qu'on va exécuter est le vieil Escarmouche, le soldat. Voici à peu près le moment où le caporal doit s'éveiller. O narcotique, garde ton action quelque temps encore, et nous allons avoir un admirable coup de théâtre ; car je vais me charger de ressusciter le mort.

FRAGILITÉ.

Oh! les voici! les voici!

<small>On voit paraître, à l'entrée du vestibule, le cercueil du CAPORAL, puis ESCARMOUCHE, garrotté et conduit par des gardes, auxquels commande le SHÉRIFF.</small>

GEORGE, à part.

Maintenant il faut que je m'entende secrètement avec le soldat et que je prévienne son impatience, ou tout est découvert.

LADY PLUS.

O lamentable spectacle! Voilà les deux frères qui se sont battus et blessés devant notre porte.

SIR GODFREY.

Mais ils n'étaient pas frères, ma sœur.

ESCARMOUCHE, à part.

George, avise bien vite, ou je vais loger à Tyburn.

GEORGE, à part.

Silence!

<small>Haut.</small>

Messieurs, daignez m'écouter, et vous spécialement, maître shériff. Cet homme va être exécuté, parce qu'il a blessé l'homme que voilà dans ce cercueil.

LE SHÉRIFF.

C'est vrai, c'est vrai ; il doit subir la peine légale, et je connais la légalité.

GEORGE.

Mais pardon, maître shériff ; si cet homme-là avait été

guéri et remis sur pied, celui-ci aurait été rendu à la liberté, n'est-ce pas?

LE SHÉRIFF.

En doutez-vous, monsieur?

GEORGE.

Eh bien, je rends ce soldat à la liberté, et je subirai la mort qui lui était destinée, si dans un moment je ne rends pas à la santé l'homme qui est dans ce cercueil.

LE SHÉRIFF.

Comment, monsieur! ressusciter un mort! Ce serait la chose la plus étrange.

FRANCES, allant vers George.

Cher monsieur, je vous aime, et je voudrais que le meilleur de mon être fût à vous... Oh! ne tentez pas une aussi impossible aventure.

GEORGE.

Vous m'aimez! Eh bien, pour l'amour de vous, je veux faire ce miracle.

Au shériff.

Permettez que le corps soit déposé ici.

LE SHÉRIFF.

Porteurs, déposez ici ce cercueil... Voilà qui est prodigieux et bien digne de la chronique de Stowe.

GEORGE.

Veuillez laisser le champ libre à notre art salutaire.

Les assistants s'éloignent du cercueil.

Par la messe! ses joues commencent à reprendre leur chaleur naturelle... Ah! bon caporal, réveille-toi vite, ou je vais faire un plus long somme que toi... Morbleu, s'il était réellement mort, il serait pleinement vengé du tour que je lui ai joué!... J'aimerais mieux courir sur la corde, que de sentir la corde courir comme une dartre sur moi... Oh! il remue... il remue de nouveau... Voyez, messieurs, il revient, il a tressailli, il se dresse.

SCÈNE XII.

LE SHÉRIFF.

Oh! oh! protégez-nous! miséricorde!

GEORGE.

Non, ne bougez pas, je vous prie; vous l'étourdiriez davantage... Il ne reconnaît personne encore.

LE CAPORAL.

Sangdieu! où suis-je? Couvert de neige? Par quel miracle?...

GEORGE.

Ah! je savais bien que la première chose qu'il ferait en revenant à la vie, ce serait de jurer.

LE CAPORAL.

Tudieu! l'hôtesse!... un potage chaud!... Oh! ho! allumez une douzaine de fagots dans la salle de *la Lune*, là.

GEORGE, à lady Plus.

Madame, vous devriez bien avoir un peu de pitié pour lui, et le faire mener devant le feu de votre cuisine.

LADY PLUS.

Oh! de tout mon cœur, monsieur. Nicolas, Fragilité, aidez à le transporter.

NICOLAS.

Que j'aide à le transporter! Faites plutôt appeler les servantes... Je n'aurai jamais le courage de le porter, en vérité, là.

FRAGILITÉ.

Ni moi non plus. De tous les êtres, un revenant est ce que j'ai le plus de répugnance à toucher.

LE CAPORAL.

Mordieu! voyons donc! où me suis-je soûlé la nuit dernière?... Ha!

LADY PLUS.

Ah çà? faudra-t-il que je vous ordonne encore une fois de l'emporter?

FRAGILITÉ.

Dame! nous sommes aussi effrayés que vous, je vous le garantis... Ho!

LADY PLUS.

Allez, marauds, et dites aux servantes de lui faire immédiatement un brouet pour lui calmer le cerveau... ou un chaudeau au Xérès. Vite, vite!

Fragilité et Nicolas sortent, emportant le caporal.

LE SHÉRIFF, à George.

Monsieur, qui que vous soyez, je fais plus que vous admirer.

LADY PLUS.

Ah! monsieur le shériff, quand vous saurez tout, vous direz que voici les deux hommes les plus extraordinaires qui soient dans l'enceinte de la chrétienté.

LE SHÉRIFF.

Les deux hommes... Ah? c'est prodigieux!... Gardes, je vous décharge de votre prisonnier, laissez-le libre, tout est arrangé.

SIR GODFREY.

Oui, et il y a une collation toute prête, monsieur le shériff, à laquelle je vous invite bien cordialement, ainsi que votre ci-devant prisonnier.

Il montre Escarmouche.

Vous voyez cette belle chaîne, monsieur... Chut! plus un mot! elle a été perdue et retrouvée.. Venez, mes inestimables héros, nous causerons de vos hauts faits en faisant mousser le Charneco (13); et, en guise de bouffon, nous ferons asseoir à l'extrémité de la table le revenant en blanc linceul.

LE SHÉRIFF.

Voilà un parfait boute-en-train, ma foi!

Tous sortent, excepté Frances.

FRANCES.

— Allons, puisqu'il m'est enjoint d'aimer et de me marier, — je rejette mon vœu stupide au vain souffle — qui l'enfanta... Maintenant, amour, joue ton rôle ; — ce lettré a déchiffré le livre de mon cœur.

Elle sort.

SCÈNE XIII

[Une cour dans la maison de lady Plus.]

Entrent précipitamment MAITRE EDMOND et FRAGILITÉ.

EDMOND.
Voici la matinée des noces de ma mère et de ma sœur.

FRAGILITÉ.
Ah ! maître Edmond, nous allons voir de belles choses.

EDMOND.
Va, Fragilité, cours chez le sacristain, tu sais que ma mère se marie à Saint-Antlings. Dépêche-toi, il est plus de cinq heures. Fais ouvrir les portes de l'église. Ma sœur est presque prête.

FRAGILITÉ.
Quoi ! déjà, maître Edmond !

EDMOND.
Va, dépêche-toi ; cours d'abord chez le sacristain, puis cours chez le clerc, puis cours chez maître Pigman, le ministre, et puis cours chez la modiste, puis cours à la maison.

FRAGILITÉ.
En voilà, des courses !

EDMOND.
Écoute donc, Fragilité.

FRAGILITÉ.
Quoi ! encore des courses !

EDMOND.

Les servantes ont-elles pensé à joncher le chemin de l'Église ?

FRAGILITÉ

Peuh ! il y a une heure déjà. Je les ai aidées moi-même.

EDMOND.

En avant ! en avant ! en avant ! en avant !

FRAGILITÉ.

En avant ! en avant ! en avant ! en avant donc !

EDMOND.

Je vais avoir un beau-père unique, un brave capitaine, capable de battre toute notre rue : le capitaine Futile. Maintenant, madame ma mère devra s'accommoder de ce nom délicat, milady Futile ! Milady Futile, le plus beau nom possible pour une femme... Et puis il y a l'homme de lettres, maître Pyeboard, pour ma sœur Frances, qui va devenir mistress Frances Pyeboard. Ils feront bonne chère, ceux-là, je vous le garantis... (14). Tous les chevaliers se sont cassé le nez ; ils peuvent aller chez le chirurgien, à présent.

Entrent LE CAPITAINE *et* GEORGE PYEBOARD *en habits de noces.*

Chut ! chut ! qui donc arrive ici précédé de deux torches ? Mon cher capitaine, et mon bel écrivain ! Comme en une nuit ils se sont métamorphosés magnifiquement ! Ils ont l'air, ma foi, d'élégants bretons. Voilà, sur ma parole, un galant changement. Pardieu ! ils auront loué à l'heure leurs gens et tout ce qu'ils portent.

LE CAPITAINE.

Maître Edmond ! aimable, honnête, exquis maître Edmond !

EDMOND.

Ah ! suave capitaine beau-père, voilà un rare parfum !

GEORGE.

Eh bien, les fiancées sont-elles levées? Pouvons-nous nous faufiler près d'elles? Le croyez-vous, maître Edmond?

EDMOND.

Oh! elles sont presque prêtes, je vous assure; tout à l'heure, j'ai vu leurs torches allumées, et, dans ma hâte de descendre, j'ai dégringolé l'escalier.

GEORGE.

Pauvre maître Edmond!

Passent des musiciens.

LE CAPITAINE.

Ah! les musiciens! je vous en prie, maître Edmond, introduisez-les, et arrosez-les un peu.

EDMOND.

Avec plaisir, cher capitaine beau-père; je veux que chacun d'eux soit aussi soûl qu'un vulgaire ménétrier.

Tous sortent.

Entre sir JOHN BEAUDENIER.

SIR JOHN, appelant.

Pst! mistress Moll! mistress Moll!

MOLL paraît à une fenêtre, laçant sa robe.

MOLL.

Qui est là?

SIR JOHN.

Moi!

MOLL.

Qui? sir John? Ah! ma foi, vous êtes un coq matinal! Qui aurait cru que vous seriez debout de si bonne heure?

SIR JOHN.

De grâce, Moll, permettez que je monte.

MOLL.

Non, ma foi, sir John, je vous consigne en bas; car vous autres, chevaliers, vous êtes dangereux, dès qu'une fois vous prenez le dessus.

SIR JOHN.

Sur ma parole, je ne resterai pas là.

MOLL.

Sur ma parole, vous resterez là. Car, sir John, vous devez connaître la nature de nos climats. Une fille du nord peut tenir bon dans son propre pays jusqu'à l'âge de quinze ans; mais, pour peu qu'elle se hasarde au sud et vienne jusqu'à Londres, le carillon sonne pour elle après douze.

SIR JOHN.

Oh! tu es une folle enfant, Moll; mais, je t'en prie, dépêche-toi, car le prêtre est parti en avant.

MOLL.

Rejoignez-le; je ne tarderai pas à vous suivre.

Sir John sort, Moll disparaît.

SCÈNE XIV

[Chez sir Olivier Delabouse.]

Entrent sir OLIVIER DELABOUSE, sir ANDRÉ DELAVERGE et le vieil ESCARMOUCHE, causant.

SIR OLIVIER.

O fourberie monstrueuse! inouïe!

SIR ANDRÉ.

Chevalier, je n'ai jamais de ma vie entendu parler d'une telle vilenie dans notre pays.

SIR OLIVIER.

Bah! c'est impossible! oseriez-vous soutenir vos paroles?

SCÈNE XIV.

ESCARMOUCHE.

Nous les soutiendrions à leur barbe. Nous connaissons toutes leurs machinations. Ils ne peuvent pas équivoquer avec nous. Ils nous ont honteusement bafoués, ils ont fait de nous leur instrument pour s'élever sur nos épaules, mais ils se repentiront de leur coquinerie. C'est ce matin qu'ils doivent se marier.

SIR OLIVIER.

Ce n'est que trop vrai. Pourtant, si la veuve n'est pas affolée par tant d'impostures et de fourberies, la révélation de leur vilenie attirera le mépris sur ces deux hommes. Dans ce but, je vous le confie en secret, je me suis adressé la nuit dernière à un noble personnage dont je suis l'obligé autant qu'il est le mien. Je compte donc sur sa précieuse éloquence, et qu'il se mettra pour moi en frais de bonnes paroles. A dire vrai, c'est seulement dans des occasions aussi urgentes que je le considère comme m'étant redevable. En émettant de temps à autre une parole généreuse, ici, dans la cité, il me rend plus de services que s'il m'avait payé, dans une circonstance unique, la moitié de sa dette, en ajournant au jugement dernier le paiement de l'autre moitié.

SIR ANDRÉ.

En vérité! monsieur, soit dit sans flatterie, vous avez fait preuve d'un grand jugement dans ces quelques mots.

SIR OLIVIER.

Vous le savez, toute parole prononcée par un tel personnage a un effet, une portée considérable, et c'est par sa bouche que nous dénoncerons la fourberie avérée de ces hommes.

ESCARMOUCHE.

Et je maintiendrai ce qu'il dira, chevalier.

Entre UN VALET.

SIR OLIVIER.

Eh bien, l'ami ?

LE VALET.

Ne vous déplaise, monsieur, milord vient de descendre de son carrosse.

SIR OLIVIER.

— Milord est déjà arrivé ! Sa seigneurie est matinale. — Vous voyez quelle est son amitié pour moi; debout avant le soleil ! — Sur ma parole, je l'ai trouvé en bonnet de nuit à onze heures. — Il y a encore de l'espoir. Venez, je vais tout lui conter.

Ils sortent.

SCÈNE XV

[Devant l'église de Saint-Antlings.]

Entrent les deux fiancés, LE CAPITAINE FUTILE et GEORGES PYEBOARD ; puis sir GODFREY et EDMOND ; puis LADY PLUS, dépouillée de ses habits de veuve, et MISTRESS FRANCES, l'une et l'autre escortées de deux chevaliers d'honneur ; puis sir JOHN BEAUDENIER et MOLL ; puis NICOLAS. A leur rencontre viennent UN SEIGNEUR, sir OLIVIER DELABOUSE, sir ANDRÉ DELAVERGE et ESCARMOUCHE.

LE SEIGNEUR, à lady Plus.

Pardon, lady.

LADY PLUS.

Milord, votre seigneurie est la bienvenue auprès de sa très-humble servante.

LE SEIGNEUR.

Madame, quoique je vienne de la cour, je ne viens pas pour vous flatter. Quel front, en effet, a mérité le stigmate de ma parole, si ce n'est le vôtre, ô femme qui ne distinguez plus l'encre du lait, aveuglée que vous êtes par cette folle étourderie qui est inhérente à l'état de veuve! Car, vous autres veuves (à l'exception d'un bien petit nombre), vous avez pour spécialité de haïr ceux qui vous aiment honnêtement et religieusement dans le culte de l'honneur, de la société, de la postérité, et de vous éprendre éperdûment de ceux qui ne vous aiment que pour vous perdre. Ceux qui vous considèrent le moins sont le plus considérés par vous. Ceux qui vous haïssent le plus sont le plus aimés de vous. Si, entre dix millions d'hommes, il en est un qui soit maudit, misérable, né sous la plus funeste étoile, le plus accablé par le sort, le plus abhorré de Dieu, le moins estimé de tout le monde, cet homme est sûr de devenir votre époux, tellement est fantasque la lune qui gouverne votre sang. Un impudent est celui qui vous fait le mieux la cour; une bouche flatteuse est celle qui vous séduit le plus. Dans la plaisanterie, celui qui parle le plus grossièrement est pour vous le plus charmant. Vous ne savez pas distinguer la vérité de la fourberie, ce qui est trouble de ce qui est pur. Témoins ces deux monstres trompeurs que vous avez choisis pour époux.

LADY PLUS.

Trompeurs!

GEORGE, à part.

Tout va être découvert.

LE CAPITAINE, à part.

Tudieu! George, qui donc a jasé? Cet imbécile de Nicolas!

LE SEIGNEUR.

Avec quoi en effet en ont-ils imposé à votre crédule nature? Avec des supercheries, une prétendue prophétie relative à votre mariage, et une prétendue évocation pour avoir le collier. Sir Olivier sait la fausseté de tout cela. Ce ne sont que vilenies, impostures et fourberies.

LADY PLUS.

O prodige ! aussi je trouvais surprenant que mon mari, avec toute son adresse, fût incapable de se soustraire au purgatoire.

SIR GODFREY.

Et moi, plus surprenant que ma chaîne eût disparu sans que mon tailleur l'eût prise.

MOLL,

Et ce que je trouvais le plus surprenant, moi, c'est que le mariage me fût interdit, quand il avait pour moi tant d'attrait... Allons, sir John, le beau temps est revenu pour nous ; la lune a changé depuis hier soir.

GEORGE, à part.

Je sens en moi la pointe de tous les remords.

LE SEIGNEUR.

Et, pour être bien sûre que je ne vous trompe pas, regardez le complice de leur fourberie, qui, voyant avec une envie amère leur brusque fortune, a, par dépit, révélé toutes leurs machinations.

Il montre Escarmouche.

GEORGE, à part.

Vil soldat ! nous dénoncer ainsi !

LE SEIGNEUR.

Veuve, reconnaissez-vous maintenant la fausseté de ce que trop vite vous avez cru sincère ?

LADY PLUS.

Oh ! oui ! pour ma confusion.

SIR GODFREY.

Mais pardon, milord ! Il est bien vrai que ma chaîne a été perdue, et retrouvée d'une étrange manière.

LE SEIGNEUR, à Escarmouche.

Expliquez-lui ça, soldat.

ESCARMOUCHE.

En deux mots, chevalier, c'est toi qui as été l'archidupe.

SIR GODFREY.

Comment ça, monsieur?

ESCARMOUCHE.

Eh bien, je vais le prouver. La chaîne a été purement et simplement cachée tout ce temps-ci dans le bosquet de romarin, et tu as tiré cet homme de prison pour qu'il la retrouvât par une évocation magique. L'homme a fait l'opération dans un admirable charabias, et en vérité, il n'avait pas besoin d'y mettre plus de malice, puisqu'il savait où était la chaîne.

SIR GODFREY.

Oh! la coquinerie de ces coquins! Mais qui donc avait mis là ma chaîne?

ESCARMOUCHE.

Eh bien, en vérité, là, c'est quelqu'un qui ne veut pas jurer, mais qui veut bien mentir, quelqu'un qui ne veut pas voler, mais qui veut bien dérober, l'insigne Nicolas Saint-Antlings.

SIR GODFREY.

— Oh! le misérable! un homme de notre secte, — toujours réputé si pieux, si intègre, si religieux, — un puritain, voleur! a-t-on ouï chose pareille? — Le vol est plus infâme encore que l'assassinat, tu le sais bien. — Arrière, maraud! Je veux arracher de ton dos mon lion héraldique... — de mes propres mains!

NICOLAS.

— Cher maître, oh!

LE SEIGNEUR.

Voyons, chevalier, écoutez avec patience. Et maintenant, veuve, puisque vous êtes si près de l'église, ce serait grand dommage, ce serait presque une cruauté de vous renvoyer à la maison sans un époux.

A sir Olivier.

Approchez, vous, homme plein de vraie dignité, d'honneur et de loyauté, qui n'avez pas voulu vous éloigner de cette veuve, et permettre à des impostures de vous la ravir. Et, par ce mot : *impostures*, je n'entends nullement flétrir le beau titre du capitaine, ni ternir la noble auréole du savant ; car j'honore les fiers mérites de l'homme de guerre, autant que je chéris les talents féconds de l'homme de lettres... Venez, lady, et vous, belle vierge, tournez vos regards et vos affections les plus pures vers ces hommes estimés à la cour et à la ville, qui depuis longtemps vous recherchent et qui, tous deux, vous consacrent, avec l'amour le plus sincère, leur cœur et leur fortune.

SIR GODFREY.

Cédez, ma bonne sœur ! Cédez, chère petite Frances, ce sont des hommes distingués ! Vous serez les bienvenues à la cour : grande considération pour une femme de la cité, chère sœur.

LE SEIGNEUR.

Allons ! son silence y consent.

LADY PLUS.

Je ne sais avec quelle figure.

LE SEIGNEUR.

Bah ! bah ! avec votre propre figure. Et c'est tout ce qu'il veut.

LADY PLUS, à sir Olivier et à sir André.

Pardon, mes dignes messieurs, ma fille et moi nous avons été injustes pour votre amour.

SIR OLIVIER.

Nous pardonnerons aisément, madame, si vous l'agréez désormais.

LADY PLUS.

De toute mon âme.

FRANCES.

Et moi, de tout mon cœur.

MOLL.

Et moi, sir John, de toute mon âme et de tout mon cœur.

SIR JOHN.

L'une et l'autre sont à moi, Moll.

LE SEIGNEUR.

Maintenant, mesdames, — quelle âme honnête n'approuverait votre choix — et ne l'applaudirait volontiers du geste et de la voix? — Heureux changement qui met le ciel même en joie! — Allons, venez consacrer votre bonheur; vous ne manquerez pas — de parrains; car, croyez-moi, je vois ici — bien des mains prêtes à vous donner leur concours.

Tous sortent.

FIN DE LA PURITAINE.

NOTES

SUR

LOCRINE, LORD CROMWELL, LE PRODIGUE DE LONDRES ET LA PURITAINE.

---

(1) « Dans les temps primitifs, il n'existait pas de rivière nommée Humber. Le cours d'eau que nous nommons aujourd'hui *Humber*, et qui était appelé *Abis* par Ptolémée, *Aber* par Léland, ne porte ce nom que jusqu'à la réunion de la Trent avec la Dure. Ce noble bras de mer doit son appellation moderne à Humber ou Umar, roi des Scythes, qui envahit cette île au temps de Locrine, croyant y fonder son empire. Mais Dieu, qui de tout temps témoigna une singulière sollicitude pour le bien de la Bretagne, voulut que cet Humber fût mis en fuite et que son armée fût exterminée. Humber se noya en essayant de regagner sa flotte, et voilà pourquoi nous nommons Humber le fleuve où il trouva la mort.

» Dum fugit, obstat ei flumen, submergitur illic, —
Deque suo tribuit nomine nomen aquæ. »
(HOLINSHED, *Description de la Bretagne*, p. 92, — 1574.)

(2) Le *Jardin de Paris*, dont il est question dans un drame-chronique de Shakespeare, *Henry VIII*[*], était un amphithéâtre

---

[*] Voir le tome XIII des œuvres complètes de Shakespeare, p. 426.

construit, dès le commencement du seizième siècle, dans la paroisse de Southwark. Cet amphithéâtre était affecté aux combats d'ours. Un terrible accident y eut lieu le dimanche 13 janvier 1583. Une des estrades de bois, où étaient entassés les spectateurs, s'étant écroulée, huit ou dix personnes furent tuées, un grand nombre furent blessées, et les puritains ne manquèrent pas d'attribuer cette catastrophe à la colère du Ciel irrité de la violation du commandement qui prescrit le repos du sabbat.

(3) D'après un dicton populaire, les femmes mortes en état de virginité sont condamnées à conduire des singes en enfer. Dans *Beaucoup de bruit pour rien*, Shakespeare fait allusion à cette singulière croyance :

BÉATRICE.

Je consens à prendre pour douze sols toute la ménagerie des barbus et à conduire tous ces singes-là en enfer.

LÉONATO.

Tu iras donc en enfer!

BÉATRICE.

Seulement jusqu'à la porte. Là, le diable viendra au devant de moi avec des cornes sur la tête, comme un vieux cocu qu'il est, et il me dira : *Allez au ciel, Béatrice!* Sur ce, je lui remets mes singes, et je pars pour le ciel.

(4) La tisane de lierre est une médecine purgative dont on faisait grand usage autrefois.

(5) L'église *Sainte-Marie Overies* (aujourd'hui nommée *Saint-Sauveur*) est un des plus anciens édifices religieux de la paroisse de Southwark. Elle est située au sud de la Tamise, tout à côté de l'emplacement où était bâti le théâtre du *Globe*. Ce voisinage est significatif.

(6) « Il n'y a pas une femme mariée qui ait une vie plus heureuse que mistress Page; elle fait ce qu'elle veut, dit ce qu'elle

veut, reçoit tout, paie tout, va au lit quand il lui plaît, se lève quand il lui plaît; tout ça comme elle l'entend, et vraiment elle le mérite; car s'il y a une aimable femme, c'est celle-là. » (*Les joyeuses Épouses de Windsor*, scène V.)

(7) OTHELLO, *à Émilia* : A vos fonctions, mistress! Laissez seuls ceux qui veulent procréer, et fermez la porte! Toussez, et criez *hem!* si quelqu'un vient. Votre métier! votre métier! Allons, dépêchez-vous! (*Othello*, scène XII.)

(8) Le collège de Jésus, où George Pyeboard dit avoir été élevé, fut bâti à Oxford au commencement du règne d'Élisabeth.

(9) « Quoique la vertu ne soit pas puritaine, elle n'en est pas plus malfaisante. » (*Tout est bien qui finit bien*, scène III.)

(10) Cette prédiction sur les règnes de Henry V et de Henry VI est familière à tous les lecteurs des drames historiques de Shakespeare.

(11) Cette plaisanterie à l'adresse des Brownistes est tout à fait dans le goût de Shakespeare, qui a raillé cette secte puritaine dans son inimitable comédie du *Soir des Rois*. (Voir tome XIV, page 337.)

(12) *My heels are sorer than a whitsun morris dancer's.* Il est souvent question, dans les pièces authentiques du maître, de ce pas morisque qui se dansait dans les fêtes populaires de l'Angleterre. Dans *Tout est bien qui finit bien*, il est fait mention d'une morisque pour la première journée de mai, *a morris for may-day*, et, dans *Henry IV* (seconde partie), la morisque est, comme ici, un divertissement de la Pentecôte, *a whitsun morris dance*.

(13) On se rappelle que, dans la seconde partie de *Henry IV*,

un personnage s'écrie : Voici une coupe de Charneco, *here is a cup of Charneco*. C'était un vin du Midi fort goûté des contemporains d'Élisabeth.

(14) Pour bien saisir ici l'intention de l'auteur, il faut se souvenir que le mot *pyeboard* signifie une pelle à four, spécialement destinée à la pâtisserie.

FIN DES NOTES.

APPENDICE.

ÉXTRAIT

DES

JOYEUSES FREDAINES DE GEORGE PEELE.

Comment George fit une farce sur la route d'Oxford.

Il y avait une demi-douzaine de citoyens qui avaient souvent prié George, comme maître ès-arts de l'Université d'Oxford, de chevaucher avec eux jusqu'à cette ville. C'était alors l'époque de Midsummer. George, voulant satisfaire ces gentlemen qui étaient ses amis, se joignit à leur cavalcade. Après avoir parcouru la plus grande partie du chemin, ils s'arrêtèrent à un village nommé Stoken, à cinq milles de Wycombe, où un bon dîner fut commandé. Tous les convives étaient en liesse, hormis George, qui ne pouvait avoir sa joyeuse humeur ordinaire, par la raison qu'il était sans argent. Or il y avait dans la société un parfait imbécile, un garçon qui ne faisait qu'arpenter la salle en faisant carillonner l'argent de ses poches. George, qui avait observé ce gaillard, lui escamota adroitement sa rapière dorée, et la cacha soigneusement dans une autre chambre.

Cela fait, il appela le garçon, et, lui donnant son manteau en gage, lui emprunta cinq shillings pour une heure ou deux, en attendant, prétendait-il, la venue de son valet. Cet argent empoché, George se montra le plus joyeux de tous. Le repas fut apporté; et les convives se mirent à table, tous fort gais, spécialement mon petit imbécile, qui ne se doutait guère de la conclusion du repas. Le dîner terminé, après maints propos échangés, chacun se mit en mesure de rajuster son équipement. C'est alors que le niais s'aperçut de la disparition de sa rapière. Grande stupéfaction de toute la compagnie. Notre gaillard était bouleversé; il avait emprunté cette épée à un de ses amis, et il jurait que, plutôt que de la perdre, il aurait dépensé vingt nobles.

— Il est étrange, dit George, qu'elle ait disparu de cette manière. Il n'y a ici que nous et les gens de la maison.

On interrogea ceux-ci; aucune nouvelle de la rapière. Toute la bande se lamentait. George, de l'air le plus désolé, jura qu'il saurait ce que l'épée était devenue, dût-il lui en coûter quarante shillings. Sur ce, il commanda à l'hôtelier de seller son cheval. George voulait à toute force aller trouver un de ses amis, un savant, qui était un devin consommé.

— Ah! mon cher monsieur Peele, s'écria notre imbécile! Que l'argent ne vous arrête pas; voici quarante shillings; voyez ce que vous pouvez faire; et, si cela vous plaît, je vous accompagnerai à cheval.

— Non pas, repartit George, en empochant les quarante shillings; j'irai seul; amusez-vous ici de votre mieux, jusqu'à mon retour.

Sur ce, George les quitte et arrive à Oxford au grand galop. Là il révèle toute l'affaire à un de ses amis, qui monte immédiatement à cheval pour aller prendre sa part de la plaisanterie. De retour à Stoken, George présente son ami aux convives en disant qu'il leur amène un des hommes les plus rares de toute l'Angleterre. L'ami reçoit de tous le meilleur accueil. Bientôt, prenant un air inspiré et prononçant des paroles étranges, il saisit le niais par le poignet, l'emmène au cabinet, et là le prie de mettre sa tête dans la fosse et de l'y laisser, jusqu'à ce qu'il ait eu le temps d'écrire son nom et de compter quarante. Le niais s'exécute. Sur quoi, le savant lui demande ce qu'il voit.

— Ma foi, monsieur, je sens une fort mauvaise odeur, mais je ne vois rien.

— Eh bien, j'ai votre affaire, répliqua le devin; je vais vous dire où est votre rapière; elle est au nord-est, entourée de bois, près de terre.

Sur ce, tous se mirent à faire des recherches dans la direction indiquée; et c'est alors que George, qui avait caché l'épée sous un siége, la découvrit, au grand soulagement de l'imbécile, à la grande joie de la compagnie, et à l'éternel crédit de son ami, qui fut régalé de vin sucré. Sur quoi George dégagea son manteau et retourna joyeusement à Oxford, ayant ses poches pleines d'argent.

FIN DE L'APPENDICE.

TABLE

DU TOME TROISIÈME ET DERNIER.

	Pages.
Introduction.	5
La Tragédie de Locrine.	53
La vie et la mort de Thomas lord Cromwell.	131
Le Prodigue de Londres.	209
La Puritaine ou la veuve de Watling Street.	305
Notes.	415
Appendice :	
Extrait des *Joyeuses fredaines* de George Peele.	419

FIN DES ŒUVRES COMPLÈTES DE SHAKESPEARE.

www.ingramcontent.com/pod-product-compliance
Lightning Source LLC
Chambersburg PA
CBHW052115230426
43671CB00009B/1010